中国博士后科学基金第 73 批面上资助项目（资质编号：2023M732930）

AS I AM SUING
Practical Exploration of Substantive Resolution
of Legitimate Claims by People's Courts

"如我在诉"

进行时

人民法院实质性化解合法诉求的实践探索

陈 辉 张 童 ◎著

图书在版编目(CIP)数据

"如我在诉"进行时：人民法院实质性化解合法诉求的实践探索 / 陈辉，张童著. -- 北京：北京大学出版社，2025.1. -- ISBN 978-7-301-35947-1

Ⅰ. D926.24

中国国家版本馆 CIP 数据核字第 2025LJ7763 号

书　　　名	"如我在诉"进行时——人民法院实质性化解合法诉求的实践探索 "RUWO ZAISU" JINXINGSHI——RENMIN FAYUAN SHIZHIXING HUAJIE HEFA SUQIU DE SHIJIAN TANSUO
著作责任者	陈　辉　张　童　著
责任编辑	姚沁钰
标准书号	ISBN 978-7-301-35947-1
出版发行	北京大学出版社
地　　　址	北京市海淀区成府路 205 号　100871
网　　　址	http://www.pup.cn　　新浪微博：@北京大学出版社
电子邮箱	zpup@pup.cn
电　　　话	邮购部 010-62752015　发行部 010-62750672 编辑部 021-62071998
印　刷　者	河北博文科技印务有限公司
经　销　者	新华书店 965 毫米×1300 毫米　16 开本　19 印张　彩页 1　264 千字 2025 年 1 月第 1 版　2025 年 1 月第 1 次印刷
定　　　价	88.00 元

未经许可，不得以任何方式复制或抄袭本书之部分或全部内容。
版权所有，侵权必究
举报电话：010-62752024　电子邮箱：fd@pup.cn
图书如有印装质量问题，请与出版部联系，电话：010-62756370

前言

　　本书是我与开封城乡一体化示范区人民法院(简称开封示范区法院)党组书记、院长张童共同完成的一部专著,与其他学术专著相比,本书的学术性可能比较弱,没有提出关于实质性化解合法诉求的理论模型,也没有从制度建构方面提出系统性的规范完善体系,但我们仍觉得这本专著值得书写。从自我评价的层面看,这本书写得比较真实。书中对很多现象的描述,都是我们亲身经历或见证的事实,其中有关基层法院的实践探索部分,也主要是张童院长负责推动的。在呈现本书的内容之前,我们需要向各位读者交代一些问题,以便您对本书及作者有充分的了解,并在此基础上实现思想共鸣和观点交流。

　　本书在着手撰写时,我还在东南大学法学院跟随汪进元教授攻读博士学位,研究方向主要是宪法学和监察法学。而张童时任河南省兰考县人民法院(简称兰考法院)党组书记、院长。在此之前,我们都曾在河南省通许县人民法院(简称通许法院)工作,当时张童任通许法院党组副书记、副院长,主管民事审判工作,我则先后在人民法庭和民事审判庭工作。之后,我们相继离开了通许法院。张童调入兰考法院担任"一把手",并由此推动开启了一系列的改革创新举措。在一届任期届满后,张童又到开封示范区法院担任党组书记、院长职务。因此,本书的核心内容和主要素材,大多数是对兰考法院和开封示范区法院的实践经验的提炼,但这种提炼并不系统,也难言成熟。因为截至书稿交付出版之际,开封示范区法院的涉诉信访工作改革仍在推进中。

正如书名所写，本书的核心观点是，法院要对进入其流程的诉讼案件进行实质性的处理，做到"案结事了"，而不能"结案了事"。实质性化解合法诉求的提法，主要来自实务部门，是"如我在诉"理念的具体化，所关注的不只是在形式上结案，更要从实质上解决纠纷。在结构上，本书分为七章，第一章分析了实质性化解合法诉求理念的确立问题，后六章分别从组织保障、队伍建设、立案、审判、执行及信访等方面就人民法院实质性化解合法诉求的路径问题展开分段式的阐述。基于民事案件在法院诉讼案件总量中占比较大，且此类案件与人民群众的日常生活更为密切，存在的问题也相对较多，故本书有关实质性化解合法诉求的研究内容，主要以民事案件为对象。

就写作分工而言，第二章第二节"强化'一把手'在实质性化解合法诉求中的推动作用"是张童所写，原题为"如何当好基层法院院长"，此节反映了他在担任院长期间的所思所想与身体力行。第三章、第四章的部分内容由张童负责撰写初稿和提供相关素材，而我负责进行提炼与完善定稿，并负责其余章节主要内容的结构布局、写作和文字校对工作。其中，第二章第一节和第六章第二节是对兰考法院工作创新探索的经验总结，本部分内容主要由张童与兰考法院政治部主任孙岩魁负责撰写。第五章第一节中有关"一审中心主义"的表述，则借用了杞县法院审判管理办公室主任刘成岗法官撰写的工作报告中的提法。在此向孙岩魁、刘成岗表示衷心的感谢！

通过实践观察能够发现，司法实践一线的法律实务工作者最能发现司法改革及司法权运行中存在的问题，也能够基于此提出可行的对策建议。然而，他们多因案卷缠身而无暇进行深入思考，故需要理论研究者主动贴近实务部门进行深度挖掘，本书即理论与实践密切联系和"共情"的产物。一般来讲，只要法官在裁判中守住法律底线，不收受贿赂，不枉法裁判，那么他就是一名廉洁且称职的法官。但如果将司法公正的目标抬高一厘米，那么前述标准显然无法满足人民群众的多元化司法需求。以本书所提倡的实质性化解合法诉求为例，它不但要求法官们依法裁判，还要求他们充分考量当事人的立场与处境，投入更多的时间与精力,运用适当的方式方法,促成矛盾纠纷的实质性化解。

尽管本书从酝酿到出版历经四年多的时间,但由于张院长和我工作繁忙,我们很少有机会面对面地对书稿内容进行细致商定交流,以至于书中存在诸多不完善之处,敬请各位方家批评指正。在本书最后,我们摘录了开封示范区法院和兰考法院制定的部分制度规范,以便与其他兄弟法院互相交流。

此外,本书在行文风格上偏重通俗化,在部分内容的阐述上,也未能详细梳理已有的研究成果,故有些观点可能并不新颖,难言创新。但本书注重写真写实,这与我们的身份及经历不无关系。我想,如果包括法官在内的各级官员想要真心实意地帮助老百姓,那么他们完全可以发挥主观能动性,创新工作思路,创造出一百种为民服务的方法!

总之,本书是我学术生涯的第一部专著,能有幸与张童院长合著出版,深表荣幸,深感欣慰,也算是对我人生中一段司法工作经历的总结。希望本书能够为中国法治建设尽一份绵薄之力。祝中国法治建设事业蒸蒸日上!

陈 辉

2024 年 10 月

目　录

第一章　实质性化解合法诉求理念的确立 // 001
　　第一节　实质性化解合法诉求理念的形成逻辑 // 003
　　第二节　实质性化解合法诉求理念的内容展开 // 011
　　第三节　实质性化解合法诉求的标准确定 // 024

第二章　实质性化解合法诉求的组织保障 // 033
　　第一节　发挥党建工作在实质性化解合法诉求中的
　　　　　　引领作用 // 035
　　第二节　强化"一把手"在实质性化解合法诉求中的推动
　　　　　　作用 // 049
　　第三节　压实"法院党组"在实质性化解合法诉求中的
　　　　　　领导责任 // 058

第三章　将实质性化解合法诉求融入队伍建设 // 067
　　第一节　创新员额法官监管模式 // 069
　　第二节　优化人力资源配置与管理机制 // 090

第四章　将实质性化解合法诉求融入立案环节 // 101
　　第一节　完善诉源治理机制 // 103
　　第二节　充分发挥财产保全在实质性化解合法诉求中的
　　　　　　作用 // 123
　　第三节　优化繁简分流机制 // 142

第五章　将实质性化解合法诉求融入审判环节 // 157
　　第一节　构建"一审中心主义"的审级格局 // 159
　　第二节　健全实质性化解合法诉求的审判程序机制 // 174
　　第三节　完善法律适用统一的路径 // 184

第六章　将实质性化解合法诉求融入执行环节 // 197
　　第一节　法院执行工作面临的主要问题及成因 // 199
　　第二节　兰考法院立审执联动机制的实践探索 // 206
　　第三节　实质性执行目标下立审执联动机制的优化
　　　　　　路径 // 219

第七章　将实质性化解合法诉求融入信访治理 // 245
　　第一节　当前法院涉诉信访的现状及成因 // 247
　　第二节　涉诉信访案件化解存在的问题 // 252
　　第三节　涉诉信访案件化解的法治路径 // 257

附录　基层法院规范性文件摘录 // 271

后记 // 295

第一章

实质性化解合法诉求理念的确立

实质性化解合法诉求是对行政争议实质性解决概念的借用与发展,并将其扩展到法院的民事审判和执行工作领域,它以依法裁判和实质性执行为基础,否定简单的就案办案和无原则的调解,并以当事人的争议是否彻底化解为终极目标。实质性化解合法诉求的理念贯穿于人民法院案件办理的全过程,是实现人民群众对新时代司法工作多元化需求的关键。

第一节 实质性化解合法诉求理念的形成逻辑

实质性化解合法诉求作为新时代人民法院的工作目标,如果要充分实现,在路径选择上,首先需要塑造与其匹配的理念,即实质性化解合法诉求理念。理念作为一种主观意识,一旦深入司法者的内心,便具有指导和规范其行为活动的功能。人民法院的法官、执行员、辅助人员乃至其他管理人员,均应秉持正确的司法理念,并以此作为统一思想的基准,进而实施实质性化解争议的行为举措。实质性化解合法诉求理念并非空中楼阁,也不仅仅是概念称谓的翻新,它作为新时代司法机关回应社会需求的一种价值追求,具有一定的正当性基础,也是从形式主义司法哲学观到实用主义司法哲学观的飞跃。

一、实质性化解合法诉求理念的正当性基础

(一) 实质性化解合法诉求是贯彻落实习近平法治思想的基本要求

习近平法治思想是一个系统完备、逻辑严密、内在统一的法治理论体系,既是观察和思考法治现象的世界观,又是有效应对和解决法治难题的方法论;既是对以往法治建设经验的理性提取,又是未来法

治建设前景的科学擘画。①2013年2月23日,习近平总书记在十八届中央政治局第四次集体学习时发表的重要讲话中指出:一纸判决,或许能够给当事人正义,却不一定能解开当事人的"心结","心结"没有解开,案件也就没有真正了结。习近平总书记的这一重要论述对新时代的审判工作提出了新的要求,指明了前进方向,提供了根本遵循。党的二十大报告指出,要坚持全面依法治国,推进法治中国建设,努力让人民群众在每一个司法案件中都能感受到公平正义。评判公平正义的主体是人民群众,标准是人民群众的感受。对人民群众而言,他们关注的不仅是办结了多少案件,还有是否公正高效地化解了纠纷。这就要求我们要对执法办案的目的有正确的认识,正确处理好内部评价与外部评价的关系。

相对于人民群众的外部评价而言,内部评价属于法院系统的自我评价。常言道,"金杯银杯不如老百姓的口碑",这要求法院的内部评价必须向人民群众的外部评价看齐,而老百姓的外部评价则是以其合法诉求有没有得到实现为标准。当事人到法院打官司,所追求的不只是一纸判决书,而是其合法诉求的充分实现。因此,法院要将切实有效解决纠纷这一根本要求贯彻到审判执行工作各阶段、各环节,最大限度地实现案结事了人和,切实防止就案办案、机械办案、结案了事。审判绩效考评、案件质量标准等各项审判管理制度设计和工作举措,都必须充分体现这一司法政绩观。② 人民法院在办理具体案件时,要积极回应人民群众的多元司法需求,照顾当事人的正当诉求与合理关切。③ 实质性化解合法诉求不仅要求司法机关依法公正地裁判个案,还要求人民法院实质性地解决当事人的问题,及时回应当事人的司法诉求。唯有这样,才能真正实现案结事了的司法目标。

---

① 黄文艺:《习近平法治思想中的未来法治建设》,载《东方法学》2021年第1期。
② 刘坤:《以审判管理现代化促进法院工作现代化》,载《人民法院报》2023年5月9日第2版。
③ 王杏飞:《案结事了的理论逻辑与实践探索》,载《山东法官培训学院学报》2021年第2期。

（二）实质性化解合法诉求是审判管理现代化的集中要求

审判管理现代化建设必须坚持从中国国情和实际出发，通过架构强有力的审判管理、审判监督体系对审判权、裁判权进行制约，运用组织、领导、指导、评价、监督、制约等方法，对司法过程进行规范化监管，优化审判质效考评指标体系，整合配置宝贵的司法资源，引导广大干警善用政治眼光分析、处理司法领域案件，做到讲政治与讲法律相统一，保证审判工作沿着正确的轨道健康运行，确保司法的公正、廉洁、高效。推进审判管理现代化，要以审判理念现代化为统领，以科学理念赋能新时代司法审判，确保审判工作始终沿着正确的轨道健康运行。推动审判管理现代化必须尊重司法工作规律，推动实质性化解矛盾纠纷，加强释法说理解心结，做好审执兼顾等各方面工作。[①] 法官行使裁判权的根本目的是解决案件中的纠纷，实质性化解合法诉求，使被纠纷破坏的社会秩序恢复到安定的状态，并且使合法权益受到损害的主体得到应有的赔偿。"让审理者裁判、由裁判者负责"，解决的是审判权运行的行政化弊端，并非任由裁判权天马行空、失去监督制约。当下，司法责任制实施中已经出现院长、庭长不敢管、不会管、不想管，法官主体和责任意识不强，裁判标准不统一，案件质效不高等一系列问题。解决的有效方案之一，就是进一步端正司法理念，将实质性化解合法诉求作为法院审判管理权和法官裁判权的行权目标，明晰权责边界，让院长、庭长把依法应尽的审判监督管理职责承担起来，履行自上而下的提醒、督促责任，把个案监管与类案办理、诉源治理、能动司法有机结合起来，使其肩负的审判监督管理职责更加明晰具体，进而做到有边界、可操作、可防控。

（三）实质性化解合法诉求是现行法律的规范要求

实质性化解合法诉求不仅仅是一项司法政策，更是法律规范对人民司法工作的具体要求。《法官法》第 10 条明确规定了法官的义务，

---

① 陈志君：《抓好审判管理 推进法院工作现代化》，载《人民法院报》2023 年 11 月 3 日第 2 版。

其中就有"通过依法办理案件以案释法,增强全民法治观念,推进法治社会建设"。《民事诉讼法》第 2 条规定:"中华人民共和国民事诉讼法的任务,是保护当事人行使诉讼权利,保证人民法院查明事实,分清是非,正确适用法律,及时审理民事案件,确认民事权利义务关系,制裁民事违法行为,保护当事人的合法权益,教育公民自觉遵守法律,维护社会秩序、经济秩序,保障社会主义建设事业顺利进行。"2017 年修正的《行政诉讼法》明确将"解决行政争议"置于"监督行政机关依法行使职权"之前,彰显了行政诉讼将实质性化解争议作为首要的功能定位。从上述法律规定可以得知,人民法院和人民法官主要是将对个案争议的化解作为参与社会治理的主渠道。最高人民法院院长张军强调,抓实公正与效率,必须注重能动司法。"能动司法"是中国特色社会主义司法制度区别于西方司法制度的一个重要标志。能动司法要求法官在司法过程中秉承法律价值,遵循司法规则,正确适用法律,并在合法、合理、合情的常态下行使释明权,从而达到实现争议的实质性化解和实现司法公正的目的。

(四)实质性化解合法诉求是回应新时代司法现实的必然要求

十八大以来,人民法院工作发生了深刻变革,取得了令世界瞩目的成就。随着立案登记制改革,"立案难"的问题得到根本性的解决,但随着大量案件涌入法院,法院系统"案多人少"和"案结事不了"的矛盾较为突出,诉讼解纷模式不仅成本过高,而且程序烦琐复杂,难以达成法律效果与社会效果的统一。① 当前,人民法院民事案件数量急剧增加且持续高位运行的根本原因在于,基层社会矛盾纠纷得不到较为便捷高效和妥善的解决,解纷成本较高,程序较为烦琐。习近平总书记指出:"法治建设既要抓末端、治已病,更要抓前端、治未病。我国国情决定了我们不能成为'诉讼大国'。我国有 14 亿人口,大大小小的事都要打官司,那必然不堪重负!要推动更多法治力量向引导和疏导端用力,完善预防性法律制度,坚持和发展新时代'枫桥经验',完善社会

---

① 杨凯:《习近平法治思想中的公共法律服务理论》,载《东方法学》2022 年第 6 期。

矛盾纠纷多元预防调处化解综合机制,更加重视基层基础工作,充分发挥共建共治共享在基层的作用,推进市域社会治理现代化,促进社会和谐稳定。"① 实质性化解合法诉求,就是通过围绕当事人的诉讼主张展开各项工作,通过诉讼调解、委托调解、类案指导、及时裁判、判后答疑、执行和解、司法建议等多种方式,优化司法资源配置,实现对当事人个案争议的穿透式审理和整体性化解。将实质性化解合法诉求作为新时代人民法院的功能定位,是回应人民群众对司法工作新需求的具体举措,也是司法参与诉源治理的基本路径。当事人的合法诉求只有得到司法的针对性回应,并进而得到实质性化解,才能做到案结事了,才能避免更多的衍生性案件的产生。同时,通过发挥类案裁判的示范作用,将大量的同类型的案件化解于诉前,避免类型化重复诉讼案件大量涌入法院。

二、实质性化解合法诉求理念的司法哲学观

每个法官在案件处理时,内心都会秉承一定的司法哲学,即对司法是"什么",以及司法"如何"或以什么立场实现正义、获得合法性这些根本问题进行思考。这既是司法哲学的终极命题,同时也是指导法官司法实践的世界观和方法论。实质性化解合法诉求作为新时代的司法理念,同时也是一种中国实用主义的司法哲学观,是对形式主义司法哲学观的修正与完善。

(一)形式主义司法哲学观的时代危机

根据法治国家的理论框架,法官被设想成高度专业化的职业群体,并在由司法仪式和司法程序共同形构出来的抽象化的司法场域中依照形式主义的司法逻辑来运作和实现法律的价值。② 整体上看,形式主义的司法逻辑是由技术理性与形式逻辑构成的,在防止法官恣意

---

① 习近平:《以科学理论为指导,为全面建设社会主义现代化国家提供有力法治保障》,载《习近平谈治国理政》第四卷,外文出版社2022年版,第295页。
② 岳彩领、杜秋月:《从依法审判到案结事了——审视当下中国实用主义司法哲学观》,载《学海》2014年第2期。

专断和克服司法中的不确定因素等方面具有积极的规制功能。但形式化的司法裁判逻辑也存在一定的缺陷，且它对参与诉讼的当事人及国家保障义务提出了较高要求，即当事人要深谙法律规则，懂得诉讼技巧，法律服务保障机制完备，国家能为每个参与诉讼的当事人提供法律援助。我国作为长期处于社会主义初级阶段的国家，显然还不具备上述条件。

首先，人民群众的法律意识还有待提升，乡土中国的风俗习惯对当事人行为模式的影响较大，且与法律的匹配性还存在一定的差距。其次，证据作为决定诉讼案件胜败的关键性因素，通常生成于争议形成之前，同时，"先君子后小人"的国人处世哲学导致当事人通常将事前的"取证"行为视为不道德的卑劣行径，将事情或对方"往好处"想，因此在发生纠纷时，常常因证据不足而处于劣势地位，导致司法裁判查明的案件事实及裁判结果与客观真实或情理发生严重的偏差。最后，公共法律服务作为一种相对稀缺的资源尚不能全覆盖所有的诉讼案件，国家也缺乏为人民群众提供免费法律服务的财政能力。在此情况下，如果仍然恪守证据规则，使法律体系像技术合理性的机器一样运行，可能会导致处于正义一方的弱势群体因无能力聘请律师而失去证据上的优势，进而成为形式司法主义的受害者。当司法程序变成了以固定的不可逾越的"游戏规则"为限制的、特殊类型的和平竞争，司法裁判将不断受到质疑，陷入大众的认同危机。严格立场的依法审判虽然在诉讼程序的正当性、法官角色的消极性、法院地位的中立性等方面体现了现代法治的要求，但是它却因为刚性有余而柔性不足，无法回应正处于从传统向现代转型的当下中国社会的现实需求。①

(二) 实用主义司法哲学观的目标导向

在政法体制下，当代中国的法院和审判权具有法治主义和政治思维、程序正义和实体正义、纠纷解决和社会治理、促进公平正义和维护

---

① 岳彩领、杜秋月：《从依法审判到案结事了——审视当下中国实用主义司法哲学观》，载《学海》2014年第2期。

社会稳定等多重功能变奏。① 对法院的审判工作来讲,将国家政策贯彻到所审理的案件中,促进法律效果、社会效果和政治效果的统一,是审判程序的终极目标。② 这一体制特征决定了,审判权运行及程序被视为治理目标和司法业绩的实现手段与基本途径。在特定情形下,司法要适用实体正义来防止程序主义极端化所造成的事实"非正义",这与分权观念下的程序本体主义有着本质性的区别。③ 从法治文化传统来看,当实体正义与程序(形式)正义发生冲突或无法兼顾时,实体正义通常会成为次优的选择方案。这种权衡的结果也是实用主义司法哲学观的具体体现。有关程序正义的问题,在行政诉讼争议中被关注得较多。诸多行政行为可能因为程序违法而被撤销后再由行政机关重新作出,而后再次被诉至法院,几经周折,虽然产生了若干裁判文书,开了数次庭审,但仍未能触及争议的实体内容。这导致诉讼程序的空转,继而引发当事人和行政机关的不满。这也是实质性化解争议的司法政策率先从行政诉讼领域提出并被推广的原因之一。

实用主义司法哲学观的精髓在于,它将实现定分止争的目的和实体公正的价值目标作为司法功能实现的根本性标准,在遵循司法程序和依法裁判的基础上,充分考虑法律规则与社会环境、当事人法律素养的非匹配性,并注重调解优先、调判结合、穿透式审理等裁判方法的运用,以便实质性化解当事人的争议。

实用主义司法哲学观的优点,体现为它在一定程度上能够避免法官职业化的固有缺陷,克服职业化引起的弊端——职业思维与大众思维的严重隔离。它能够在职业逻辑和大众逻辑之间架起一座桥梁,舒

---

① 黄文艺:《中国政法体制的规范性原理》,载《法学研究》2020 年第 4 期。
② 当代中国的法院及其审判程序,呈现出达玛什卡意义上的"政策实施型司法"特点。米尔伊安·R.达玛什卡:《司法和国家权力的多种面孔——比较视野中的法律程序》,郑戈译,中国政法大学出版社 2004 年版,第 112—113 页。
③ 秦小建:《人大监督法院的实践审思及规范性重构》,载《烟台大学学报(哲学社会科学版)》2023 年第 6 期。

缓职业逻辑与大众逻辑之间的紧张关系。① "能调则调，当判则判，调判结合，案结事了"是最高人民法院民事审判工作中的一项重要原则，主要强调的是"案结事了"。在中国，基层法院法官在处理司法时的一个关注重点就是如何解决好纠纷，而不只是执行已有的法律规则。他们会在各种条件的制约或支持下，权衡各种可能的救济，特别是比较各种救济的后果，然后作出自身认为的对诉讼人最好、基本能为诉讼人所接受并能获得当地民众认可的选择。在这里，诉讼根据、法律规定的法官职责、有关法律的程序规定和实体规定都不是那么重要，重要的是把纠纷处理好，有个好的结果。②

随着立案登记制的贯彻实施，大量纠纷因门槛的降低而涌入法院，法官人均案件量的剧增导致其无法投入更多的精力处理调解案件，而"萝卜快了不洗泥"的机械化裁判模式导致案件虽然在形式上审结，但事实上当事人的争议没有被化解。尽管案件从立案阶段传送到审理阶段，再从审理阶段传送到执行阶段，消耗了大量的司法资源，但因当事人的合法诉求没有得到针对性的回应，争议不会自行消解，只会越来越复杂难解，人民群众的司法获得感、司法机关的权威性和公信力也会不断下降。当老百姓普遍性地对司法工作不满，法官们也因长时间工作但不被理解认同而身心俱疲，我们就有必要从体制机制上进行理性反思。实质性化解合法诉求是当下中国司法在面临重重困难时的一种权宜的且经过实用考量的计策，它在防范程序空转、避免"案结事不了"上发挥了重要作用。事实上，实质性化解行政争议的行政诉讼改革路径，已经取得了显著的社会效果。基于行政诉讼脱胎于民事诉讼，且行政争议在本质上属于一种特殊化的民事争议，实质性化解行政争议的成功经验完全可以为"民"所用。

---

① 李浩：《论法院调解中程序法与实体法约束的双重软化——兼析民事诉讼中偏重调解与严肃执法的矛盾》，载《法学评论》1996 年第 4 期。

② 苏力：《送法下乡——中国基层司法制度研究》，中国政法大学出版社 2000 年版，第 181 页。

第二节　实质性化解合法诉求理念的内容展开

实质性化解合法诉求作为一种具体化的理念,是审判现代化在实质性化解纠纷中的具体表达。坚持审判理念现代化、树立"立审执"联动理念、强化"全过程"调解的理念,构成了实质性化解合法诉求理念的具体内容。

一、坚持审判理念现代化

(一) 审判理念现代化的提出

2023年7月13日,最高人民法院院长张军出席全国大法官研讨班开幕式,并从审判理念、审判机制、审判体系、审判管理等方面就如何整体推进、系统落实审判工作现代化,同大法官们进行了深入探讨。随后,《人民法院报》发表评论员文章,指出实现审判工作现代化,审判理念是关键。要以审判理念现代化统领、引导、促进各项工作现代化。审判理念现代化的根本,是把习近平法治思想作为"纲"和"魂"自觉融入审判执行工作全过程、各方面。[①] 2023年9月8日,张军以"深入践行习近平法治思想 奋力推进审判管理现代化"为题,在国家法官学院秋季开学典礼暨"人民法院大讲堂"授课。张军结合落实习近平法治思想,对审判管理现代化的内涵要求进行了阐释。"我们是在中国特色社会主义制度下,从事的是党领导下的司法审判工作,不是简单地'依法'审判就可以,更要注重发挥司法的能动作用,努力实现'三个效果'有机统一……自觉坚持党的领导,积极服务党和国家工作大局,是审判管理根之所在、魂之所系……落实司法规律要同中国具体实际、同中华优秀传统文化相结合,避免审判管理出现水土不服、事与愿违的问题……要充分考虑人民群众的感受和需要,不能'司法权在我'而

---

① 《理念一新天地宽》,载《人民法院报》2023年7月14日第1版。

我行我素、有权任性。"①

(二) 审判理念现代化的具体内容

1. 坚持能动司法理念

早在 2009 年 8 月,时任最高人民法院院长王胜俊在江苏法院视察调研时就指出,坚持能动司法,是人民法院为大局服务、为人民司法的时代要求。与此同时,能动司法也成为我国法律理论和实务界的热门话题。2023 年 7 月 13 日上午,全国大法官研讨班在国家法官学院开幕。研讨班提出,案件受理是被动的,不能主动揽案;审判必须依法,不能想当然擅断,但我们的工作完全可以而且必须是能动的。能动司法理念,就是在办理具体案件时,以让人民群众感受到公平正义为目标,在法律框架内,努力寻求案件处理的最佳方案,使司法裁判"文本法"的适用符合人民群众感受的"内心法"。②"能动司法要求法官发挥司法智慧,在审判过程中讲政治、顾大局,实现矛盾纠纷实质性解决,而不是因循于具体法律条文的字面含义,机械司法、就案办案。"③司法人民性要求司法具有能动性,这是司法的社会回归。人民群众不仅要求法院对案件依法作出裁判,还期待从根源上化解纠纷。司法人民性作为一个原则性的概念,必须通过特定的载体来实现。在能动司法理念指导下,法院要尽可能地为当事人起诉创造更好的条件,比如通过放宽减免缓缴各种诉讼费用、简化诉讼具体流程、提供诉讼指导、严格控制官司成本、避免非必要的司法鉴定等,为当事人减轻诉讼负担。④ 能动司法理念在强调依法裁判的同时,也更加注重结合具体案情和常情常理,正确行使自由裁量权,以增强裁判结果的社会

---

① 《推进审判管理现代化,怎么看? 怎么干? 这堂课给出答案》,http://news.cyol.com/gb/articles/2023-09/09/content_gGo5EKSl5v.html,2024 年 2 月 13 日访问。

② 白龙飞:《全国大法官研讨班开幕 张军强调:稳中求进 守正创新 以审判工作现代化服务保障中国式现代化》,载《人民法院报》2023 年 7 月 14 日第 1 版。

③ 张晔军、于家傲:《能动司法理念下诉源治理融入基层治理的路径选择》,载《人民法院报》2023 年 12 月 8 日第 5 版。

④ 娄正前:《诉求与回应:当今中国能动司法的理论与实践——主要以江苏法院司法实践为例》,法律出版社 2011 年版,第 88—89 页。

效果。

2. 坚持"抓前端、治未病"理念

"前端""未病"是对潜在的诉讼案件或纠纷争议的一种形象化表述。坚持"抓前端、治未病"理念,其实就是要强化人民法院参与诉源治理建设。习近平总书记"坚持把非诉讼纠纷解决机制挺在前面"重要指示所蕴含的一个价值取向,就是要尽量通过最低的成本和最便捷有效的方式解决纠纷,而不是将所有的矛盾纠纷一股脑儿地推给法院,这亦是以人民为中心的具体要求。"我国国情决定了我们不能成为'诉讼大国'。我国有14亿人口,大大小小的事都要打官司,那必然不堪重负!"[1]基于非诉解纷机制的多元化和分散性,人民群众对诸多非诉解纷机制的受案条件和范围不了解,有些非诉机制的解纷职能未实质激活,同时律师执业的收费及工作量主要以诉讼为衡量标准。这些因素在一定程度上促使老百姓被迫抛开根深蒂固的"厌诉情结",加剧了矛盾纠纷越过非诉解纷渠道而涌入法院的速度。"把非诉解纷机制挺在前面"要求法院要将法律规定的诉讼调解程序前置到立案阶段,促进矛盾纠纷诉前分流至不同的非诉解纷渠道之中。基于"非诉机制挺前,法院诉讼断后"的诉源治理理念,加强对调解组织的专业指导和培训等,利用司法专业优势助力基层治理,亦是协同治理下的必然选择。"抓前端、治未病"理念还要求法院通过发挥个案裁判的示范效应,指导和规范同类型案件纠纷参照生效个案裁判结果确定的模式与标准进行诉前化解。法院可以通过办案关注、思考类案成因,在充分沟通的基础上提出司法建议,从源头上预防和减少类案多发高发。

3. 坚持双赢多赢共赢理念

诉讼案件在结果上虽然有输赢之分,但实质上双方均需要付出一定的代价。无论是诉讼程序的发动者,还是作为被动一方的应诉者,均会因陷入程序繁杂的官司中而产生诸多不便,不但需要花钱找律师

---

[1] 习近平:《坚定不移走中国特色社会主义法治道路 为全面建设社会主义现代化国家提供有力法治保障》,载《求是》2021年第5期。

帮忙,还可能会影响正常的工作和生活,判决结果的不确定性也容易造成当事人的情绪波动,进而增加心理负担,引发一系列的连锁反应。综合来看,与官司输赢相比,当事人的争议得以快速实质性解决,才是符合双方当事人利益的最佳选择。所谓"双赢"就是指,在发生争议后,双方当事人其实都会期待争议能以最低的成本、最公平的方式被化解,如果人民法院能够满足当事人的这种期待和需求,那么就在二者之间实现了双赢。所谓"多赢",主要涉及民生的房地产、物业管理、行政协议等纠纷,这些纠纷的涉诉主体具有群体性,容易造成地方或行业的不稳定,这些不稳定因素也是地方政府或行业部门关注但自身又无法解决的。在这种情况下,法院需要立足多赢共赢理念,通过强化府院联动,内外协同,多做善做沟通、引导工作,以平衡保护各方主体的合法权益。

二、树立"立审执"联动理念

(一)"立审执"条块分割传统模式存在的问题

无论是"三大审判"还是"执行"工作,其最终目的都是围绕当事人的诉求彻底化解矛盾,解决当事人的问题。当前,法院设定的考核指标主要围绕立案、审判、执行的质效进行,这种考核目标存在一定的偏差,应当将考核的目标聚焦当事人的诉求能否被有效解决,人民群众是否满意上。这个目标不单是某个阶段的,而应是包括立案、审判、执行等在内的不同阶段及不同工作领域的共同目标。因为只有将立案、审判和执行工作有机结合起来,形成"一盘棋",凝聚合力,才能更具有战斗力,才能有利于从整体上化解矛盾,从而更加高效公平地回应当事人的诉求。当前,许多法院把立案、审判、执行分割开来,没有形成"一盘棋"的整体意识。如立案庭只是简单地追求高速立案,以为方便人民群众立案就是立案工作的核心,完全不考虑案件进入诉讼程序以后如何得以妥善处理。如果法院在立案时除快速立案、方便人民群众立案外,还能够增加化解矛盾的理念,把当事人诉求的解决贯穿到立案、审判、执行的全过程,让法院工作的每个环节都反映着随时化解矛盾的司法理念,而不是各自为政,将矛盾往下一个环节推,那么将会从源头上减少进入执行环节的案件数量。

长期以来,法院立案、审判、执行三者并未有效衔接,负责审判的法官在审理时对案件执行的可能性缺少考量,导致一部分不能执行的案件进入执行程序。有的法官认为执行是执行局的事情,但若片面强调"执行难",又无异于"头痛医头、脚痛医脚",治标不治本。目前,许多法院为了解决"执行难",采取了增加执行干警人数和强化执行力量配置的方式。然而,这种补充执行力量的做法仍属于单打独斗,没有在法院内部真正形成矛盾化解的合力。此外,由于法院人员编制比较紧张,增补执行力量的措施是将本院其他庭室部门的人员抽调到执行岗位上,因此导致法院在过度强化执行工作的同时,减少了其他部门的人力配置,这无异于"拆东墙补西墙",也不利于法院其他工作的正常开展。因此,这并非解决"执行难"的长效机制。

(二)"立审执"联动的核心在于将矛盾化解工作前置

推动"立审执"联动的核心,即将矛盾化解工作前置,而不是等到案件进入执行阶段才想起如何实现案结事了。其基本工作思路是:在哪个环节更有利于矛盾化解或者案件执行(履行),就在哪个环节解决当事人的诉求,不一定非要等到案件进入执行阶段再去执行。法院在立案阶段通过诉源治理机制能有效化解一批矛盾纠纷,在审理阶段通过做好财产保全、当庭清结和自动履行又能化解一批案件,从而减少进入执行程序的案件数量。只有及时实现当事人的合法诉求,才能充分保护好当事人的合法权益。立案、审判和执行之间相互联动,形成"一盘棋"的合力,在解决问题和化解矛盾上,较之立案、审判和执行不同阶段的单打独斗而言会更有"战斗力"。

(三)把当事人的合法诉求作为法院工作的中心

以人民为中心,在法院工作中具体讲就是"以当事人为中心",即把当事人的诉求作为解决问题的中心,这也是人民法院的工作中心。

虽然人民群众的法治意识在不断增强,但不可否认的是,大多数人没有打过官司,甚至没有进过法院,不知道法院工作的具体流程。尽管有的当事人在起诉前咨询过律师或者法律工作者,但仍可能对法院工作一知半解。很多当事人在诉讼中就好像在走迷宫,不知道先干啥后干啥;也不知道应该做哪些工作,不知道如何配合法院尽快审结与执结案件,无法迅速解决自己面临的问题。为了解决这些问题,首先,人民法院要秉持群众观念,把法院定位为服务型法院,法院干警要把自己定位为服务型法官和司法辅助人员,用足用活各种法律手段去化解当事人之间复杂多样的矛盾纠纷。其次,法院应根据不同的案件类型把"繁杂"的法律程序简单化,能简当简,压缩办案周期,在追求公平公正的同时兼顾效率。最后,要做到司法便民,增设导诉员,设置一站式审判执行服务窗口。只有从上述几个方面做到司法便民为民,满足当事人的司法获得感,人民法院才能真正成为人民的法院。此外,法院法官和辅助人员在自己的工作中还必须把以人民为中心的理念内化于心,外化于行。

三、强化"全过程"调解的理念

所谓"全过程"调解是指,凡是符合法院受案范围的争议,一旦进入法院窗口,无论是在立案前、审理中、判决后,还是执行过程中,均应遵循调解优先的理念。调解作为一种低成本的解纷程序,属于中国特色司法制度的重要组成部分,被西方法学界誉为"东方经验"。法院调解能减轻当事人的诉累,及时案结事了;能有效修复偏差的社会关系,促进社会和谐,获得双赢结果。

(一) 法院调解工作存在的问题

一般来说,法院调解工作会存在以下问题:

一是法官对法院的调解工作存在认识上的偏差。不少法官认为法院的首要职能就是依法行使审判权,定分止争,而调解属于"和稀泥"式的费力不讨好的工作,过于注重调解可能有损自己法官身份的司法权威性。这种观点其实是受到了西方司法制度的影响,它与我国的国情及传统文化相背离。与审判权相比,调解属于相对柔性的权力,类似行政行为中的行政指导,以双方当事人的认可为发生强制性效力的条件。与出具判决书相比,调解对法官提出了更高的要求。它不但要求法官具备高超的调解技能,还要求法官具备随和的性格、更多的耐心、较强的亲和力、良好的沟通能力等。此外,调解还需要投入较之开庭更多的时间和精力,需要法官不得不放低"身段",与当事人晓之以理、动之以情地"拉家常",劝说当事人换位思考,告知诉讼风险及调解的优势,同时还需要给当事人更长时间来考虑和接受调解方案。因此,如果法院系统不鼓励法官做调解工作的话,很多法官可能会选择一判了之,但了结的只是案件,争议并没有被解决,矛盾也没有被化解,当事人服判息诉的比例也难以提高。

二是片面追求调解结案率,强制性调解现象较为普遍。有的审判员为了迎合考核指标和减少裁判风险,过分追求案件的调解率。不管当事人是否愿意调解,都给当事人施加压力,迫使其同意调解;在当事人不同意调解时,不及时依法判决,而是冷处理一段时间后继续组织调解。这种功利主义色彩浓厚的强制性调解,弱化了法院的审判职能,忽视了案件的调解质量,导致调解反悔率和调解结案的案件申请执行率不断攀升,损害了当事人的合法权益和司法权威,违背了调解制度的自愿原则。

三是未查明案件事实就进行无原则的调解,调解方案的中立性和可接受性较差。法院调解与其他调解的区别,在于法院调解是在法官主持下进行的,这也是法院调解的优势所在。调解方案作为一种双方当事人均认可才能生效的协议,需要法官基于对案件事实的了解依法中立做出。也就是说,调解的内容要与法官依法裁判的结果具有接近性,这样才能更容易让当事人接受。实践中,有的法官虽然主张调解,但对调解的结果却不管不问,要求当事人自行协商,这种过于消极的调解方式往往难以成功。有的法官提出的调解方案严重偏离案件事实,有失中立性和公正性,导致当事人有种"上当"的感觉,最终不再信任法官而选择终止调解。有的法官在未查明事实的情况下,凭自己的主观臆断进行模糊调解,既不征求当事人的意见,也不考虑相关案件事实和法律规范,盲目提出调解方案;或者在一方提出调解意见后,强压另一方做出无原则的让步;或不考虑案件性质,"一刀切"地采取"各打五十大板"的折中办法。这种超越法律和事实底线及缺乏原则的调解方式,给当事人造成法官"和稀泥"的不良感觉,严重损害了一方当事人的合法权益,也放纵了有过错的另一方当事人,不仅有失公正,也有损法律的权威和司法公信力。

四是缺乏调解技巧,反复调解现象严重。有的法官缺乏调解技巧,找不到案件的解决突破口,不制定针对性的调解方案和策略,不考虑调解时机是否成熟,就进行调解;调解不成后,再次甚至多次组织调解,拖而不判。这使得当事人身心疲惫,不得不作出妥协让步。这种单一的疲劳战术型的调解,既加重了法官的工作负担,也难以达成令人满意的调解结果。

五是判后调解职能的缺位。不少法官认为调解工作只能在调解做出前进行,一旦做出判决后就丧失了调解的基础或空间。有的法官在判决之前不遗余力地开展调解工作,在经多次调解无果后遂作出判决,并放弃判后调解的机会。对当事人而言,他之所以不同意调解,通常是对判决结果的利己性抱有幻想,认为判决大概率是对自己有利的。一旦判决结果与自己的期望值不符,就会与之前的调解方案进行比较,并存在较强的调解需求。而此时,因法官不再组织调解,他只能通过上诉获得在二审阶段的调解机会。二审期间的调解一般发生在询问或开庭阶段,此时双方当事人可能会再次聘请律师,律师费用和上诉费用的二次支出会导致当事人的诉讼成本增加,此前的调解方案可能也要做出新的调整,这无疑增加了实质性化解纠纷的难度。

(二)实质性化解合法诉求对法院调解工作的基本要求

实质性化解合法诉求对法院开展调解工作提出了以下基本要求:

一是调整现行的审判质量和绩效考核指标体系。在制定相关考核指标时,严格尊重审判规律,并进行充分的调研,科学设置,把调解结案率作为一个奖励性指标。在注重调解率的同时,还要注重调解协议的当庭履行率和自动履行率,并将当庭清结、自动履行率纳入办案效果的考核指标体系。这样设计考核指标,既能调动法官采取调解结案的积极性和主动性,也能强化法官对调解内容履行情况的跟踪提醒、督促履行义务。如开封示范区法院在绩效考核中设定了当庭清结100%、当庭清结50%—100%、当庭清结10%—50%、自动履行全部、当庭单独履行诉讼费五种情形,并分别设置不同的分值。这种细化的考核指标设置,对法官主持当事人达成切实可行的调解方案并按照协议予以履行起到很好的规范引导作用。

二是加强学习和培训,提高法官的调解技能。调解是一项综合性的工作,法官不仅需要法学功底,还需要掌握社会学、心理学等方面的知识。因此,法官要及时补充新知识,做到"见多识广",学会把握当事人的庭审心理。在学习培训方式上,可采取以老带新、集中培训、案例分析、经验交流等形式,帮助法官掌握辨法析理、换位思考、利益衡量等基本调解方法;培养善于抓住焦点、把握调解时机的能力,沟通协调的能力和有的放矢做好思想工作的能力。在调解工作中,法官要融入真情,拉近与当事人的感情,根据不同个案,选择运用直陈、暗示、迂回、对比、借力、宣泄、冷却、感化及震慑等方法调解案件。适时为双方当事人提供沟通交流的平台,促进彼此了解,引导其换位思考,并从法理、情理上进行说服教育,化解其心中的症结。在各个诉讼阶段,只要存在调解的可能性或者当事人同意调解的,法官都要不遗余力地做调解工作。

三是坚持自愿合法原则,制定对双方当事人都较为公平的调解方案。自愿合法原则是调解的灵魂,法官在调解工作中要充分尊重当事人的意志,案件是否调解,通过何种方式调解,都应与当事人沟通。双方当事人对自己的民事权利的处分必须在法律规定的范围内进行,不得损害国家、集体和他人的合法权益,要遵守公序良俗。当双方都不愿意调解或各不相让,调解不成时,要及时作出判决。法官在调解之前,应查明案件事实,了解纠纷的性质、原因及过程,找出双方争议的焦点,找准突破口,对当事人存有误解或偏差的法律问题及时说明,让他们了解相关法律规定。在摸清当事人的态度和认定事实的基础上,结合相关法律规定,制定一个合法合理的调解方案。

四是告知当事人调解的优势和判决、执行的风险。在采取传统的"背对背"调解模式时,可以向原告讲明,若调解成功,对方能在法庭的监督下,及时、自动履行相关义务;若进行判决,则审限较长,判决后被告还可能上诉或拒不履行,需要向法院申请强制执行等。对被告方可以强调判决对其不利后果及判决的强制履行性等,给予其心理上的威慑。通过这种方式,劝说双方当事人权衡利弊,各让一步,接受调解。此外,在调解过程中,也可以采取方法,适当降低当事人对裁判结果过高的期望值。很多当事人之所以不同意调解方案,是因为他们认为判决结果可能对自己更为有利。在此情况下,如果法官在"背对背"调解中,能将可能的裁判意见告知当事人,会更有助于案件的调解。

五是补强判后回访答疑阶段的调解工作。为全面落实能动司法、实质性化解矛盾纠纷的工作要求,提高人民法院裁判公信力和当事人自动履行率,优化法治化营商环境,减少衍生诉讼和涉诉信访案件,有的法院制定了判后回访和判后答疑制度。根据前面的分析,在判决作出后生效前的一段时间里,对裁判结果不满的一方当事人其实存在较强的调解需求,在此情况下,如果法官能促使双方达成和解协议,同样可以实现服判息诉的工作目标。当然,从制度层面看,如果能够建立未生效裁判文书附条件的撤回制度,允许当事人因判后调解申请撤回判决,并以出具调解书的形式结案,可能会更有助于判后调解工作的顺利开展。

六是强化执行和解工作。严格意义上讲,执行和解不属于法院调解的具体类型,通常说的法院调解主要发生在案件的审理阶段。在执行阶段,因裁判文书已经生效,此时如果在法院的主持下达成调解协议并出具调解书,势必会导致同一个案件存在两个不同类型的文书。但在此阶段,执行员可以通过执行和解的方式实现对执行争议的调解。因为案件之所以能进入执行程序,在本质上是因为当事人之间对裁判文书存在一定的争议,这种争议要么表现为对裁判金额的不满,要么反映为对裁判履行期限的不满。比如,判决书要求被告于十日内偿还原告10万元借款,但被告无法在十日内履行,那么在执行过程中,可就该金额予以分期履行并达成执行和解协议,从而消除双方在履行期限中的争议。再如,有的案件的裁判结果虽然是依法进行的,但要求被告赔偿的金额明显过高,让被告难以接受。① 在这种情况下,如果经执行法官主持调解,原告能做出适当的让步,并达成执行和解协议,既能实现执行案件的顺利结案,也有助于减少涉诉信访案件的产生。因此,执行和解工作也应纳入法院整体性的调解工作之中,并予以强化。

(三) 完善与法院调解工作配套的保障机制

在一些侵权类的案件中,有关赔偿金额或因果关系的认定问题,通常需要将司法鉴定作为计算或主张的依据。如果没有进行司法鉴定,很多的赔偿金额或侵权事实是难以认定的。这在涉及保险公司等国有资产公司的侵权类案件中表现得尤为明显。例如,在很多机动车交通事故责任纠纷案件中,保险公司之所以不愿意调解,是因为在调解阶段,法官可能没有审查案件的事实情况,有关赔偿标准的计算缺乏明确的事实依据和法律根据。对此,如果能引入诉前调解制度,并为调解工作提供相关的依据,则有利于促成调解。此外,在大量涉及财产给付的案件中,如果能通过诉前或诉中保全的方式查控和冻结被告的财产,也有利于案件的调解及顺利执行。

---

① 在笔者所接触的一个机动车交通事故责任纠纷案件中,受害人虽系八级伤残,但其伤残鉴定作出的时间较晚,法院结合其提供的误工证明和司法鉴定关于"三期"时间为1307天的鉴定意见,判令被告赔付的误工费高达334509.12元,护理费高达165218.63元,这远超医疗费用,被告一时难以接受,在上诉和申请再审被驳回之后,仍然不服裁判结果,消极履行裁判义务。见河南省通许县人民法院(2022)豫0222民初3753号民事判决书。

1. 探索诉前司法鉴定,助推高效解纷

随着司法鉴定案件数量的日益增加,单纯的诉中司法鉴定已不能满足当事人对司法效率的要求。目前,不少地方法院已经推出"诉前司法鉴定"制度,如兰考县人民法院(简称兰考法院)早在 2019 年就制定了《诉前委托司法鉴定暂行规定》①,明确将道路交通事故责任纠纷、医疗损害赔偿纠纷、工伤保险待遇纠纷、雇员受害赔偿金纠纷、保险合同纠纷等涉及人身损害赔偿案件,建设工程、产品质量、股权等财产纠纷案件,以及其他需要且适宜进行诉前司法鉴定的案件纳入诉前鉴定范围。在诉讼服务中心设置诉前鉴定窗口,由司法技术部门积极引导、鼓励当事人进行诉前鉴定,能够为化解矛盾提供依据,促进诉前调解工作开展,减少诉讼案件数量,缩短诉讼案件审理周期,提高办案效率。司法技术部门负责所有司法鉴定案件的接收、甄别、登记、材料流转、材料审核、鉴定机构选择、对外委托、鉴定机构督促、技术咨询及通知送达等工作。司法鉴定意见作出后,司法技术部门应及时将鉴定意见书送达当事人。此外,将诉前司法鉴定与诉前调解、繁简分流有机融合并有效纳入诉源治理体系,有利于止案件纠纷于诉前。依据鉴定意见,部分当事人会自行和解,或是直接不起诉。这样就从源头上减少了诉讼案件数量,实现了纠纷诉前分流和多元化解。诉前鉴定可以为当事人带来更多便利,保障当事人对自身诉求的合理预判,进而在此基础上理性地主张权利。办案法官可以依据诉前鉴定结论,分析双方当事人的利弊,缩短办案周期,并通过诉前调解机制在短时间内促成双方和解,推进矛盾在诉前鉴定环节得到解决。

2. 激活诉前财产保全制度,实现以保促调目标

诉前财产保全是利害关系人(主要是原告)在遇到情况紧急,不立即申请财产保全将会使其合法权益受到难以弥补的损害时,在起诉前向人民法院申请,由人民法院采取的一种应急性的保全措施。长期以

---

① 本书作者张童于 2017—2022 年在兰考法院工作,担任该法院党组书记、院长。在他的领导下,兰考法院推行了诉前鉴定制度。

来,诉前财产保全在法院的适用率比较低。具体原因在于:第一,当事人乃至部分律师不熟悉该制度,对运用该制度缺乏信心;第二,法官因怕麻烦、怕承担责任等原因不愿进行诉前保全,对当事人提出的诉前财产保全申请不予及时回应,甚至拒绝受理;第三,由于诉前保全发生在立案前,在绩效考核体系中不被重视,因此法官适用该制度的动力不足;第四,有关诉前保全的相关制度不健全不完善,且相关规范的法律位阶较低,规范性和可操作性不强。①

但是,诉前财产保全制度相比诉讼保全具有如下优势:一是当事人可以在立案之前通过诉前财产保全了解给付义务主体的财产状况,并以此判定是否立案起诉,这样能够有效节约诉讼成本,减少诉讼的盲目性。二是如果原告在采取诉前保全措施后发现被告没有可查控财产而决定不起诉,那么由于此时尚未立案,被告一般对原告的诉前财产保全申请不知情,且原、被告双方的关系尚未陷入僵局,②因此原告可以继续通过非诉讼程序与被告协商处理争议。基层法院要充分发挥诉前财产保全的上述两个优势,主动告知申请人在立案前即可办理财产保全手续,由负责诉调工作的法官立即对申请保全材料进行审查,对符合保全条件的案件,及时作出保全裁定,转交执保组办理相关手续,实现保全、送达与立案的相互衔接。对在诉前财产保全措施中未查控到相关财产且未超诉讼时效的情形,可由诉调法官向当事人说明诉讼与执行的风险,向当事人建议不要盲目起诉。这样可以从源头上将存在不能执行风险的案件拦截下来。

兰考法院自2017年强化诉前财产保全工作以来,利用诉前保全解决了一大批尚未进入诉讼的待立案件。不少被申请人在财产被法院查控后主动联系申请人(原告)协商解决或要求法院主持调解。在

---

① 诉前保全制度虽然早就确立,但最高人民法院于2024年2月7日才作出了专门性的司法解释性质文件《关于规范和加强办理诉前保全案件工作的意见》。

② 此类案件主要涉及民间借贷及其他合同纠纷领域,当事人之间之所以能发生经济上的往来,通常因为是比较熟悉的朋友或亲戚关系。在未起诉之前,双方基于人情社会的和谐因素,具有通过非诉讼解决纠纷的情感基础和社会基础,而一旦进入诉讼程序,则意味着要对簿公堂,双方的矛盾会被激化。

法院工作人员的耐心劝导和普法教育下,被申请人经过利弊权衡,通常会接受调解方案;而由于申请人未将案件诉至法院,因此他解决矛盾纠纷的成本也会相对较低,自然也愿意作出一定的让步。但是,随着最高人民法院执行局将诉前财产保全的线上查控财产端口关闭,大量线上的诉前财产保全工作目前已经无法开展,这使得诉前财产保全在诉源治理中的作用难以发挥。如今,法院开展的诉前财产保全工作主要是线下财产保全,即申请人在进行诉前财产保全时,向法院提供被申请人的财产线索,这些财产线索包括详细的房地产信息、银行存款信息及其他线下的财产信息。笔者建议将诉前财产保全的线上查控端口重新开放,并通过强化监管、全程留痕、严厉追责的方式,防止诉前查控被滥用。

第三节 实质性化解合法诉求的标准确定

化解诉讼案件中的争议是现代诉讼的最终目的。"一个诉讼制度如果不能够定分止争,这个制度注定是不能走远的。"[1]实质性化解合法诉求需要满足一定的条件,可以将这些条件作为实质性化解合法诉求的标准,标准的确定其实也是目标的确定,这要求法院在裁判案件过程中,以实质性化解标准的满足为工作重心。

一、实质性化解合法诉求标准的学理梳理

目前,有关实质性化解争议的研究和实践主要发生在行政诉讼领域。对如何定义行政争议的实质性化解,学界的表述很多,界定的标准主要着眼于化解的结果。化解的主体也多种多样,有行政机关、行政复议机关、法院、检察机关等。杨建顺教授针对检察机关作为化解

---

[1] 郭修江:《监督权力保护权利实质化解行政争议——以行政诉讼法立法目的为导向的行政案件审判思路》,载《法律适用》2017年第23期。

主体表示,"经过相应救济程序之后,不再存在或者产生异议,不再存在争讼的标的物。前者是从程序层面来看,经过行政复议程序或者行政诉讼程序之后,再没有启动新的法律程序;后者是从实体层面来看,经行政复议程序或者行政诉讼程序之后,行政补偿与行政赔偿等实体救济得以落实,其他实体法律关系问题皆得到实质处理,再没有启动新的法律程序的标的物"[①]。章志远教授认为,"行政争议实质性化解具有三个内在标准,一是行政案件已经司法程序终结;二是当事人之间的矛盾真正地得以解决,没有留下后遗症;三是通过行政案件的审理,明确了此类案件的处理界限,行政机关和社会成员能够自动根据法院的裁判调整自身行为。"[②]有的观点认为,"实质性"包含行政诉讼程序终结后未再启动新的法律程序和行政实体法律关系经由行政诉讼程序获得实质处理两方面内容。[③] 行政争议实质性解决包含纠纷解决的妥善性、一次性和迅速性。[④] 行政争议实质性化解是指在法治框架下,根据政策、情理等法律外因素,在传统的行政法律程序和行政诉讼法律程序外,使行政争议及相关法律争议不复存在的行为,其本质是权利救济。[⑤] 上述有关行政争议实质性解决的标准问题,虽然存在诸多观点,但整体上可将其概括为"案结事了"。此处的"案结",既包括本次诉讼案件的办结,也包括不再因此产生新的案件;所谓"事了"就是指案件所承载的纠纷或争议已经被解决,无须再次启动诉讼程序或通过其他解纷机制解决。

---

① 杨建顺:《完善行政检察监督 促进行政争议实质性化解》,载《人民检察》2020年第13期。
② 章志远:《开放合作型行政审判模式之建构》,载《法学研究》2013年第1期。
③ 王万华:《行政复议法的修改与完善——以"实质性解决行政争议"为视角》,载《法学研究》2019年第5期。
④ 钱弘道、吴亮:《纠纷解决与权力监督的平衡——解读行政诉讼法上的纠纷解决目的》,载《现代法学》2008年第5期。
⑤ 安兵等:《行政争议实质性化解检察参与机制的解释论研究》,载《西北民族大学学报(哲学社会科学版)》2021年第3期。

就民事案件办理而言,实质性解决当事人的合法诉求,在效果上也主要体现为"案结事了"。尽管"案结事了"并不是一个严格的法律概念,迄今为止,也未有统一的认识与界定,但是我们通常所理解的"案结事了",是一个与"结案了事"相对应的概念,它要求人民法院等司法机关在案件办理中,不能简单地就案办案,不能以为出具一张判决书就算完成定分止争的任务。从解决个案纠纷的角度看,"案结"与"事了"是辩证统一的关系,"案结"是裁判的基本要求,"事了"是司法的更高境界。"案结"即"结案",是人民法院依照实体法与程序法的要求,对当事人诉诸法院的案件作出终局性、权威性的裁决;"事了"是追求矛盾纠纷的实质性化解和社会关系的正常修复。[1] 具体地讲,民事诉讼中"案结事了"的"事了",可理解为具有履行内容的调解书或判决书得到有效的执行,如当事人通过起诉主张借款,该借款经法院裁判予以支持后,该款项顺利执行到位。当然,裁判文书的顺利执行属于"案结事了"的理想状态,现实中大量的案件可能因被执行人能力不足而陷入"执行不能"的困境。但是,人民法院不能因此放弃"案结事了"的办案目标。

长期以来,"案多人少"是基层法院普遍面临的问题。但近年来,中级人民法院也不断感受到"案多人少"的压力,究其根源,是因为大量的案件在一审诉讼中没有得到实质性化解。一些形成上诉、再审的案件,其本身的法律关系可能并不复杂,但由于法官没有下足"事了"功夫,导致当事人对裁判结果不满意,不得不通过上诉的方式寻求更高层级的救济。这不仅浪费了司法资源,影响司法权威和司法公信力,也增加了当事人的维权成本。

总之,尽管实质性解决合法诉求的标准具有多元化特征,但其主要的标准体现在案件办理的效果上,将"案结事了"作为实质性解决当事人合法诉求的目标:一是要求人民法院要在查明案件事实的基础上

---

[1] 王杏飞:《案结事了的理论逻辑与实践探索》,载《山东法官培训学院学报》2021年第2期。

选择适用正确的法律,确保判决的正确性和合理性;二是要求人民法院不能局限于案件本身的办结,而是要尽可能地解决案件背后所承载的具体争议,并在此基础上增强裁判结果的可接受性,真正实现定分止争的司法功能。

二、实质性化解合法诉求的标准展开

实质性化解合法诉求的具体标准也即"案结事了"的基本标准,可具体划分为司法程序终结、合法诉求得到满足、当事人服判息诉三个方面。其中,司法程序终结是实质性化解合法诉求的形式要件,合法诉求实现是实质性化解合法诉求的实质要件,而当事人服判息诉则是实质性化解合法诉求的社会效果。

(一)司法程序终结

要做到案结事了,必须处理好"案结"与"事了"的关系。"案结"是基础,"事了"是目的。实现"案结"是法官的法定职责,追求"事了"则是让当事双方心服口服。① 具体的案件一旦进入司法程序,就需要按照不同的时间节点依次进行,最终经过法官的调解或裁判,形成一个个裁判文书,实现办案流程的终结。新时代的"案结事了"要求人民法院充分保障诉讼过程中当事人和其他诉讼参与人的知情权、陈述权、辩护辩论权、申请权、申诉权等,从而使当事人充分反映自己的诉求,即充分尊重当事人的选择,维护程序正义。② 将司法程序终结作为实质性化解合法诉求的形式标准,一方面要求法院对符合立案条件的案件要及时立案,不能以各种理由随意驳回当事人的立案申请,更不能以绩效考核为由,限制案件进入诉讼流程;另一方面,法院应对诉讼案件进行繁简分流,及时总结当事人的争议焦点,围绕当事人的争议焦点展开调解或裁判工作,并在此基础上出具调解文书或裁判文书。

---

① 张甲天:《法官办案既要"案结"更要"事了"》,载《人民日报》2021年1月27日。
② 张甲天:《新时代人民法院实现案结事了的方法路径》,载《山东法官培训学院学报》2021年第1期。

对法官而言,他不但要公开审理和公开裁判,更为重要的是要及时将裁判结论形成的过程、理由和根据予以公开。所谓"及时"一般要求法官在开庭审理后不能拖延不决,而是要及时进行合议并作出裁判。关于"及时"的期限,法律没有予以明确,实践中法官通常以不超过审理期限为限,但6个月的审理期限对当事人而言显然过长,且距离开庭时间越长,裁判结果的公正性就越受到质疑,司法公信力也将不断打折。有的法官开庭审理后认为案件疑难复杂,就不断以拖延的方式予以处理,甚至导致案件严重超出审理期限数月,并且未将延期审理的事由告知当事人。在此情况下,当事人很容易质疑裁判结果。裁判理由的公开,要求法院就任一案件所作的判决书都必须详细公布诉辩双方各自的证据、论点和主要争议点,说明接受某一证据的理由、拒绝采纳某一证据的根据,以及作出裁判所考虑的各项因素等。这种就裁判形成过程和理由的事后公开,实质上就是在增强司法裁判的透明度,使社会公众知晓裁判结论的形成过程和理由,从而增强参与意识,加强对法院的信任。①

实践中,有的法院或法官基于办案压力或绩效考核的需要,动辄劝说启动诉讼的当事人(原告)撤诉、另案起诉并据此终结司法程序。有的法官为了鼓励当事人撤诉,会以引导当事人申请减少诉讼标的金额的方式减收诉讼费。这种方式虽然在形式上实现了司法程序的终结,但由于当事人的诉求并未得到法院的实质性处理,案件可能会再次进入诉讼流程。同时,经劝说撤诉后的当事人对法院及法官也将会失去信任,这无疑会变相提高案件调解化解的难度,也容易引发涉诉信访问题。有的法院为了减少进入诉讼程序的案件数量,对应立案的案件不予立案,或者以民调的字号立案,在立案程序之前增设强制调解程序,但却并不安排调解人员进行实质性的调解工作。这些做法显然是严重违反法律规定和立案登记制之司法改革精神的。实质性化解当事人的合法诉求,不仅要求法院充分发挥全过程调解和实质性裁

---

① 陈瑞华:《司法体制改革导论》,法律出版社2018年版,第25—26页。

判的功能,而且还要求法院将当事人的争议及时导入诉讼流程,并通过流程化的方式实现定分止争的司法裁判目标。因此,无论存在何种困难或压力,都不能成为法院随意将案件拒之门外或"忽悠"当事人撤诉的理由。

(二)合法诉求得到满足

当事人将争议提交法院处理不仅是希望能够讨个说法,更是希望纠纷能够得到实质性解决。理想情况下,随着案件司法程序的终结,当事人的争议往往能够得以解决。但现实并非如此,大量的案件并没有因一次司法裁判的结案而终结,当事人因争议未能得以化解,不得不通过上诉、申请再审、申诉信访等方式继续寻求司法机关的救济。这一点在行政诉讼中表现得尤为明显。现行行政诉讼法片面强调人民法院对被诉行政行为的合法性进行审查并作出类型化的胜负裁判,这种简单化的处理方式往往难以触及行政案件背后更深层次的权利义务关系,过高的行政案件申诉上访率与过低的原告服判息诉率之间形成了强烈反差。有鉴于此,最高人民法院近年来特别强调行政案件的审理要达到"案结事了人和"的效果,避免出现"案结事不了""官了民不了"的现象。这种司法导向反映了行政审判纠纷解决观的复归,与我国当下化解社会矛盾、构建和谐社会的主流观念完全契合。①

合法诉求得到满足的前提是当事人诉求具备合法性,需要注意的是,此处的合法性并非要求当事人的诉求有法律上的明确规定,而应当理解为当事人的诉求不违反法律规定。因为就当事人的权利而言,遵循的是"法无授权即自由"的基本原则。如果将当事人的合法诉求严格限定在法律明确规定的范围内,无疑是缩小了当事人合法权益的司法保护范围。同时,过于关注法律的明确规定,也会忽视当事人诉讼案件所承载的争议本身。民事诉讼主要围绕当事人的诉求归纳争议焦点,但也存在当事人诉求与法律规定的案件事由不一致的问题。对此,司法机关应当清醒地认识到,民事诉讼案件的设定是为了确保

---

① 章志远:《开放合作型行政审判模式之建构》,载《法学研究》2013年第1期。

案件的类型化审理,事前预设的案由规则不可能涵盖所有类型的案件,故不能以没有法定的案由规定而否定或排斥当事人所主张的新型诉求。日本学者棚濑孝雄说,审判制度的首要任务就是纠纷的解决,如何通过审判妥善解决纠纷是法解释学的中心课题。① 在纠纷实质性化解观的支配下,包括判决、调解、协调和解、司法建议在内的各种处理方式都可以尝试,包括法院、行政机关、当事人以及其他一切有利的社会资源都可加以利用。

(三) 当事人服判息诉

"案结事了"是人们对法院中立调解、公正审判的一种认可、接受,是服判息诉、定分止争的另一种表达。② 当事人服判息诉是实质性化解合法诉求的结果性标准。此处的"服判息诉"系当事人主动选择的结果,而非案件进入二审、再审程序后当事人对裁判结果予以被动性接受的情形。因此,该标准主要是为了检验一审诉讼案件的司法处理结果是否满足实质性化解争议。有的法院或法官认为,上诉是当事人的基本诉权,当事人是否上诉及如何上诉,均是其自行选择的结果,无须法官介入引导或释明。该观点具有普遍性,看似挺有道理,实则不然。当事人之所以选择上诉,存在多方面的因素,如对裁判结果不理解或不认可,或认为判决结果与其期望差别过大,或经与诉讼中的调解方案相比,认为上诉更能维护自己的利益等。针对当事人不同的上诉动因,一审法官其实能做的工作也很多,如通过判后答疑消除当事人的疑虑,或组织双方当事人调解并促成当事人放弃上诉、达成和解等。对当事人而言,其上诉的成本包括上诉的诉讼费及委托律师的代理费,这些费用支出也是他决定是否上诉的重要因素。如果一审法官能够在判决之后及时引导当事人服判息诉,同时通过执行和解等方式消解当事人的不满情绪,既有助于减轻当事人的合理负担,也可以做

---

① 〔日〕棚濑孝雄:《纠纷的解决与审判制度》,王亚新译,中国政法大学出版社2004年版,第1页。
② 张甲天:《新时代人民法院实现案结事了的方法路径》,载《山东法官培训学院学报》2021年第1期。

到实质性化解当事人合法诉求。

作为司法所追求的目标性结果,当事人服判息诉既要求一审法官在诉讼或调解中秉承公平公正,尽可能让当事人在具体个案中切实感受到公平正义;也要求一审法官做好判决的善后工作,通过判后答疑、促成和解等方式引导当事人理性选择是否上诉。正常情况下,当事人的心理会随着裁判结果的作出而发生一定的变化,比如当事人在诉讼中坚持不同意调解,或双方因未达成调解方案而放弃调解,但若在判决做出后,通过对比发现判决与调解的差距,可能又会同意调解。但这时由于一审裁判已经做出,因此一审法官往往会以此为由放弃"善后工作",导致当事人不得不通过上诉的方式来寻求新的调解机会。对此,一审法官要坚持走完实质性化解当事人合法诉求的"最后一公里",不能机械地认为,一旦案件作出裁判,就完成了己任。为了调动一审法官判后化解纠纷的积极性,可从绩效考核指标等方面加以调整,引导法官将实质性化解当事人合法诉求贯穿于诉讼全过程。这样既能减轻二审法院的办案压力,也有助于满足新时代人民群众对司法工作的多元化需求。

第二章

实质性化解合法诉求的组织保障

党对人民法院工作领导的具象化,体现在司法办案、队伍建设等方面。在实现路径上,必须旗帜鲜明地强调法院党组的领导责任,压实院庭长的监管职责。法院领导依法履行领导职责,是本院审判执行工作充分开展和司法目标得以实现的政治组织保障。实质性化解合法诉求作为新时代人民法院的工作目标和任务,需要融入法院领导的审判管理权,并通过压实领导责任的方式传递给其他员额法官及辅助人员,从而统一全院司法理念,达成实质性解纷的共识。

第一节 发挥党建工作在实质性化解合法诉求中的引领作用

最高人民法院2020年的工作报告指出,要加强人民法院党的政治建设,着力建设忠诚、干净、担当的过硬法院队伍。对于人民法院来说,党建工作是一项永恒的课题,永远在路上。既然党建工作如此重要,那么如何发挥党建在法院工作中的引领作用就值得深入思考。

一、法院开展党建工作的不足之处

党建,即党的建设的简称。党的建设即马克思主义建党理论同党的建设实践的统一。2020年1月8日,习近平总书记在"不忘初心、牢记使命"主题教育总结大会上指出,马克思主义政党的先进性和纯洁性不是随着时间推移而自然保持下去的,共产党员的党性不是随着党龄增长和职务提升而自然提高的。这一重要论述道出了党建工作的必要性和重要性。初心不会自然保质保鲜,稍不注意就可能蒙尘褪色,久不滋养就会干涸枯萎。如果共产党员和人民公仆不能做到在思想政治上不断检视、剖析、反思自己的"初心",就很容易为社会上的不良风气所影响,忘记了为什么要出发、要到哪里去,这样很容易走丢走散,走向党和人民的对立面。

　　党中央高度重视党建工作。党的十九大作出重大决策,要在全党开展"不忘初心、牢记使命"主题教育。各级人民法院党组织积极响应党的号召,不断创新党建工作方式并取得了较为显著的效果。但部分法院党建工作仍存在不足,党建在引领法院各项工作的能力和效果上均有较大的提升空间。具体而言,不少法院未能全面深刻理解党建工作的核心内涵,将党建工作等同于廉政建设;有的法院在党建工作中存在"两张皮"的问题,没有将党建工作和法院业务工作有机结合起来;还有的法院未实质性地开展党建工作。

(一)将党建工作等同于廉政建设

　　随着监察体制改革步入深水区,法治化反腐已经成为构建不敢腐、不能腐、不想腐长效机制的基本路径。但如何构筑不想腐的防线,这涉及每一位公职人员和党员干部的主观态度和思想理念,基于"法律不惩罚思想"原则,运用法治手段建构不想腐的防线效果相当有限。因此,通过开展党建工作筑牢防腐拒变的心理警戒线,便成为各地党建工作的核心内容。公职人员和党员干部之所以会跌入违法违纪的深渊,从根本上讲就是因为他们把初心和使命抛到了九霄云外。为此,在开展党建工作时应将廉政教育融入其中,打造干净纯洁、素质过硬的法院队伍。如河南省新乡市红旗区人民法院以廉政教育为切入点,坚持以党建引领队伍建设,持续开展党风廉政建设和反腐败斗争,大力加强反腐倡廉教育和廉政文化建设,制定"两个责任"负面清单整改台账,确保主体责任抓到实处,落实到人。[①]

　　将廉政建设作为党建工作的重要组成部分无疑是正确的,但党建工作并不等同于廉政建设。依靠廉政建设无法实现党建的终极目标。理由有二:

　　一是确保党员干部和公职人员不敢腐、不能腐、不想腐,已经成为

---

① 于惠清:《坚持党建引领 打造素质过硬的法院队伍》,载《人民法院报》2021年3月18日第5版。

一项基本法律义务,①不贪腐仅仅是对公职人员和党员干部的最基本要求,是其必须履行的法定义务。而党建的本质是党组织及党员的自我革命,要求通过不断学习、自检、反省来保持自身的先进性,不断提高为人民谋幸福的能力。因此,如果将党建仅等同于廉政建设,将大大缩减党建工作的功能与作用。

二是法院的骨干成员是法官,法官作为司法者,手握对案件事实真相的调查权及对案件结果的裁判权,基于法律的滞后性和语言的局限性,大量的法律条文需要法官依据自己的理解来适用。法官在依法裁判过程中,实质性地享有对法律的解释权和弹性立法下的自由裁量权。单从法官裁判权的行使来讲,很难判断其是否存在权力寻租等腐败问题。实践中,有些法官在案件裁判活动中并不存在司法腐败的问题,却也导致裁判结果出现严重偏差,从而侵犯当事人的合法权益,损害司法公信力。因此,对法院和法官而言,仅仅强调权力行使的廉洁性不足以确保实现裁判结果公平正义的目标。换句话说,裁判结果的公平正义,绝非仅依靠廉洁司法就能够轻而易举实现的。

(二)将党建工作隔离于业务工作

所谓党建工作与业务工作的隔离,即将党建作为一项单独的工作,安排专门的部门和人员负责。这种做法表面上看是对党建工作的重视,即通过设置专门的机构和人员推动和保障党建工作的顺利开展,但实际上忽略了党建工作的实效性,人为隔断了党建工作与法院业务工作的关联。我国《宪法》明确规定,"中国共产党领导是中国特色社会主义最本质的特征"。该条款具有较强的规范性,为党强化对国家机关的领导提供了宪法依据。法院作为党领导下的国家机关,应当自觉接受党的全面领导。政治机关是人民法院的第一属性,审判权

---

① 《监察法》第6条规定:国家监察工作坚持标本兼治、综合治理,强化监督问责,严厉惩治腐败;深化改革、健全法治,有效制约和监督权力;加强法治教育和道德教育,弘扬中华优秀传统文化,构建不敢腐、不能腐、不想腐的长效机制。

是一项重要的政治权力,讲政治是人民法院的第一要求。① 强化党对政法工作的绝对领导,是法院党建工作的重要使命。党对法院工作的领导不仅仅体现为组织领导、思想领导,还包括对法院业务工作的领导,这种领导并非要求按照党组织的意志裁判个案,而是要求各级法院和法官在案件裁判中,确保政治效果、法律效果和社会效果的有机统一,防止机械司法、就案办案。要实现这一目标,就需要将党建融入法院的业务工作之中,用党的理论、信念等精神财富武装法官等司法工作人员的头脑,让他们在办案过程中,不断增强"四个意识"、坚定"四个自信"、做到"两个维护",树立群众观念,理性吸纳民意,欢迎和鼓励人民群众对法院工作"指手画脚",虚心接受来自各界善意的批评和合理的建议,认真履行审判执行职责,最大限度地满足人民群众的司法需求。

(三) 将党建工作虚化和形式化

通常认为,务虚与务实是一个事物的两个方面。务虚是针对决策环节而言的,是决策作出前对决策的可行性、具体操作、突发情况预案等的分析研究过程,是对事物发展规律与走势进行高屋建瓴的宏观把握;而务实则是将决策变成现实的过程。务虚会作为一种会议形式,所达到的主要是创造理论、制定路线、提出纲领、确立原则的宏观目标。比较而言,基层法院的党建工作属于一种务实性的工作,是对党中央开展的"不忘初心、牢记使命"主题教育工作的具体落实,其重点在于落到实处,通过创新举措淬炼党员干部的思想觉悟,增强人民公仆全心全意为人民服务的自觉性和综合能力。为了切实将党建工作落到实处,激发党建效能,法院应以党建为纲,业务为目,纲举目张。法院所有的工作都应当围绕切实解决当事人诉求进行,唯有如此,才能彰显党建效果。然而,有的法院在开展党建工作时,往往采取会议和文件的形式,缺乏具有可操作性的长效机制,导致党建工作的务虚

---

① 秦长春:《牢牢把握人民法院政治机关属性》,载《人民法院报》2020年9月3日第5版。

和形式主义。如有的法院以为设立若干党支部、改建几个党建活动室、拍几张照片、多召开几次党建会议、刷新几条标语等就算做好或完成党建工作。有学者提出要通过严格落实"三会一课"制度,突出政治学习和教育,把党建工作成果纳入业绩考核,通过强化刚性考核等方式推进基层法院党建工作。① 这些方法显然有些简单粗暴,其实效性堪忧,只是强制学习、频繁开会、抄写党章党史的做法还加重了法官们的负担,加剧了法院"案多人少"的矛盾。

二、兰考法院党建工作的实践与创新

(一) 塑造司法理念,统一政法干警的思想认识

党建工作应当融合在法院三大审判和执行工作之中,但如何让二者实现深度融合,而不是貌合神离,搞"两张皮",则需要从本质上理解和认识党建工作。概括地讲,党建指党为保持自己的性质而从事的一系列自我完善的活动,不仅包括党务工作,还包括党的政治建设、思想建设、组织建设、作风建设、纪律建设和制度建设等。中国共产党历来重视党的建设,早在抗日战争时期,就开始了著名的延安整风运动。延安整风运动在中国共产党历史上具有深远的历史意义,它是党的建设史上的一个伟大创举。通过延安整风,全党确立了一条实事求是的辩证唯物主义的思想路线,使干部在思想上大大提高,使党达到了空前的团结,这为抗战胜利奠定了思想基础。

在新时代,以习近平同志为核心的党中央高度重视党建工作。2019年初,习近平对政法工作作出重要指示,要求政法机关要敢于刀刃向内、刮骨疗毒。2020年11月23日,中央政法委召开全国政法队伍教育整顿试点工作第三次交流会,贯彻中央全面依法治国工作会议精神和习近平总书记关于加强政法队伍建设的重要指示精神,交流整

---

① 谭斌:《以高质量党建引领基层法院发展》,载《人民法院报》2020年9月6日第2版。

改总结环节工作,分析问题、总结经验,确保试点工作圆满收官,为全国面上铺开做好充分准备。这意味着自2021年起,政法机关要进行一场新的"整风"运动。而党建工作其实是该次"刮骨疗毒"式整风运动的重要载体和基本依托。

就司法领域而言,党建的本质是塑造司法理念,目的是统一全体政法干警的思想理念。党建工作系中国共产党自我净化和自我革新的具体路径,能够帮助党员干部等人民公仆强化政治规矩意识,坚持党对政法工作的绝对领导,增强廉政意识,强化底线思维,树立以人民为中心的理念。法院作为维护公平正义的最后一道防线,其基本职能是通过审判和执行来化解矛盾纠纷。以党建引领法院的工作,实质上就是要求全体法官和辅助人员都能够以人民为中心,在办案中树立"如我在诉""如我在执"的群众观念,以彻底化解矛盾纠纷为终极目标。而彻底化解矛盾纠纷的主要标准就是当事人的合法诉求得到实现。围绕当事人诉求得以解决的司法理念,全体干警要树立群众观念,在此观念的统领下,法院全体干警还要树立一盘棋思想和立审执联动理念。法院党建工作应当真正做到用党建统一思想,内化于心,外化于行,指导审判执行等各项工作的顺利开展。

(二)创建"一四二"党建工作法,引领法院工作创新发展

党的建设是法院工作的统领,在全面依法治国的时代背景下,各级法院只有旗帜鲜明地坚持和加强党的建设,才能坚定政治立场、筑牢理想信念基石,践行司法为民宗旨,坚定不移走中国特色社会主义法治道路。兰考县作为习近平总书记在第二批党的群众路线教育实践活动中的联系点、焦裕禄精神的发源地,更应全面贯彻落实习近平总书记关于"把抓好党建作为最大的政绩"这一重要论述,高质量、高标准把焦裕禄精神学习好、践行好,铸造新时代党建和审判执行工作融合发展的典范。近年来,兰考法院以党建带队建,把党建队建工作融合到审执工作的具体实践中,充分发挥党组的核心引领作用、党支部的战斗堡垒作用和优秀党员的先锋模范作用,构建"一四二"党建工作法,即围绕"传承弘扬焦裕禄精神"一个中心,增强"思想动力,综合能力,服务活力,规矩发力"四种能力,完成"加强队伍建设、提升审判执行质效"两大目标,有力推进党的建设和审判执行工作高质量融合发展。① 兰考法院先后荣获"全国法院文化建设示范单位""全国文明单位""全国优秀法院""全国模范法院""全国两个一站式建设示范法院"等荣誉称号。

1. 立根铸魂"引领",增强"思想动力"

兰考法院坚持把学习贯彻习近平党建思想同弘扬焦裕禄精神结合起来,把习近平总书记关于政法工作的指示精神落实到司法实践中,切实把党建工作抓牢抓实抓好,不断提升基层法院党组织的执行力、思想动力。

第一,在加强理论学习中强化党性。兰考法院坚持把学习习近平新时代中国特色社会主义思想作为首要政治任务和头等大事,找准它与审判、执行工作的切入点和着力点,注重学习成果转化,不断推动学习贯彻具体化、实践化。法院坚持每周五固定学习制度,抓实"5+N"主题党日活动,通过党组中心组专题学、机关全体集中学、主题党日结对学,实现政治理论学习常态化、制度化。

截至2023年底,法院党组集中学习研讨8次6天,党支部开展集中学习交流48次,组织党员干部观看《周恩来》《习仲勋》《焦裕禄》《榜样》等红色教育电影57次,党员干部集中学习420人次。

第二,在传承焦裕禄精神中践行初心。充分发挥焦裕禄干部学院、焦裕禄纪念园、"焦桐"、焦裕禄精神体验教育基地的"主阵地"作用,每年组织全体党员干部进行现场学习、集中宣誓;邀请法院优秀共产党员深入8个党支部每季度进行一线讲学,并围绕"学习焦裕禄精神,提升审判执行质效"开展大讨论;通过现场学、一线教学等方式,教育引导党员干部扛牢焦裕禄精神这面旗帜,在审判执行工作中谋在前、干在前、走在前。

---

① 2020年,兰考法院"一四二"党建工作法被列入"全国法院党建创新优秀案例名单"。《兰考法院"一四二"党建工作法上榜啦!》,https://m.thepaper.cn/baijiahao_9348205,2024年4月7日访问。

第三,在严格组织生活中凝心聚力。以习近平总书记在党的群众路线教育实践活动中参加兰考县委民主生活会的要求为标杆,召开民主生活会、组织生活会,每半年召开1次党组专题民主生活会、各党支部每季度召开4次组织生活会、每月到结对村党支部开展"5+N"主题党日活动,把党组的决策、方向和全体党员的思想高度统一起来,对梳理出的问题拉单子、定措施,确保整改实效,为各项审判执行工作的开展奠定基础。

2. 建强队伍"奠基",提升"综合能力"

兰考法院始终坚持抓队伍建设,聚焦选拔建设和培养高素质、专业化的干部队伍,通过配齐配强、提升素能、选树典型、激励关怀四项措施,全面提升队伍综合能力。

第一,配强队伍"夯基础"。坚持把审判执行一线作为了解干部、识别干部、检验干部的"主战场",积极开展"支部联支部,共同奔小康"活动,选派党员干部驻村入户,每周开展党课宣讲、法律服务等活动,解决群众难题。成立由优秀党员负责的执行保全团队,并将之移到诉讼服务中心,与速裁快审团队深度融合、协同办案,使干部资源最大限度地向审判执行一线倾斜,实现了以保全促调解、促审判、促执行,人民群众的满意度也逐年提升。

第二,综合提升"强素质"。以学习平台推进学习文化,开展"法官讲堂",提出"三能"素质目标,即"坐堂能办案、上台能讲课、伏案能撰文",倡导建设学习型法院。例如,法官毕国强撰写的《清正廉洁焦裕禄》《婆媳脱贫记》等5部小说出版,其中《婆媳脱贫记》被改编为电视剧《兰桐花开》于2019年在央视八套播出,舞台剧《风舞桐花》在全省进行巡演。

第三,以专业培训提升业务素养。分批组织审判执行工作人员到韶山干部学院、厦门大学、中山大学进行关于理想信念、审判执行业务、司法礼仪等方面的专业培训,组织参加国家或省法官学院业务培训。

第四,选树典型"作示范"。开展"寻找身边榜样"等活动,树立先进典型,以点带面,发挥示范带动作用。先后挖掘、选树"传承弘扬焦裕禄精神好干部""全国模范法官"闫胜义、"全国法院党建工作先进个人"陈映映、"全国法院办案标兵"马俊超等优秀典型,形成崇尚先进、学习先进的氛围。

第五,成立由河南省优秀共产党员闫胜义负责的诉调对接中心,与县"社情民意中心"对接,12个审判团队、35名员额法官主动深入16个乡镇(街道)的基层调处组织,助推依法行政,灵活运用法律法规、乡规民约,依法依理解纷,把矛盾化解在基层、消除在萌芽状态。

第六,从优待警"添潜力"。坚持德才兼备原则,树立"能者上、庸者下"的鲜明用人导向,在法院党组配备、中层干部的选任、支部书记的选举推荐中,优先选拔一线工作人员;每年定期组织离退休、在职干警体检,建立健康档案,加强对困难党员的帮扶慰问,打造优秀的机关环境,营造舒适、和谐的办案环境和风清气正的工作氛围。

3. 肃风正气"除浊",优化"服务活力"

兰考法院坚决贯彻习近平总书记"党的作风建设就是党的形象,关系人心向背,关系党的生死存亡"的工作要求,从文化建设、诉讼服务和奖惩制度入手,密切与人民群众的联系,优化服务活力。

第一,文化建院涵养正气清风。优良的作风是凝聚党心民心的巨大力量,兰考法院以焦裕禄精神为司法文化的内涵,突出作风建设地域特色。建设居中石、清风亭、明镜湖、连心桥等"兰法八景"园林景观,完善荣誉室、院史馆、"清风茶社"等文化设施,将湖桥亭路、长廊馆室等融入廉政文化元素,让党员干警在潜移默化中受到熏陶、警示和激励,增强作风建设的亲和力、凝聚力。

第二,诉讼便民践行群众路线。兰考法院坚持群众需求导向,探索司法便民利民新途径,积极构建"开放、动态、透明、便民"的阳光司法机制。

第三,注重开放型法院和服务型法院建设。为方便人民群众进出法院,兰考法院不设围墙和门禁,在法院内东西南北设置了8条便通道,除进入庭审区域要进行安检外,人民群众可以自由出入其他院内场所。同时,兰考法院的停车位、饮用水、厕所等设施均对群众开放,自由使用。法院还优化了服务环境,打造了面积约1100平方米的一站式、多功能、门诊式综合型诉讼服务中心,科学合理地设置了8个功能分区、10个窗口单位,并设置流动党员服务岗,对打官司的群众全程引导,推动导诉、立案、保全、信访、鉴定等全部诉讼事务的一站式办理,实现70%的纠纷一站式办结,切实为群众提供优质高效的诉讼服务。

第四,奖罚分明强化责任担当。始终坚持严字当头,把严的标准和措施落实到管党治党的全过程和审判执行工作的各环节。强化党员管理机制,制定《党员日常管理考核办法》,合理设置党员干部考核指标,抓常抓实抓细,实现考核结果与党员干部的选拔任用、评先奖优等挂钩。每一季度开展一次"优秀共产党员"评选表彰活动,对评选出的优秀共产党员大力宣传表扬,以此调动党员干部的热情和干劲,同时对督查通报、组织约谈的党员干部,给予处理,压紧压实履职责任。

4. 完善制度"立规",注重"规矩发力"

兰考法院坚持把制度机制建设作为重要抓手,以制度机制的科学化、规范化,促进党内政治生活常态化、严肃化;编纂《兰考法院制度汇编》,在全院上下形成制度管人、制度管事的格局,促进各项工作规范有序、协调发展。

第一,利用制度建班子。先后制定和完善兰考法院党组决策议事制度、党组中心组学习制度、关于加强和改进领导班子思想政治建设的意见、一岗双责制度等7项工作制度,健全完善党建工作责任制,将党建工作纳入党组议事日程,党组定期组织党建工作专题研究,及时研究解决党建重大问题。建立健全党建责任体系,建立"党组、机关党委、党支部书记抓党建"责任清单,层层压实责任、传导压力,促进党组领导班子建设,发挥党组的核心引领作用。

第二,通过制度管好用好干部队伍。加强干警纪律作风教育,建立健全纪律作风教育常态化机制,修订完善兰考法院《员额法官退出惩戒暂行规定》《机关党委、党支部工作制度》《考勤及请假、休假、销假管理办法》《从优待警八项规定》《审务督查管理办法》等 15 项工作规范，健全完善司法权力清单制度，完善内部人员过问案件记录和责任追究机制，加大廉政风险排查，强化内外部监督，确保队伍不出问题、案件不出问题。

第三，坚持制度管主业。聚焦执法办案主责主业，把法院党建工作与审判执行中心工作紧密结合，以制度保证协调发展。先后修订出台《兰考县人民法院诉讼制度改革工作规范》《关于立案、审判和执行工作协调运行暂行规定》《院长热线工作制度》《关于当庭清结和自动履行的工作规定》《关于网络查控财产工作暂行规定》等 40 余项制度，审判执行工作质量、效率大幅提高。

（三）兰考法院党建工作创新的启示与思考

把焦裕禄精神内化于心、外化于行，把抓好党建作为最大的政绩，以党建带队建引领审判执行"第一要务"全面发展，不仅是思想和价值的现实选择，更是一个认识的转变与提升。"一四二"党建工作法，妥善解决了"最大政绩"和"第一要务"之间的矛盾，把党的建设和审判执行工作有机融合起来，形成相互促进、相互发展的良好局面，也为新时代法院党建工作在"抓党建带队建促审判"方面探索了实践路径，提供了有益启示。

第一，做好党建工作的前提是思想的重视与认识的提升。有人认为，党建工作"说起来重要，忙起来不要""平时喊口号，落实靠材料"。但是，兰考法院通过"一四二"党建工作的实践，证明只有在思想认识上重视，细化党建举措，并将其落实到具体的审判执行工作中去，才能真正凸显党建对队伍建设和审判执行工作的引领导向作用。

第二，做好党建工作的关键在队伍。党建事业成败的关键在党员队伍，核心在人。"一四二"党建工作法，就是在焦裕禄精神的引领下，围绕"立根铸魂、建强队伍、肃风正气、建章立制"四个方面，着力提升队伍的"思想动力、综合能力、服务活力、规矩发力"，打造一支"政治坚定、敢于担当、清正廉洁"的党员队伍。兰考法院各项工作之所以突出、人民满意度不断提升，就是找准了党建与审判执行工作的结合点、着力点，抓住了队伍这一关键、人这一核心。

第三，做好党建工作的保障关键在于规章制度的完善与执行。制度事关根本，关乎长远。兰考法院"一四二"党建工作法运行的保障就是建章立制，将其贯穿于党建和审判执行工作全过程，全方位扎紧制度的"笼子"，确保规矩发力，以制度机制、规矩规范促进党内政治生活常态化、严肃化，形成以制度管人、以制度管事的基本格局，促进各项工作有力有序健康发展。

三、构建"三三三"工作机制，打造民主生活会新模式

2014年5月，习近平总书记亲自参加并指导兰考县委常委班子专题民主生活会，在全国树立了民主生活会的"兰考标准"。近年来，兰考法院党组牢记习近平总书记关于"严肃党内政治生活"的殷殷嘱托，以弘扬焦裕禄精神为己任，聚焦审判执行主业，构建民主生活会"三三三"工作模式，"注重会前三真"、"突出会中三评"、"紧盯会后三抓"，努力培养树立民主生活会"兰考法院模式"，充分发挥党的组织作用，让审判执行质效持续提升。

（一）注重会前"三真"，做好准备

兰考法院党组深知，"凡事预则立，不预则废"，要开好民主生活会，做足会前准备工作是基础和前提。为此，每次会前法院党组都在"三真"上下功夫。"三真"的具体内涵和做法如下：

一是理论学习做到"真懂"。紧扣民主生活会主题，通过邀请专家辅导授课，党组"一班人"分专题学习习近平新时代中国特色社会主义思想特别是习近平法治思想，提高认识，统一思想；党组书记结合工作筹划，传达学习党委和上级法院的要求部署，学深悟透以人民为中心的司法理念与审判执行工作深度融合的具体实践，围绕当事人诉求和人民群众期待，明晰着力方向；组织党组成员到焦裕禄纪念园、焦裕禄精神体验教育基地现场学习，感悟焦裕禄精神的真谛、时代价值和永

恒魅力,牢记初心和使命,打牢召开民主生活会的思想理论基础。2018年以来,党组多次开展现场学习、专题学习、大讨论,真正把理论学真用会。

二是谈心谈话做到"真诚"。坚持开诚布公,破除思想障碍,做到"三必谈":党组书记同党组成员之间必谈,党组成员相互之间必谈,党组成员和分管部门的负责人之间必谈。做到"三见面":具体问题见面,思想交流见面,意见建议见面。达到"六个谈透":把党组问题、个人问题、对方问题、拟在会上提出的批评意见、产生问题的根源及改进措施谈透。2018年,全院梳理谈心谈话"问题清单"13条,其中"财产保全制度"的推进与运用不力尤为突出,为此,法院党组专门成立"执行保全组",设立财产保全窗口,一站式办理财产保全事宜。项目落地后,案件调撤率一度达55%,审判质效居开封两级法院第一、河南法院系统前列。

三是征求意见做到"真心"。"焦裕禄精神"蕴含着亲民爱民的真心。会前,党组成员自觉对标焦裕禄精神,广开言路,采取"走出去"和"请进来"的方式,深入分管部门、基层一线、乡村社区等,邀请群众代表、服务对象、人大代表、政协委员、律师等召开座谈会,听取意见建议。实施以来,法院收集"审判执行效率不高""智慧法院推进不力""接待当事人不够热情"等多个问题。对此,党组成员"把脉会诊",主动认领,逐项解决。

(二)突出会中"三评",开好会议

兰考法院党组坚持按照发现问题、分析问题、解决问题的过程开好每一次会议,努力念好"三评"经,"三评"包括:

一是自我批评揭短亮丑。会上,党组书记带头不遮不掩、深查细摆人民群众最关心的急难愁盼问题,既查修养作风又查宗旨观念,既摆工作表现又挖思想根源,以壮士断腕的勇气做好榜样,当好自我批评的"领头雁";党组成员放下思想包袱,把自身摆进去、把工作摆进去,积极跟进查问题、找原因、定措施。在2020年的党组民主生活会上,时任院党组书记、院长张童认真反思"以人民为中心理念落实不具体"的问题,之后撰写的《以人民为中心推动实施"立审执"联动》理论文章在《光明日报》刊发。

二是相互批评真刀真枪。相互批评贯彻严的基调,开门见山,不留情面,"红脸出汗,洗澡治病",共同清除思想和行为上的"灰尘"和政治"微生物"。2018年以来,党组成员不断进行自我批评、相互批评,在发现问题、分析问题、解决问题中推进党组班子共同提高。2021—2024年,党组成员带头办理发回重审、疑难复杂案件290件,案件审理周期由之前的66.12天缩短到36.4天,首次执行案件结案平均用时由82.08天减少到35.53天。

三是组织点评一针见血。法院每次开会前都主动报请县人大、县纪委、县政法委等部门,请上级领导全程指导,通过审核党组及成员对照检查材料、查看"意见清单"全程列席会议等方式,对召开民主生活会情况进行点评,指出存在的问题。将提出的党建特色不鲜明等问题,作为专项课题进行研究,由此创新总结的"一四二"党建工作法被评为2020年度"全国法院党建工作创新案例"。

(三)紧盯会后三抓,搞好整改

兰考法院党组深刻认识到,开好民主生活会不仅要重视开会的"上篇文章",更要重视整改的"下篇文章":

一是梳理问题建台账。民主生活会后,机关党委对党组查摆的问题,逐条逐项梳理,建立党组问题台账。党组成员对照谈心谈话"问题清单",针对批评与自我批评查摆的问题,拉单列条,建立个性化问题台账,并报院党组备案。2018—2021年,民主生活会梳理党组问题6个方面共17条,党组成员个人问题45条,上述问题均列入问题台账,为进一步督促整改做准备。这种台账制度的优点是,将查摆的问题书面化记录保存,防止查摆问题流于形式,只查不纠走过场。

二是制定措施促整改。强化"书记抓、抓书记"责任落实机制,党组"一班人"对照问题台账,主动认领,制定党组问题台账整改方案,挂单作战、逐个销号。党组书记对每名党组成员的个人整改方案认真把关。针对"一站式诉讼服务体系不完备"的问题,党组把审判执行力量下沉乡村社区,建立乡镇诉调中心,打造"前沿诉调对接点、一线服务指导站",有效提升了诉讼服务水平。2020年,兰考法院被最高人民法院评为"全国法院一站式多元解纷诉讼服务体系先进单位"。

三是监督落实看成效。走实群众路线,坚持开门搞整改,建立整改承诺、公示制度,通过本地电视台、新闻广播、法院官网等途径"晾晒"整改方案,倒逼整改落实落细。同时,把问题台账整改方案及进展情况上报党委组织部门,自觉接受监督评判。措施实施以来,党组整改措施件件有着落,党组个人整改措施事事有回音,着眼整改探索创新的"财产保全制度""案件繁简分流改革""立审执协调运行"机制在全省法院推广;"案件繁简分流改革及速裁快审快执"做法还在2019年全国法院会议上被作为经验介绍。

第二节　强化"一把手"在实质性化解合法诉求中的推动作用

人民法院管理工作,涉内容广泛,且烦琐细致,对院长的管理水平提出了较高的要求。法院院长作为"一把手",其管理水平能否与管理职能相匹配,既关系到法院良好生态的形成,也关系到人民群众对司法工作满意度的提升,在实质性化解当事人合法诉求中起到关键的推动作用。院长作为法院主要领导,要充分发挥领导示范功能,敢于担当、无私奉献、方向明确、业务精通、知人善用、善于管理,具备有效处理疑难问题和应对复杂局面的能力,能够灵活运用各种方法解决实际问题。

一、敢于担当

一个单位各项工作的好坏,关键在于"一把手"。也许有的院长认为,自己管理的法院基础差、人员工作没有积极性、业务水平差、财务状况不好等,并将这些因素作为法院管理困难和工作落后的借口。不可否认,这些问题确实或多或少存在,但法院院长作为法院的"一把手",要深刻认识到自己重任在肩,遇到问题或困难必须从自身着手,找出问题的根源。

基于法院院长同时兼任院党组书记的组织人事安排现状,从权责一致的层面看,管理法院各项工作的权力均在法院院长手中,因此院长是法院工作的第一责任人。法院工作没有干好的原因主要在于院长没有管理好,没有将全院思想统一到工作上来。院长应该担起干好各项工作的首要的领导责任,只有认识到这一点,思想才能明确,才能找出解决问题的方向和办法,最终将工作干好。有的法院院长在工作出现问题后,总是挑下属的毛病,找其他借口,而没有从自身上找原因,这就是缺乏担当的表现。那么,究竟什么是担当呢?担当就是敢于承担责任,甚至冒着被处分撤职等风险,去做有利于党和人民的大事,说到底就是一种牺牲精神。

最高人民法院于2016年提出用两到三年的时间基本解决"执行难"。这其实反映了在法院工作中,执行工作是最难的,也是人民群众迫切要求解决的问题。造成"执行难"的原因有很多,既有长期形成的历史原因,也有执行队伍自身的原因。由于法院长期以来只重视审判而不重视执行,认为审判工作才是主业,执行工作没有审判重要,因此优秀的人才都倾向进入审判队伍,这导致执行队伍的整体素质不高,处理问题的水平自然有限。另外,执行工作是财产或权利的重新分配,其矛盾的激烈程度远超审判工作。在审判阶段,法官是保持中立地位的裁判者,矛盾大都在双方当事人之间;而在执行阶段,人民法院代表国家强制执行判决结果,此时的矛盾大部分转移到了执行法官与被执行人之间,并形成了一种较强的对立关系。这时,被执行人对申请执行人的不良情绪和对审判法官的不满意通常会一股脑儿地指向执行法官。被执行人故意躲藏和转移财产势必会增加执行法官的结案难度,而如果被执行人托人给执行法官说情或者送礼,则又会进一步增加了案件执行人员的腐败风险。而执行法官如果在实施强制措施时过于强硬,被执行人又有可能会暴力反抗或者作出其他极端行为。因此,如何有效把握执行强度也是需要解决的问题。

为此,最高人民法院提出"'一把手'抓执行"。事实证明,只有作为"一把手"的院长抓执行才能调动全法院的司法资源,调动人财物到执行工作上去。

2017年,张童来到兰考法院任院长时,兰考法院的执行工作和其他法院一样,存在执行队伍综合素质较差、历史积案较多、物力和车辆保障不够等问题。面对种种困难,张童院长亲自抓执行工作,签发拘留、罚款等强制法律文书,亲自带领执行局的一个执行团队,在早上六点钟前或者夜间查控和拘留当事人。后来,他和另外三位党组成员每人分包了一个执行团队和一个人民法庭,带领法院成员执行案件。在这种工作模式下,兰考法院执行了一大批积案、"骨头案",并且抵住了来自院内外的说情风、送礼风等重重挑战。由于院长和院党组的勇于担当,敢于直面执行工作中产生的问题和风险,以及对执行工作的人员实施动态调整和定期培训,因此执行局的战斗力迅速提升,拥有了一批勇于啃"骨头案"的优秀执行干警,并形成了"有能力的人争着到执行局工作"的新局面。在这之后,兰考法院执行工作质效在全省164个基层法院中一跃而成为第一,执行局的执行工作受到县委和县政府的高度好评,受到人民群众的称赞,这提升了人民法院在社会上的公信力,增强了人民群众对法院的满意度。总之,一个法院的工作能否做好,关键在于院长能不能敢于担当,不推卸责任。认识和把握不到这一点,这个法院的工作将很难做好。

二、无私奉献

作为一个法院的"一把手",院长想要干好各项工作,必须做到没有私心,始终将更好地干好工作作为根本目的,在各个方面都围绕着"干好工作"这个中心。凡有利于工作的事就去大胆地做,凡不利于工作的事坚决不去做。院长以身作则,作出表率,法院成员们自然会竞相效仿,这就形成了"头雁效应"。

在实践中,作为基层法院院长,即使自己不故意搞"特殊",但因身份的原因,仍然具有优越性。因此,法院院长不但不能主动要求搞特殊,也不能默认下属为自己提供特殊待遇,而是应当根据工作的需要做事。这说起来容易,真正做到,而且处处都做到,并不是那么容易。只有院长自身一点也不搞"特殊"和"例外",其他法院成员才会发自内心地对院长服气。在张童任法院院长后,兰考法院办公室、行政科等后勤部门将优先服务和保障好三大审判和执行等作为工作重点。

以前,法院后勤部门会因服务和保障院领导而产生优越感,在业务部门面前摆架子、耍威风。对这种不良风气,院长应带头抵制和进行扭转,帮助后勤工作人员找准定位,将自己定位为服务者,即是为三大审判和执行工作提供服务的。这种理念和行为的转变,看似简单,其实是很困难的。例如,在车辆调配方面,好车和新车会优先配置在一线工作上。当院领导和审判、执行人员在用车上存在冲突时,要优先保障审判和执行干警使用。另外,院长应当带头树立底线思维,敬畏法律,始终保持一颗公正的心。例如,在处理具体案件时,免不了"熟人""打招呼"。面对这些情况更应该守住法律的底线,坚持法律面前人人平等的原则。院长应做到依法公平、公正处理案件,并通过一件件个案裁判将公正司法理念传递到每个承办法官的心中,并经常教育、告诫全体干警处理好与领导、亲朋好友有关联的案件,确保在执法司法时公正、公平。

此外,还要让所有法院成员都认识到排斥外部监督的"任我行"式官僚做派是不可取的。只要有利于案件公平、公正、高效和廉洁处理,每个人都可以提出建议。只有做到无私奉献,法院的工作才能越干越好,法院的公信力才会大大增强,人民群众的司法获得感才可以真正得以实现。

三、精通业务

法院的主要工作就是三大审判和执行,离开三大审判和执行,法院工作将无从谈起,法院的宣传部门、行政部门都是为审判和执行工作提供服务的。尽管服务工作很重要,但是法院里的员额法官才是撑起法院主要工作的主力军。因此作为法院院长也必须熟悉审判执行业务。如果院长不了解、不能掌握法院主力军的工作内容、内心想法、工作轨迹以及工作好坏,将无法对员额法官进行有效管理。只有院长也精通审判执行业务,才能有效地进行管理。院长对普通法官的管理就是统一思想的过程,统一思想不能光靠命令,还要靠讲道理、靠实践,需要找到正确的工作方向和方法,知道哪些工作是重点,怎么抓工作才能使工作更有成效。

法院院长精通业务,知道审判执行工作的运行轨迹,是抓好工作的基础。否则,在抓工作中会显得很吃力。有的法院院长忽略了对业务知识的学习,把工作重点放到了外部沟通协调上,不注重审判执行业务。协调和沟通固然不可缺失,但审判执行业务才是管理好法院工作的抓手,若审判执行工作抓不好,法院内部就难以形成较强的战斗力和凝聚力。抓主要问题和主要矛盾,是院长应当首先把握的关键。因此,院长的主要精力和任务是抓好审判和执行工作,将心思放在审判执行工作上。

四、方向正确

法院院长要做到工作方向正确,就必须养成不断学习和深入思考的习惯,始终保持高度的政治敏锐性,认真研究和学习中央的指导精神以及上级法院的工作精神。比如,在2020年1月15—16日中央政法委召开的政法工作会上,习近平总书记就法院方面的工作作出重要指示,即要深化诉讼制度改革,推进案件繁简分流、轻重分离、快慢分道,这为全国法院的工作指明了方向。"要深化诉讼制度的改革",说明当前人民法院诉讼制度存在着问题。诉讼制度改革的目标是要解决"打官司难"的问题,让人民群众"打官司"更加容易。2015年,最高人民法院依照中央的精神和人民群众对人民法院的多元化需求,制定了立案登记制,经过多年来的推动,"立案难"的问题如今已基本解决。然而,立案仅是诉讼程序的最初环节,解决"立案难"并不等于解决了"打官司难"。

改革不能突破法治底线，因此如何在法治底线内又快又好地完成诉讼制度的改革，解决人民群众"打官司难"的问题，成为摆在各级法院院长面前的迫切任务。法院院长要善于结合审判执行实际工作，引导干警将法律条文用足用活，不能死抠教条，机械办案，要以化解矛盾为目的，围绕定分止争的目标开展工作。例如，法律规定原告起诉时，为了保证被告的合法权益，必须给被告15天答辩期，但如果原、被告之间的案件事实清楚，争议不大，在征得被告同意的情况下，也可以缩短答辩期。各种鉴定和评估等也可以在诉前阶段进行，这样在诉前就可以给当事人之间的争议提供赔偿的标准或依据，大大缩短审判周期，或通过诉前调解化解矛盾。此外，法院还要把案件的繁简分流、轻重分离、快慢分道制度用好用活，分析和研究每个案件形成的原因，找出化解矛盾的有效办法。

法院的总体工作目标有二：对外是实质性化解矛盾，解决当事人的合法诉求；对内就是用最简便且合法的方法完成好各项具体任务，有效节约司法资源。在内外关系处理上，应将化解矛盾、解决当事人的合法诉求作为首要的工作目标；在解决对外目标的基础上，再追求内部工作目标的实现。只有用足用活法律和道德等各种解决纠纷的规则和手段，才能更加高效、公平、公正和实效地化解矛盾，解决好人民群众"打官司难"的问题，切实实现案结事了。以往，有法官认为审判的目的就是出一份裁判文书或调解书，但这种做法其实只是保障当事人合法权益的第一步。当事人来法院的目的并不是要一份判决书或调解书，而是要切实获得诉讼标的。如果法院成员能扭转思想方向，不以制作裁判文书为目标，而是以解决当事人的合法诉求为办案宗旨，在将案件事实查清楚的同时，以当庭清结和自动履行为目标，那么当事人会更加满意，矛盾也能得到实质性化解。同时，这种做法也节约了司法资源，有效推动了诉讼制度的改革，达到繁简分流、轻重分离、快慢分离的目的。方向正确了，法院干警就逐步知道如何做好工作，成效也会逐渐凸显，人民群众的司法获得感自然会大幅提升。

五、知人善用

知人善用看似很简单，但是真正做到这一点并非易事。知人善用是法院院长做好各项工作、统一思想的基础。例如，兰考法院有200名干警，年龄结构分布为20—60岁，他们的经历千差万别，有的是刚进法院没有任何工作经验的新人，有的是几十年如一日地在法院工作的老同志；按照角色可以分为员额法官、法官助理、书记员、执行人员、法警、行政管理人员等；从身份编制看，有公务员编、事业编、非在编人员。如何管理好这支队伍，是院长首要关注的。用好每个人是解决工作效率、提升队伍战斗力的根本所在。

在管理法院时，院长要了解每个干警的想法，擅长做什么样的工作、有何不足等，工作成绩和能否胜任现有工作岗位是院长必须了解和掌握的，因为只有了解清楚，院长才可知人善用。在任兰考法院院长期间，张童每天上班后第一件事就是通过电脑查阅审判执行系统，了解每个干警的成绩，这些成绩涉及方方面面，他都能记住。此外，对全院的整体成绩，以及各项工作指标中哪些指标有待提升等，他也十分了解。作为单位"一把手"，法院院长只有深入了解其他法院成员平时的思想状况和工作情况，在进行岗位调整时才能做到心中有数，确保每个成员都在合适的岗位上。

以兰考法院为例，在对法院执行局队伍进行调整时，院长发现原有的执行干警整体上的业务素养和廉洁自律能力较差，不能胜任执行工作。因此，在征求相关意见后，这批执行局的干警被调至诉讼保全工作岗位，因为相比执行，保全工作面临的风险相对较小，在这之后，院里用制度来管理，用标准来引导，用物力、财力充分地保障他们干好工作。他们在从事财产保全工作后，工作比较出色，深受领导和同志们的关注和认可。这形成了一个良性循环，消极怠工的人越来越少。

因此，法院院长在用人方面应尽可能地发挥法院成员的长处和优势，考虑他们的岗位意向，对在现有岗位工作表现消极或一般的人，不能一律否定，而是要通过沟通，找出问题的症结。这种针对性的用人方式,能够将个人能力和长处与工作职位相匹配,如此,工作效率才会提高。

六、善于管理

善于管理的关键点在于充分了解和管理每位党组成员和中层干部,因为他们在法院里有一定的影响力,其行为举止会影响其他人员。因此,笔者认为做到善于管理首先要统一思想,必须将思想统一到干好工作上,那么,如何能够将思想统一到工作上来?首先要看作为党组成员有没有私心,有没有使用权力产生利益的欲望,有没有大局意识,是否仅仅站在自己分管部门的利益上说事,是否排挤其他党组"插手"自己分管庭室的工作,有没有树立"一盘棋"的思想。因为党组成员必须做到没有私心,没有使用权力产生利益的欲望,一心扑在工作上,将做好工作放到首要位置,主动发挥最大能力。院长更是要以身作则,杜绝私心,做好表率,起到引领和导向作用,同时引导党组成员不要有私心。

只要是为了工作,在遵守财务规章制度的原则下,法院也应尽量让其成员享受更好的待遇,拥有一个宽松和谐的办公办案环境。另外,根据每个党组成员的特长和能力,院长应该进行分工;同时,对有的部门让党组分开抓工作。例如,四个派出法庭由四个党组成员分别负责,形成横向对比;四个执行团队分别由四个党组成员负责,各执行团队的条件和人员以及案件量基本相同,便于工作成绩相互对比。这样既可以明显看出谁用心、能力强,也有利于营造比着干、争着干、不甘落后的良好氛围,可以让所有人员的精力集中到工作上,最终形成主动干、想着干的局面。通过这种安排,兰考法院基本形成了三个速裁法庭之间、两个民事法庭之间、四个派出法庭之间、三个执行团队之间互相比拼,以及党组成员之间"竞赛"的局面。对外要求法官在处理案件时始终坚持公平、公正,对内则坚持和讲究公平、公正。这样就会推动形成风清气正的优良工作环境,法院成员在这种环境和氛围中一定会取得好成绩。

七、抓好执行工作

近年来,最高人民法院对执行工作高度重视。2024 年 3 月,时任最高人民法院院长周强在主持召开最高人民法院专题会议时再次强调,要用两到三年的时间基本解决执行难问题。考虑到只有"一把手"抓执行工作才能调动全法院的司法资源,调动人力、物力、财力投入执行工作上去,从而解决执行难,因此最高人民法院提出了由法院院长抓执行工作的要求,但在具体实践上情况却不乐观。有的院长在思想上没有认识到解决执行难的重要性,仍旧保留着重审判、轻执行的传统思维模式,认为法院的工作重点是审判工作,搞好三大审判的法官才是优秀法官,因此把人才优先安置于审判岗位,形成了优秀的人才到审判部门、执行工作只是法院的"副业"的观念。

然而实际上执行工作才是当前制约法院司法公信力提升的关键内容。兰考法院选择在全院挑选适合执行工作、业务素质和综合能力强的人到执行局工作。将原来在执行局工作的人调至财产保全部门,这批从事过执行工作的人员对财产保全工作的重要性有着深刻的认识,在他们的努力下,财产保全工作成效明显。

此外,为了保证执行工作的成效,法院还必须做好人力、物力和财力保障。以兰考法院为例,为了尽快解决执行难题,法院加强了队伍建设和物质保障工作,并成立四个执行实施组,每组配有八个人、两辆车。

执行局工作的后勤保障问题得以解决后,为了迅速提升执行队伍的"战斗力",兰考法院实施了由院领导分包执行局四个执行实施组的做法和定期例会讨论案件制度。每周一晚上开一次例会,每组组长汇报上一周的工作成绩和存在的问题,以及下一步的打算,分包党组成员则做补充发言。通过例会,法院成员可以及时发现执行过程中的问题,并研讨下一步的工作计划。

这一系列工作让兰考法院执行局的执行工作受到了县委和县政府的高度认可及人民群众的称赞,增强了人民法院的公信力,提高了人民群众对法院的满意度。

八、优化后勤保障

法院的核心工作是三大审判和执行工作，其他工作都是围绕法院的核心工作开展的。一旦树立了这样的观念，后勤部门的首要任务也就变成了保障三大审判和执行工作顺利开展。

在兰考法院，经过制度调整与观念引导，行政科、办公室等后勤部门的工作重点逐渐转变为优先服务三大审判和执行工作。同时，后勤的部分人员也协助参与了执行工作，这加深了他们对执行、审判等业务工作的了解，让他们更能找准后勤保障的方向和方式。后勤部门人员的协助也缓解了法院执行工作案多人少的压力，执行部门人员的工作积极性也得到了提高。优化后勤保障后，法院的工作效率得到了明显提升。

第三节　压实"法院党组"在实质性化解合法诉求中的领导责任

坚持党的领导是中国特色社会主义司法制度的本质要求。党对人民法院工作的领导是具体的，要落实到执法办案、队伍建设各方面，必须抓牢抓实对具体案件的监督管理，必须旗帜鲜明地强调党组的领导责任、院庭长的监管职责。[①] 法院领导主要包括院长、副院长、政治部主任、进入院党组并担任成员的其他院领导及专职审判委员会委员等，这些院领导除依照法律规定履行相关审判职责外，还应当从宏观上指导或分管法院的审判、执行等相关工作，组织研究相关重大问题和制定相关管理制度，对法官进行评鉴，以及履行其他必要的审判管理和监督职责。[②] 院领导依法履行领导职责，是法院审判执行工作充

[①] 傅信平：《关于院庭长阅核制的理论与实践思考》，载《人民法院报》2023年11月23日第5版。

[②] 《最高人民法院关于完善人民法院司法责任制的若干意见》第21条。

分开展和司法目标得以实现的政治和组织保障。实质性化解合法诉求作为新时代人民法院的工作目标,需要融入法院领导的审判管理权,并通过压实领导责任的方式传递给员额法官及辅助人员,从而统一全院司法理念和凝聚实质性解纷的共识。

一、"法院党组"领导作用的激活路径

(一)"法院党组"领导作用亟待激活

法院各庭室负责人作为中层干部,是法院工作的中坚力量,这些干部相对年轻,其优势是冲劲足,但经验相对不够丰富,协调能力有待提升,遇到疑难问题和困难则可能处理不好。而党组成员,尤其是副院长们都是从庭长等中层干部中选拔出来的,他们大部分具有丰富的实践经验和较强的工作能力。较之庭长,他们具有以下特点:一是掌握更多的资源,所拥有的权力相对较大,在人事管理、工作整体部署和安排、参与院党组各项决策等方面具有很大的优势;二是在与外界对接、沟通协调等方面具有较强的优势。但是,这些党组成员在成为院领导干部后,在工作上普遍缺乏年轻人的冲劲和拼劲,年龄较大的党组成员在这方面表现得尤为突出。从心理上分析,在担任多年中层正职进入院领导班子后,部分成员会出现思想懈怠,不想再管理具体的事务,如果再加上晋升渺茫,他们难免会出现缺乏工作积极性的情况。院领导作为司法体系中的精英,属于十分宝贵的司法资源。如果他们的领导作用不能得以有效发挥的话,其实是严重的资源浪费。

现有管理模式存在的问题是,院领导对各庭室的管理过于宏观,所谓"宏观"的本质是他们没有将自己真正融入其分管庭室的工作。在责任承担上,庭室工作完全由庭长负责,与主管院领导没有太多的关系。在这种管理模式下,庭室的各项工作能否得到有效管理,完全依赖庭长的能力。只进行宏观管理的另一后果是院领导的管理责任难以被压实,院领导和庭长无法形成合力,最终形成了"两张皮"的管理模式。不深入庭室,只听汇报工作,这样的院领导自然不可能在工作内容、人员管理、人员思想等方面发现真正存在的问题,也难以和庭

室的成员们实现高度融合。由于院领导不了解自己分管庭室的真实情况,找不到问题所在,因此管理上容易欠妥,出现问题后也无法及时解决。如此下去,院领导的作用自然得不到很好发挥。

(二) 院党组发挥领导作用的方式

即便是有的院领导想把自己分管的工作做好,但在现行司法体制下,还涉及分管领导与被分管部门负责人(主要是各业务庭庭长)之间的关系处理问题。有的庭长将院领导的分管视为对自己权力的分割和制约,不想让院领导插手具体事务,有的庭长和员额法官狭隘地理解了"让审判者裁判"的意思,认为自己庭室的案件自己应当做主,对分管具有抵触心理。当然,也存在院领导以分管为由干扰所分管庭室案件具体办理的现象。这实际上涉及另外一个问题,即院领导通过何种管理模式来发挥自己的作用。院领导在加强对所分管庭室管理时,可能会因为目标定位模糊和干预强度难以准确把握而产生新的问题和矛盾,从而会影响工作的开展。解决这一问题的关键在于如何处理好院领导与分管庭室负责人(庭长)的关系。

对此,可以将院领导分管的方式定位为"协助庭长管理",即院领导主要是通过协助庭长进行管理。按照这种关系定位,院领导不能将分管部门作为自己的权力领地,纳入自己的权力范围,认为只要是自己分管的庭室,庭长就应当听从自己的管理和指挥。院领导协助管理意味着庭长才是业务部门的第一责任人,要对自己庭室的各项工作负直接的管理责任。这种模式的优点是:一方面,明确了庭长在庭室工作中的责任主体地位,充分调动了庭长在各项庭室工作中的积极性和主动性;另一方面,将院领导的分管方式限定在协助庭长解决其无法解决的问题上,凸显院领导"救火队长"的作用,强化院领导对分管庭室工作的领导能力。院领导从单纯的宏观管理转向协助庭长管理,有利于强化庭长对庭室队伍建设和审判执行等各方面工作的管理。以开封示范区法院为例,该法院明确要求院党组成员每周深入自己分管的庭室工作一天,全面调研和了解庭里各项工作的开展情况。这样,院领导能够及时准确地了解到庭内成员的情况,及时发现相关人员在工作和思想上存在的问题，并能针对这些问题提出相应的解决方案。这样能够有效发挥院党组的优势，加强对庭室的管理，提升庭室的工作效率。

院领导参与庭内工作的主要目的是及时了解其分管庭室的基本情况，找出庭室潜藏的问题，并在深入调查研究的基础上提出切实可行的解决方案。院领导应将发现问题，以及帮助庭长解决问题或者协助庭长找出解决问题的办法作为其参与庭室管理的目标。需要说明的是，院领导参与庭室管理并不影响庭长的责任主体地位，庭里各项工作和队伍管理的好坏仍由庭长负责。如果院领导发现庭长存在问题，要对庭长加强管理和引导，而不能越俎代庖。

（三）强化院领导对分管工作的监督管理

院领导作为分管领导，其领导责任的落实要通过强化对分管工作的监督管理来实现。这种监督管理具有双向性：一方面，院领导要主动监督，对当事人就分管工作中所反映的问题及时进行调查核实，实现对分管工作的动态化监管；另一方面，庭室负责人要主动向分管或主管院领导汇报工作，自觉接受领导监督。作为院领导，在日常工作中不能任意干预或过问案件，要充分相信法院干警能公平公正地办好每一个案件。但如果有当事人就承办法官或庭长所办理的案件向其质疑，院领导可以进行个案监督，要求承办法官和庭长向自己汇报案件的办理情况，就当事人反映的问题逐一核实。这种事前和事中的动态化监督能够预防错案的发生，在冤假错案发生前加以纠正，对当事人而言造成的损害也是最小的，要比错案发生后当事人通过上诉或再审监督的效果好很多。此外，所有涉诉信访案件均应由分管领导办理，当事人之所以信访，是因为他们已经对承办法官或庭长失去了信任。在此情况下，如果将信访案件再次转到业务庭室处理，难以让当事人服气，甚至会加重当事人与办案法官之间的矛盾。

院领导在压实领导责任的同时，也要摆正自己的位置，无须面面俱到，事无巨细，亲力亲为。如果有难以解决的问题，院领导可以提交院党组研讨。针对涉及地方党政机关及群众自治组织的案件，由于需要做大量的沟通协调工作,因此应由院领导承办或参与办理。此外,院领导还有另外一项很重要的职责,即督促和提醒分管庭室严格落实院党组的各项决议和上级法院的各项政策,强化廉政教育,防止"三案"①的发生,对庭室存在的问题及时指出并督促整改。

二、创新"部门分管+业务主管"领导管理模式

(一)传统领导分管工作模式存在的问题

通常情况下,基层法院关于院领导的分管主要是以业务为划分依据的,即按照民事、刑事、行政和执行等业务部门的分类,最终形成主管具体业务的院领导,诸如主管民事业务的副院长或主管执行业务的副院长等。这种模式主要是参照上级法院的管理模式,其优点是有利于上下级法院进行业务上的沟通交流;缺点是由于三大审判和执行工作的特殊性,这种模式无法将院领导分管工作的效果进行横向比较。在缺乏比较的前提下,院领导的主动性和积极性也不能充分发挥。

近年来,不少法院在人民法庭进行了审判执行一体化推进的实践探索,即基层法院的派出法庭除了负责本辖区民事案件的审理外,还负责本庭审判案件的执行工作。同时,为了实现审判执行的相对分离,在派出法庭分别设立了民事审判和执行团队。② 因为如果按照传统的业务主管模式,将会导致主管民事工作的院领导和主管执行工作的院领导共同主管一个庭室。此外,严格按照传统模式,也不利于院领导分管工作的均衡化,如民事审判基本上占法院所有案件的90%,按照传统主管模式,主管民事的院领导会工作量极大,而主管行政审判的院领导则会工作量太少。

(二)"部门分管+业务主管"管理模式的特征

针对传统分管工作模式存在的不均衡和难以横向比较的问题,可

---

① "三案"是关系案、人情案、金钱案的简称。
② 如兰考法院在2019年就实施了审判执行一体化推进的内部分离的探索工作,在三个速裁庭、两个民事审判庭和四个派出法庭分别设立审判和执行团队。

通过打破传统业务分管格局,将相同业务的庭室分别交由不同的院领导分管的方式加以改进。这样能够加强对院领导的对比性管理。例如,某基层法院有四个人民法庭,负责各自辖区内的审判与执行工作。可将四个人民法庭分别交由四名院领导分管,由于四个法庭人员的配置、分管区域和每年案件的数量等基本一样,对各法庭审判执行的工作标准和要求也是一样的,因此四个法庭能够形成对比。四个院领导也随着自己分管法庭的审判执行工作成绩的好坏进行排名。同时,为了确保不同业务类型在裁判理念及工作思想上的统一,防止同案不同判的发生,法院应当继续保留传统业务分管模式。例如,主管民事工作的副院长对本院民事审判工作进行业务指导,但同时由其他院领导分别对不同民事审判庭室进行分管领导,最终形成业务指导和分管领导并存的管理模式。

在具体分工上,业务分管领导在进行业务指导的同时,负责与上级法院对口部门沟通协调,上传下达;具体分管庭室的院领导是除庭长外的第一责任人,督导庭审各项工作的落实,包括所分管庭室的队伍建设等也由分管院领导负责。庭室队伍建设出了问题,首先由该庭庭长或负责人承担责任,院领导就分管该庭的工作负领导责任,主管民商事或者执行工作的院领导对其主管的业务负次要责任。

这种"部门分管+业务主管"的管理模式,是对传统模式的创新,其主要特征是横纵分开,弱化业务管理,压实分管管理。其主要优点有四:一是实现了法院各项工作条块分割式管理的均衡化,优化了院领导管理资源配置。如主管民事审判的副院长,按照传统管理模式,只分管民事审判工作。但按照此种模式,他在业务上主管全院民事审判工作的同时,可能还分管一个人民法庭或一个速裁庭。二是强化了分管工作的对比性,促进良性竞争,激励院领导履行监管职责。在横向管理模式下,院领导所分管的庭室基本条件类似,工作性质、人员配置、工作量等基本一致,这样就有了对比的基础。各个业务庭的法官工作可以相互比较,庭长也可以互相对比工作效率和成果,分管领导之间也能够进行成绩的对比。三是在明确分工的基础上压实了院领导的领导责任,部门分工和业务主管形成了两条线,二者分工不同,所承担的责任也不同,问责追责的顺位亦存在先后之分。四是强化了监督和制约,可以防止院领导拉帮结派,形成部门利益。

三、压实院党组领导责任的具体路径

(一) 树立"能者上,庸者下"的选人用人标杆

对院领导责任的压实,从标准设置上看,应确立双重考核指标,一方面要考核院领导水平的高低,考察其分管工作中的沟通协调及管理能力,即能否将所分管庭室自身无法解决的问题予以解决,也就是能不能敢于担当,勇做"背锅侠";另一方面要考核院领导分管工作的领导效果,包括其所分管庭室的工作质效情况,具体如业务庭裁判案件的调解率、服判息诉率、发回改判率、涉诉信访数量等各项有关实质性化解合法诉求的考核指标。各庭室负责人连续三次考核为优秀的,可以优先考虑重用或提拔,且对分管领导予以通报表扬。对院领导采取反向激励措施,即如果院党组成员分管的庭室连续落后三次以上,则首先要启动对庭长(负责人)的问责程序,要求庭长作出检讨,并做出相应的处理,甚至可以免除庭长职务,此时庭长所承担的责任是直接的领导责任。对分管领导的处理是,该领导不再分管该庭室,改为让分管工作成绩突出的其他院领导分管,该领导协助新分管院领导工作,这样才能让院领导产生"不进则退"的危机感。当然,如果在协助分管工作期间表现突出,责任心和能力明显提升,经院党组决定,该领导可以继续单独分管。否则,仍将继续协助别的院领导做分管工作。这样做的目的,就是要压实每位院领导的责任,激活院领导工作的积极性和工作的自觉性。这样才能真正树立"能者上,庸者下"的选人用人标杆,让法院形成"争先恐后、努力工作"的良好氛围。

(二) 对院领导采取反向激励的考核机制

虽然大部分院领导属于资深法官,且大多数在法院系统深耕多年,但正因为资格较深,有的院领导会基于政治进步空间受限等因素

而存在消极工作心态或行为。在此情况下,如果不能采用负激励措施,很难实现有效管理。如果任由那些工作不积极的院领导"躺平",不仅法院院长的权威性会受到挑战,其他中层干部也可能"上行下效"。虽然在员额制改革之后,法院的副院长等院领导主要是由上级法院任命的,本级法院院长缺少直接对其做出免职或建议免职的权力,但法院院长可以通过召开党组会调整其领导分工的方式强化对其他院领导的监督与管理。对院领导所采取的反向激励的考核措施,能够防止他们产生"松口气,放纵自我"的不良心理。对那些不适应领导工作岗位的院领导,则应坚决按照退出机制予以处理。

当然,这些改革措施在推动过程中的阻力和难度是比较大的。但是,这种改革措施的方向是正确的,因为只有领导者本身严格要求自己,以身作则,才能真正树立威信,其他人才会心服口服,最终形成良好的工作氛围。

当能力优先、公平竞争的用人机制形成后,优秀的领导干部自然会脱颖而出,在这些优秀领导干部的带领下,法院才能集中力量,努力实现公平与效率兼顾,质效和实效双赢,让每一个当事人的合法诉求都能得到及时回应。

第三章

将实质性化解合法诉求融入队伍建设

队伍建设是做好法院工作的前提和基础,作为机关组织的人民法院是由个人组成的,人民法院的裁判和执行活动也是由审判员、辅助人员、执行员等通过具体的行为完成的。长期以来,队伍建设薄弱是基层法院面临的最大问题,严重制约着审判执行工作的有效开展。将实质性化解合法诉求融入法院队伍建设,尤其是将其融入审判和执行法官内心并外化于行,是实质性化解合法诉求目标得以实现的基础和保障。

第一节 创新员额法官监管模式

法院人才队伍的建设和管理,关键在于管好法官队伍,让法官始终保持公心,始终围绕当事人的诉求开展各项工作,始终以矛盾纠纷彻底化解为己任。

2017年,我国法官任用从非员额制向员额制的改革工作基本完成。2019年4月23日,全国人大常委会修订通过《法官法》,在法律层面确立了法官员额制与法官遴选制度,正式给这样一场规模宏大的法官任用机制改革画上句号。员额法官是法院三大审判和执行工作的"顶梁柱",法院的工作主要是由员额法官撑起来的。在最高人民法院推动的司法改革中,员额法官的改革定位是"让审理者裁判、由裁判者负责"。如何落实好"让审理者裁判、由裁判者负责"呢？员额法官不可能生活在"真空"中,在依法履行审判权和执行权的过程中,难免会受到外界的干扰,"三案"现象时有发生。法院的司法公信力具体体现在案件的办理中,习近平总书记提出"努力让人民群众在每一个司法案件中感受到公平正义",说明公平正义地办好案件才是衡量一个法院或法官工作好坏的基本标准。法官是案件办理的中坚力量,公平公正地裁判案件,一方面需要员额法官增强拒腐防变的能力,树立以人民为中心的理念,廉洁自律,为民司法;另一方面则要强化监督制约,构建不敢腐、不能腐、不想腐的权力监督机制,铲除滋生权力腐败的温床。

一、员额法官独立裁判权运行的问题剖析

2013年以来,随着新一轮司法改革的全面启动,一系列改革举措相继得到推行,各种创新性制度安排纷纷出台,我国的法院制度发生了重大的变化。无论是那些旨在推进"去地方化"的改革举措,还是为实现"去行政化"而推行的制度方案,几乎都是围绕着"审判权的独立行使"这一核心问题展开的。根据"司法去行政化"的改革方案,法院内部实行司法责任制和员额制,遵循"让审理者裁判、由裁判者负责"的原则。除了少量由审判委员会讨论决定的案件以外,合议庭和独任法官对一般案件拥有独立审理权和裁判权,其裁判文书不再经过院长、副院长、庭长、副庭长的审批或签署;院长、庭长进入法官员额的,只能通过参加合议庭或者担任独立法官的方式进行法庭审理并作出裁判,而对其他法官负责审理的案件则一般不再干预。

此外,为了保障法官独立行使审判权免受领导干部的不当干预,中共中央办公厅、国务院办公厅制定了《领导干部干预司法活动、插手具体案件处理的记录、通报和责任追究规定》,最高人民法院也印发了《人民法院落实〈领导干部干预司法活动、插手具体案件处理的记录、通报和责任追究规定〉的实施办法》的通知,上述规定对领导干部干预司法案件的审理活动具有较强的威慑效力,领导干部"打招呼"干预法官独立办案的不正之风得到遏制。这些改革方案意味着法官开始成为独立行使审判权的主体,不再受院长、副院长、庭长、副庭长乃至审判委员会的干涉,随着这些改革的深入推行,原本受到主流理论排斥的"法官独立审判"逐步变成我国的司法现实。[①]

法官独立审判固然有利于保障裁判结果的公平公正,但随着员额

---

① 陈瑞华:《法院改革的中国经验》,载《政法论坛》2016年第4期。

制改革的深入推进,其运行过程中所暴露的问题也越来越多,具体可概括为以下几点:

(一)法官独立审判导致同案不同判现象更加普遍

所谓同案,并非两个完全相同的案件,而是基本案情类似的案件,使用"类案"概念加以表述更为恰当。在我国,因判例法不属于法律的渊源,故不同层级法院所作出的类案判决对其他法院来说并不具有法律上的约束力。员额制改革以来,各法院系统内部实现了员额法官裁判权的独立行使,但不同的法官对法律规范理解上的分歧,可能会致使其对类似的案件作出不同甚至矛盾的裁判。这种情况在员额制改革之前是可控的,因为主管不同诉讼业务的副院长享有对案件裁判文书的审批权,他可基于某类型案件的法律适用形成统一的认识,从而在本院内实现对同类案件的同等处理。

在员额法官获得完整的、独立的裁判权之后,不同的法官因法律职业水平、个人经历、脾气秉性、思维逻辑、工作习惯的差异,以及对法律原则、立法目的等存在不同的理解和认识,在面对类似的案件时,可能会采取不同的裁判思路并作出大相径庭的裁判结果。这种因办案法官不同而形成的个性化的裁判活动,增加了法治秩序的不确定。裁判文书的落款处要注明审判员、法官助理、书记员的姓名,同时加盖法院印章,这意味着我国法院的裁判权是由法院整体的裁判权和案件承办法官的裁判权组成的。如果同一个法院内部,类似案件因承办法官的不同而出现了不同的裁判结果,那么当事人可能会对法院的权威性和公信力产生怀疑。从法律层面看,不同法官因理解上的差异而对类案作出不同的裁判,也是对法治秩序的破坏,导致法律的确定性和可预期性降低。

(二)法官独立审判权与院领导对案件的监督管理权之间存在张力

在理论层面,通常将法院的权力分为司法裁判权与司法行政管理权。按照当前的改革逻辑①,司法裁判权归属员额法官所有,而司法行政管理权在本质上属于行政权,法院院长、副院长、庭长、副庭长的职权配置主要涉及的就是行政管理,理论上,这些行政管理权要与司法裁判权进行适当分离,但在现实层面,院长、副院长、庭长、副庭长的职权中其实也包含了对法官履职的监督管理权。比如,当事人认为法官剥夺或限制了他的诉讼权利,或者对他主张的合法诉求不予回应,便可能向主管院长或庭长投诉,主管院长或庭长接到投诉后,势必要与被投诉的法官进行沟通,提醒或建议其改正纠正。此时主管院长或庭长所行使的权力便是监督管理权。从司法实践层面看,这种过程性的监督管理权是很有必要的,一方面能有效保障法官裁判权的规范化运行,防止裁判权的滥用;另一方面也能及时消解当事人对法官的质疑与不满,预防涉诉信访案件的产生。

然而,随着与领导干部干预司法活动有关的规范性文件的发布实施,院长、庭长等领导干部在行使监督管理权时如何避免干预法官依法独立审判权的正常行使,成为亟待解决的问题。2015年9月,最高人民法院出台《关于完善人民法院司法责任制的若干意见》,规定院长、副院长、庭长对"四类案件"可以开展事中监督②,但"四类案件"的范围并不明确,事中监督的方式及配套机制也不完善。有的法院的领导干部为了避嫌,干脆放弃对法官的监督管理权,任由法官自行裁判案件,对当事人提出的投诉或反映也不予理会,甚至认为当事人应当

---

① 作为新一轮司法改革的重要内容,司法责任制强调"让审理者裁判",赋予独任法官和合议庭独立的审判权,废除院长、副院长、庭长、副庭长签署裁判文书的做法,缩小了审判委员会讨论案件的范围,使那些进入法官员额的院长、副院长、庭长、副庭长,通过参与合议庭审理来行使审判权,而对其他法官审理的案件则不再进行干预。贺小荣、何帆:《贯彻实施〈关于全面深化人民法院改革的意见〉应当把握的几个主要关系和问题》,载《人民法院报》2015年3月18日第5版。

② 最高人民法院《关于完善人民法院司法责任制的若干意见》第24条规定,对于有下列情形之一的案件,院长、副院长、庭长有权要求独任法官或者合议庭报告案件进展和评议结果:(1)涉及群体性纠纷,可能影响社会稳定的;(2)疑难、复杂且在社会上有重大影响的;(3)与本院或者上级法院的类案判决可能发生冲突的;(4)有关单位或者个人反映法官有违法审判行为的。

通过上诉、申请再审等事后监督救济的方式维护自身的合法权益。有的员额法官认为领导干部对自己办案的监督管理缺乏明确的法律依据，属于变相的干预案件审理。这些因员额制改革所产生的分歧和争议至今未解决。有的员额法官对"让审判者裁判"的理解具有片面性，认为就是"自己办的案件自己说了算"，别人的意见可以不听。在这种狭隘理念的支配下，形成了一批"任我行"法官，他们十分排斥监督和约束，"制造"了一批有瑕疵的案件，严重侵害了当事人的合法权益，损害了司法公信力。

（三）法官裁判权的控权机制不完善导致权力滥用

在员额制改革之前，承办案件的法官虽然享有较大的裁判权，但这种裁判权并不完整，因为承办法官制作的裁判文书需要报请庭长和（主管）副院长审批，故法官的裁判实质上要接受庭长和副院长的监督。尽管庭长和副院长在审批过程中可能存在干预法官办案的风险，但多人审查在程序上起到了不同权力角色之间的制约作用，这有助于防止权力的滥用。2017年以后，主管或分管院领导不再签发裁判文书，这相当于弱化了院领导对员额法官的监督，员额法官可以自行签发文书，对于如何裁判，基本上达到了"自己说了算"的程度。法官对案件的裁判，实质上是对社会利益的再分配，这种利益重新分配背后往往存在经济纠葛，有的当事人为了达到非法目的，不惜重金或打出"亲友牌"贿赂法官，干扰审判执行工作。这种外部的干扰和诱惑考验着法官的自律能力，有的法官拒腐防变的能力不高、政治立场不够坚定，便很容易遭受诱惑，做出权力寻租行为，枉法裁判。因此，下放裁判文书的签发权，不等于放弃对员额法官的内部监督。根据权力天然扩张的属性，对员额法官依法行使的裁判权进行监督是十分必要的。目前，有关保障承办法官独立裁判权的机制已经有所强化，但在如何控制法官裁判权的法治化运行方面，相关规则和机制并不完善，这导致集中化的裁判权很容易失去法律的控制。

虽然员额制改革在向法官全面赋权的同时，也以错案终身追究的司法责任制作为警示和保障法官依法行使裁判权的机制，但事实证明,所谓的错案终身追责的可操作性并不强,且何为"错案"也存在内涵外延上的争议。很多冤假错案是很难被纠正的,即便是纠错成功,也往往需要当事人付出巨大的代价,诸如长年累月的四处信访,或求助媒体引发社会舆论的持续关注等。对诉讼标的较大的民事案件,如果一审法官滥用裁判权作出不公正的判决,当事人往往要通过上诉寻求改判的机会,而这首先要缴纳上诉费。现实中很多当事人因缴不起上诉费而不得不放弃上诉权,一旦放弃上诉权,那么申请再审的权利也将受到严格的限制。① 而当事人没有穷尽上诉和再审申请程序,检察机关对此类申请法律监督的请求亦不会予以受理。根据上述分析,在二审诉讼收费制度背景下,对一审法院裁判的事后监督救济是"收费"的,而除了缴纳上诉费外,当事人还可能要支付律师代理费。这说明事后的监督机制对当事人而言,是有昂贵代价的。而付出这么多的代价,所获取的只是一个纠错的机会。二审法院对一审法院的裁判活动,向来是秉承相对谦抑的立场,它对一审裁判的轻微瑕疵具有高度的包容性,再加上绩效考核指标的导控和两级法官沟通反馈的程序设计,二审法院改判案件的比例始终处于较低的水平。据此可知,纠正一个错案在程序上面临诸多困难,即便是纠错成功,也主要体现为二审法院改变一审法院的判决结果,对一审法官造成的影响主要体现在绩效考核上,即可能会扣减其办案绩效奖金。除此之外,很少听到法官因其裁判结果被二审法院改判而被追究法律责任的情况。

(四) 司法责任制改革与实质性化解合法诉求目标的偏差

党的十八届三中全会提出"让审理者裁判、由裁判者负责"。这是司法责任制改革的基本价值取向和核心要义。其中,"让审理者裁判"主要是解决审理权与裁判权分离的问题,克服"审者不判、判者不审",

---

① 例如,根据民事裁判书(2020)最高法民申 7058 号的思路,再审申请人虽主张一审判决存在错误,但在法定上诉期限内未提起上诉,亦未提供客观上导致其不能行使诉权的合理理由,其放弃法律规定的常规性救济途径,即应当承担该处分行为所致的失权后果,在此情况下,受理再审申请的法院可不予实质审查即驳回当事人的再审申请。

层层审批、责任不清的弊端;"由裁判者负责",就是要让裁判者对办理的案件质量、效率和公信力负责,对故意违反法律法规的,或者因重大过失导致裁判错误并造成严重后果的,依法承担违法审判责任。"让审理者裁判"是"由裁判者负责"的必要前提,"由裁判者负责"又是"让审理者裁判"的必然要求,这两句话都讲才是完整的。① 据此理解,司法责任制改革是从明确责任的视角主张赋予法官完整裁判权的,并在此基础上推行法官员额制改革。责任增加了,员额法官的工资、福利待遇也应随之提升。但基于财政资源的有限性,员额法官工资、福利待遇的提升是以压缩法官编制的方式换取的。

在员额制改革之前,凡有公务员身份并通过国家法律职业资格考试的法院工作人员,均可被任命为审判员或助理审判员,并依法行使裁判案件的职权。员额制改革之后,大量的审判员或助理审判员因员额编制有限而无法入额,进而失去了裁判案件的资格和权力。而有幸入额的法官则获得了更大更多的权力,同时其承办的案件数量也大幅增加。在此情况下,不少员额法官的主要工作就变成了开庭、修改或制作裁判文书。但法官整日困于审理案件和出具裁判文书,并不能与"实质性化解当事人的合法诉求"划等号。在司法责任制运行背景下,包括法官助理在内的其他审判人员主要是在员额法官的指挥下从事辅助性工作,这些辅助人员虽然可能具有丰富的审判和调解工作经验,但因其隶属于员额法官,所以或缺乏组织调解的积极性,或怕被质疑分权而不愿过多地参与诉讼纠纷的实质性化解工作。

总之,员额法官因案件业务量过大而无暇对当事人的争议做实质性化解,其他审判辅助人员实质性化解争议的司法潜能也有待激活。目前,法院所面临的主要情况是,员额法官受理案件太多,不得不在同一个时间段安排若干开庭任务,并在不同的法庭间进行穿梭。庭审结束后,负责个案的法官助理将裁判文书起草好交给员额法官审阅修

---

① 胡仕浩:《关于全面落实司法责任制综合配套改革的若干思考》,载《中国应用法学》2019年第4期。

改，随后发送给当事人，并以此终结诉讼案件的审理流程。而司法责任制中有关法官司法责任的承担问题，主要关注的是法官在审理和裁判过程中是否存在违法违纪的行为，而法官是否做了实质性化解当事人合法诉求的工作，并不属于司法责任所辐射的领域。因此，围绕司法责任制而启动的法官员额制改革，其主要贡献在于将完整的裁判权归于员额法官，并通过明晰责任的方式防止员额法官从事枉法裁判等违法犯罪活动。但人民群众需要的不只是一个不违法的法官，更不是一个只会制作判决书的冷冰冰的"司法机器人"，他们需要的是一名有温情、有担当、有正义感的好法官。当事人缴纳诉讼费并将争议诉至法院的目的，不只是要一个说法，更多的是寻求司法机关的帮助，以解决争议、化解矛盾、消除隔阂。显然，近年来所推行的司法责任制与法官员额制改革，在促使法官实质性化解争议上是略有欠缺的。

二、员额法官监管理念的革新

（一）传统管理模式存在的问题

比较而言，管理员额法官难度最大，不仅因为员额法官手握审判或执行权，还因为他们在长期处理问题和审理执行案件的过程中形成了一套固定思维方式和认知模式。此外，由于员额法官的权力较大，因此他们受到的诱惑和挑战也会较多。因此，在对员额法官进行管理时，既要强化监督制约机制，又要掌握好管理方法，充分考虑到这个群体的特殊性，在确保不影响其依法独立行使裁判权的基础上强化对他们的监督与管理。

传统的管理模式主要是通过控制裁判文书的签发来实现对法官监督的，这种管理模式存在诸多弊端：一是院领导通过签发裁判文书很难发现问题，比如有些事实在审理查明部分未加以明确，或事实审查不清。这些单靠审阅裁判文书是很难发现的，而让法官们将案卷随同裁判文书一并交给管理者核实也不现实，同时也违背了"让审理者裁判"的原则。二是由于裁判文书数量较多，管理者没有足够的时间和精力仔细审阅裁判文书，而逐一审阅裁判文书又难免降低司法效率，导致大量裁判文书被积压到管理者审批签发阶段。三是这种由审判法官草拟裁判文书并提交管理者签发的模式是对法官的极度不信任，并且过于机械和死板，也为管理者通过签发干扰案件审判提供了可乘之机。四是在裁判文书出现瑕疵或案件被认定为错案并追责时，不利于明确责任，无法做到精准问责。

（二）员额法官创新管理的基本理念

作为人民法院的核心与骨干成员，员额法官的工作能力及态度关系到法院定分止争的裁判功能能否有效发挥。法院要将对员额法官的管理作为管理工作的重心。在管理逻辑上，一是要将员额法官和其他工作人员加以区分，进行分类化管理。二是要树立员额法官正确有效行使裁判权的管理目标，即法院的管理不是故意挑刺、吹毛求疵，而是要确保法官依法履职，最终是为了实现人民法院司法为民的宗旨。对此，可以从以下几点着手：

第一，对员额法官的管理较为可行的思路是：首先进行充分调研，了解员额法官的工作现状及真实想法，坚持以党建引领，树立以人民为中心的司法理念，寻求一套切合实际、尽可能回应员额法官正当诉求的管理办法，在充分信任员额法官的基础上，强化监管措施，为员额法官提供一个安心工作的环境和一个公平竞争的平台。

第二，营造务实干事的工作作风，杜绝形式主义。法院管理者必须做到"自身硬"，并做出表率，让所有员额法官认识到管理者的务实工作精神。务实工作精神应当体现在法院工作的每个方面。随着立案登记制度的深入推进，法院诉讼案件数量大幅度增加，员额法官每年的工作量和工作强度也不断加大。在"案多人少"矛盾日益显著的情况下，如果无法做到务实，势必会增加员额法官的负担，浪费他们有限的精力。在务实方面，以精简会议模式最具代表性。

以兰考法院为例，张童在兰考法院任职期间，对法院的会议制度作出了一系列调整，严格压缩会议的时间和规模。2017—2022年，兰考法院开会次数极少，且每次会议的针对性较强，目标任务明确具体。

例如,每月第一周开中层以上的会议,主要是明确本月各庭室的审判执行工作目标,点评工作,并说明上月的任务完成情况和努力的方向。此外,还会让每个庭室交流存在的困难和问题及在工作中探索出的好办法。开会时间一般不超过一小时。开会时,杜绝念稿件。开会前,以院长为首的院领导也会反复查看绩效考核表格,做到对每个庭的具体情况心中有数。

此外,兰考法院会每周开一次党组会,由党组成员汇报所分管庭室的工作情况和队伍建设情况,讨论各庭工作和队伍建设中存在的问题和下一步各庭的工作方向以及审判执行工作目标。时间通常也不会超过一个小时。通过召开党组会,党组成员统一了思想,凝聚了共识,明确了目标的实现路径,能够形成合力,为帮助庭室提升各项工作水平和抓好队伍建设打下基础。

三、强化裁判权运行的过程性监督管理机制

员额制改革后法官的裁判权不断扩大,但缺乏有效的监督制约机制。院领导和庭长对员额法官的监督范围和监督方式有待明确,尚未找到更为恰当的方式实现对员额法官的业务监督。这导致员额法官的裁判权有可能"逃出"制度的"笼子"。此类法官在裁判活动中虽然并不一定存在办理"三案"的情形,但难免出现纰漏。有的法官在其所承办的案件被上级法院发回重审或者予以改判的情况下,仍然坚持认为自己没有错,甚至会质疑上级法院的裁判结果有问题。因此,如何在确保员额法官依法独立行使裁判权的前提下强化监督机制,成为员额法官管理的中心工作。

(一)健全廉政风险管控机制

作为维护公平正义的最后一道防线,司法是否能够坚守法治底线,是能否实现建设法治中国的关键所在。虽然《监察法》《公务员法》《法官法》等多部法律对法官廉洁办案予以了明确规定,但法官并非生存于"真空"环境,作为社会中的人,他们同样处于错综复杂的关系网格中。为此,各级法院应当通过健全廉政风险管控机制,为法官抵制

外部干预和各种诱惑建造一道坚固的"防火墙",通过良好的制度让好的法官一直好下去,防止有可能变坏的法官变坏。在健全廉政风险管控机制上,可采取如下措施:

1. 改革案件分配机制

目前,各级法院逐步建立起了"随机分案为主、指定分案为辅"的案件分配机制,根据审判领域类别和繁简分流机制,随机确定案件的承办法官。[①] 这种随机分案模式进一步减少了分案的人为干扰,防止出现案件的"私人订制"现象。以兰考法院为例,在改革前,兰考法院主要是按照部门进行分案,在审判部门内部进行自动分案。2018年以来,兰考法院对三个速裁审判庭和两个民事审判庭实行自动分案到人的机制,即在按人头设定好相对均衡的工作量(案件)后,通过案件管理平台将案件自动分到法官系统之中。这样有效减少了分案的人为因素,杜绝了法官挑选案件、当事人挑选法官的现象,从源头上堵住了"人情案""关系案"的漏洞,使法官能够在同一平台上公平竞争。由于完全随机分案,无论是院庭长还是其他无行政职务的员额法官,均不享有挑选案件的特权。在此情况下,大家对分到的案件也不再有繁简难易的抱怨和挑肥拣瘦、投机取巧的心理。

2. 健全法官办案投诉处理机制

我国法院长期存在一种"承办法官"制度,很多案件名义上是由合议庭负责审判的,但实际上承办法官才是案件的第一责任人。承办法官在一定意义上取代了合议庭,成为案件的真正裁判者。[②] 鉴于此,改革决策者提出了调整独任法官审判范围的设想。[③] 目前大多数基层法院的独任制审理比重很高,有不少法院在立案时一律采用简易程序的收费标准,然后根据案件审理情况及案件复杂程度决定是否进行审理程序的转化。随着2021年《民事诉讼法》的修正,二审法院的独任审

---

① 中华人民共和国最高人民法院编:《中国法院的司法改革(2013—2022)》,人民法院出版社2023年版,第8页。
② 陈瑞华:《司法体制改革导论》,法律出版社2018年版,第178页。
③ 陈瑞华:《法院改革的中国经验》,载《政法论坛》2016年第4期。

理制度得以确立,并不断扩大适用范围。据此,承办法官事实性地承担了一个案件的绝大部分审判工作,比如决定开庭时间、分配举证责任。即便是案件提交专业法官会议或审判委员会讨论,一般也是由承办法官汇报案情,而且他对案件的裁判意见通常会得到合议庭和专业法官会议的尊重。因为按照现行的司法责任制,承办法官是案件质量的第一责任人,既然要其承担责任,那么当然应充分尊重和保障其行使完整的权力。但是,承办法官独立行使裁判权与强化权力监督并不矛盾。强化对裁判权的运行监督恰恰是为了确保承办法官能依法正确行使裁判权。

在当前的司法改革背景下,有必要通过建立法官办案的投诉处理机制,保障当事人得到有效的救济。在投诉处理机制的构建层面,首先,要在法院系统设置负责接收投诉处理的窗口,并在诉讼服务中心等法院办公场所或网站上公布其位置和电话。因投诉处理与法院信访的职能较为接近,基于整合司法资源和精简机构的考虑,可将包括承办法官在内的所有司法工作人员的投诉处理机构与法院信访机构予以合署办公,统一受理当事人的司法投诉和信访。其次,在投诉范围的设定上,不应设置过高的门槛,也不需要当事人提供充分确凿的证据,只要当事人能够提供相关证据线索,或者能充分说明投诉的内容及理由,就应当受理。再次,应明确投诉的处理期限,如果没有明确的处理期限,或者处理期限过长,一旦裁判结果已经作出,而投诉处理结果还没形成,那么投诉将失去意义。为此,应将投诉处理的期限限定在案件审结之前,对有关回避等程序性问题,在处理期限上应当进一步压缩。根据《民事诉讼法》的相关规定,回避应在首次开庭前或庭审中告知回避权利之时提出,但实践中有的当事人在庭审后或庭审中,认为承办法官的言行举止明显存在偏袒,就可能会在投诉时申请该承办法官回避。按照相关法律规定,因该回避申请超出法定期限,法院可不予受理,但为了避免引发上诉及形成信访案件,法院在处理投诉的过程中可将当事人申请回避的情况告知承办法官,并建议其与当事人沟通以消除误解,如果承办法官主动提出回避申请,法院也可基于廉政风险的考虑调整承办法官,并将调整结果及时通知当事人,以及在办案平台公开。最后,无论当事人的投诉理由是否成立,法院在收到投诉后都要将处理结果及时告知当事人,并针对当事人的投诉内容事项逐一回应。如果发现承办法官在办案过程中因态度语气生硬、言行举止不当等引发投诉,应对承办法官作出提醒或通报批评。如果法官存在违法违规办案等廉洁性问题或有违法犯罪情况的,可依法对其做出处理或移送有关机关处理,并暂停其审判工作,依职权调换案件承办人。当然,对经调查核实,发现当事人存在恐吓威胁、诬告陷害、利用信息网络等方式侮辱诽谤法官的,也应当依法追究当事人的法律责任,并为被不实投诉举报的法官做公开澄清证明。①

(二) 健全专业法官会议制度

在裁判文书签发权下放至员额法官后,法院管理人员对裁判案件的事前监督机制已基本上流于形式。为了防止手握重权的员额法官私心膨胀、脱离监管,有必要健全和完善专业法官会议制度。专业法官会议制度是人民法院的一项内部工作机制,发挥着辅助办案决策、统一法律适用、强化约束监督等作用。② 专业法官会议具体包括审判长联席会议和全体专业法官会议两种类型。召开专业法官会议的目的是群力群策,从专业化的角度对案件进行分析论证,帮助主审法官或合议庭做出合法公正的裁判结果。因合议庭存在不同合议意见而无法做出裁判的案件或主审法官和审判长意见不一致的案件,应提交专业法官会议讨论。

2021年1月,最高人民法院发布的《关于完善人民法院专业法官

---

① 目前,辽宁、浙江、湖南、广东、四川等地人民法院采取的做法是会同纪委监委专门召开新闻通报会,为受到不实投诉举报的法官公开澄清证明。青海省高级人民法院会同省纪委等7个部门联合印发了《青海省保护地方各级人民法院法官依法履行法定职责实施办法》。见中华人民共和国最高人民法院编:《中国法院的司法改革(2013—2022)》,人民法院出版社2023年版,第13页。

② 张耘华、吴云朋、王紫薇:《司法改革背景下基层法院专业法官会议制度研究——以H省40家基层法院为分析样本》,载《中国法治》2023年第4期。

会议工作机制的指导意见》(以下简称《指导意见》)回应了理论界和实务界长期以来关于专业法官会议的功能属性、议事规则、意见效力等基本问题。《指导意见》第 11 条规定,专业法官会议讨论形成的意见供审判组织和院庭长参考。经专业法官会议讨论的"四类案件",独任庭、合议庭应当及时复议;专业法官会议没有形成多数意见,独任庭、合议庭复议后的意见与专业法官会议多数意见不一致,或者独任庭、合议庭对法律适用问题难以作出决定的,应当层报院长提交审判委员会讨论决定。据此理解,专业法官会议由相关专业领域从事审判执行工作的员额法官组成,具有统一裁判标准、消除意见分歧及监督制约裁判权正确行使等功能,同时对进入审判委员会讨论程序的案件具有预审和筛选过滤的功能。虽然《指导意见》将专业法官形成的意见定位为供独任庭和合议庭参考,但这种参考适用的效果在事实上能够对承办法官或合议庭形成一定的约束力,若独任制的承办法官或合议庭决定不采纳,应当说明理由。此外,法院审管办或办公室应做好专业法官会议的记录工作,可将专业法官会议讨论形成的成果提炼总结为类型化问题,定期发布类案裁判指引供本级法院和下级法院参考适用。在省级法院层面,可通过在其出版物上刊发不同类型的案件裁判指引的方式,细化统一法律适用操作规程。

(三) 完善裁判文书阅核制度

在院庭长的裁判文书签发权收回之后的一段时间内,有的法院为了加强对员额法官的业务监督,提出了裁判文书备案制度,即虽然院领导不再签发裁判文书,但员额法官在作出裁判前,应将草拟的裁判文书报送分管院领导备案。但这种事前"备案"的效力及效果如何,我们不得而知,如果允许院领导对印发之前的裁判文书进行审查并对其中可能有纰漏或不当的内容予以口头指正的话,大多数员额法官可能会做出修改或完善,但也不排除有的法官坚持己见,不予纠正。此外,此处的"备案"审查有何意义也存在争议。虽然自 2023 年起,最高人民法院对院庭长阅核工作作出了部署,各级法院正结合实际,积极开展实践探索和制度创新,院庭长不敢管、不会管、不愿管的现象明显改善,但在裁判文书阅核时仍可能存在院庭长与审判员意见不一致的情形。

实务界有人提出,在权限划分上,法官依法可以不接受院庭长阅核意见,而提交专业法官会议或审委会讨论。① 但如果法官既不接受阅核意见,又不提交专业法官会议或审委会讨论,院庭长能不能直接决定提交会议讨论,也有待明确。通常认为,阅核制是院庭长依据审判监管权力和责任清单对合议庭、独任法官作出的裁判文书,从程序、事实认定、法律适用、裁判结果、文书格式、文书质量等方面进行审查的内部监督管理机制;是最近、最快、最直接、最便捷、程序成本最低的内部监督、纠错方式,是强化责任监督的一道"关口"。② 从监督管理的视角看,阅核制实际上是院庭长对员额法官进行业务监督的具体方式,院领导通过审阅、核实相关裁判文书所述案情及判断方面的问题,可提出具体的建议或意见供裁判者参考采纳;不予采纳的,独立承办案件的法官或合议庭负责人要向院庭长做出合理的解释说明。同时,为强化阅核制的实施效果,在法官或合议庭拒不接受院庭长意见或不能充分说理时,院庭长有权以案件重大疑难复杂或分歧严重等为由建议提交专业法官会议或审委会讨论决定。员额法官、合议庭及院庭长对裁判文书的层层把关,有助于确保每一份盖有人民法院印章的裁判文书都经得起文字事理、证据事实和法理法律的推敲,并在后续执行及社会评价中得到当事人和公众的认可。

四、强化对裁判案件的事后监督

从审级监督的视角看,二审法院是通过对一审裁判的上诉案件的全面审理和裁判等方式实现对下级法院监督的。二审法院对上诉案

---

① 傅信平:《关于院庭长阅核制的理论与实践思考》,载《人民法院报》2023年11月23日第5版。
② 魏涛:《阅核制是强化责任监督的一道"关口"》,载《人民法院报》2023年10月29日第2版。

件作出发回重审或改判①的裁判结果,通常表明要么一审裁判活动存在瑕疵或错误,要么一审法官在办案中存在适用法律错误的问题,要么案件存在事实认定不清、裁判结果不当,要么裁判程序违法,违背裁判程序正义。因此,案件发改率是衡量法官业务水平的重要指标。为了提高法官的业务水平,强化对裁判权运行的事后监督,有必要建立健全发改案件研讨制度,即定期召开发改案件研讨会,并可根据不同法院发改案件的数量等具体情况设定召开的频率。如开封示范区法院基本形成了每周召开一次发改案件研讨会的惯例。

(一)发改案件研讨会的功能定位

1. 弥补裁判权过程性监督的不足

专业法官会议制度和裁判文书阅核制是对法官独立行使裁判权的过程性监督,有助于独任制法官和合议庭裁判权的规范化与法治化运行,预防违法、不当等不合格司法"产品"的产生。但鉴于进入专业法官会议的案件量较小,且是否提请专业法官会议讨论的主动权通常掌握在承办案件的法官手中,因此大多数案件是未经专业法官会议集体讨论的。阅核制是最高人民法院于 2023 年率先推动的制度,在中基层法院如何正确运作还有待探索,相关配套制度还未完全落地,不少法院对该制度的运行还处于观望状态。在此情况下,大多数裁判文书仍然是由独任制员额法官或合议庭作出的。鉴于上述因素,过程性监督机制的实施效果并不明显,这可以从一审案件上诉率的明显提升中看出。传统的监督模式主要偏重对一审法官进行发改率的绩效考核,其考核的结果无非减少或扣发承办法官的绩效奖金,在排除索贿受贿等明显的违法违规行为后,对这些办错案件的一审法官,并没有其他更为严厉的惩戒措施。对此,可通过定期召开发改案件研讨会,强化对裁判案件的事后监督,并以此弥补过程性监督的不足,以及事后监督方式单一、威慑力不够等缺陷。

---

① 为便于表述和行文方便,后文将发回重审或改判表述为"发改"。

2. 提高法官的办案能力

在召开发改案件研讨会时，一般先由承办法官汇报案情并说明其作出一审裁判结果的事实依据和法律根据，再对二审改判或者发回的结果作出评价。通过这种方式，承办法官能够深刻地认识到自己在业务能力方面的不足，并能从发改案件中汲取经验教训，避免类似情况发生。如果承办法官认为二审法院发回重审或改判的结果存在不当或者争议较大，也应当提出充分的法律依据或做出合理的解释说明，这样既能够争取到其他员额法官和院领导的支持，也有利于借助个案裁判与上级法院进行有效的沟通协调，避免类似情况的发生。如果原判决并无不当，当二审法院出于其他原因发回重审时，一审法院仍可继续坚持原有的裁判结果。比较而言，发改的案件相对复杂。对此类案件进行定期研讨可采取分别由案件承办法官、庭长和主管副院长进行点评，其他参会员额法官进行发言，最后由院长做总结的方式。这种研判疑难案件的模式能有效提高承办法官及参与研讨的其他法官的办案能力，从而通过个案式的裁判达到司法为民的目标。法官办案能力和业务水平的提升，能促进法院整体司法能力的提高，进而有利于降低案件发改率，增强法院的司法公信力及在本系统中的影响力。

3. 监督法官依法办案

在研讨会上，被发改案件的一审承办法官要对比二审法院做出发改决定的主要理由或具体意见，向参与研判的法官做自我辩护或理性反思，比如说明自己为什么要如此裁判。承办法官在研讨会上发言，实质上是接受院领导和全体员额法官的质疑和询问。这种"公审"会议的事后监督模式，能有效规制员额法官恣意用权的问题。每个员额法官在裁判案件时，都会考虑自己办理的案件会不会被发改。为了避免"上会"，他们对案件作出裁判时也将格外慎重。

此外，案件一旦发改，接受质询和作出检讨的不仅是承办法官，还包括业务庭长及主管副院长等。这样，对除办案法官之外的其他领导而言,他们在"打招呼"干预案件审理时,也要考虑被"曝光"的风险。如此,领导干部违法干预案件审理的现象也将得到有效遏制。

(二)发改案件研讨会的具体流程及内容

发改案件研讨会的召集人应为审管办主任,主要参加人为三大审判领域的员额法官,其中被发改案件审判团队的员额法官必须参加,与发改案件同领域的员额法官应当参加。原则上院长应参加研讨会并作点评发言。发改案件研讨会的具体流程和内容如下:

1. 承办法官向研讨会陈述案情及裁判依据

承办法官作为被发改案件的一审主办人,对案情比较熟悉,由他在研讨会上向与会员额法官陈述案情较为合适。最为关键的是,承办法官还要对自己的裁判结果说明理由,既包括在裁判文书中所写明的理由,也包括判决过程中的其他考量因素及有哪些困惑等。通过承办人的陈述汇报,其他参与研讨会的法官们能快速了解案件情况,也能对承办人的"辩护"有初步的判断。承办人在对自己作出的裁判结果进行说明后,还需要对二审法院发改的结果进行评析,并说明自己对二审法院发改的看法。尽管上级法院是通过发改案件来监督下级法院工作的,但设置二审终审制并非就是让一审法院对二审法院的裁判结果马首是瞻。如果发改案件就一定意味着一审法院裁判错了,那么一审法院为了避免判决错误将会不遗余力地向二审法院请示并遵照二审法院的意见裁判。如此一来,二审终审制便失去了意义。因此,我们的理解是,二审法院固然可以监督一审法院的工作,且其监督方式主要是发改不服一审裁判的上诉案件,但这并不意味着二审法院的发改结果一定是正确的。特别是发回重审,可能是二审法院出于其他考虑因素作出的权宜之计。让一审法官对自己所办案件的二审裁判结果进行评价,一方面能够让一审法官将裁判理由进行对比,并在比较中找出自己的不足,从而吸取教训,有助于提升自身业务水平;另一方面,这种对比中的评价更具有针对性,实质上是一审法官与二审法官之间的辩论,在这种模式下,法理越辩越明,是非曲直自然能够见分晓。此外,通过对一审法官辩解理由的分析,其他法官对谁判得正确及一审法官是否存在滥用裁判权等问题会形成内心确信,也能够帮助案件得到相对客观公正的裁判。

2. 合议庭审判长及其他成员进行发言

如果发改案件原系合议庭审理,则其他合议庭成员作为裁判文书的签署人,对其合议的案件应当承担相应的责任。按照审判长负责制的原则,审判团队组建完成后,审判长作为第一责任人,对人员管理和审判执行质效负责。发改案件不但影响到承办法官的绩效考核,也影响审判长的绩效成绩。审判长作为责任人发言,旨在汲取经验教训,提升本审判团队的整体业务素质,提高团队审理案件的实效。合议庭其他成员应当围绕一审案件在合议时自己发表的评议意见,具体包括案件裁判的事实依据和法律依据等。安排合议庭其他成员进行发言的目的,一是为了核实一审法院的裁判程序及结果是否存在问题,二是为了约束其他合议庭成员,压实合议庭组成人员的责任,防止合而不议,进而将合议审理变为独任审理。如果合议庭采取1+2的陪审员参审模式,且案件发改的主要原因是案件事实不清或认定错误的话,则应当邀请陪审员参加研讨会并由其对相关事实判断的参审评议发言。这也能进一步提高陪审员参审的能力,避免陪而不审和审而不议等不良现象的发生。

3. 分管院领导评议

实现"让人民群众在每一个司法案件中感受到公平正义"这一目标的重要途径无疑是回归"让审理者裁判、由裁判者负责"的基本司法规律。"让审理者裁判"的重大意义就在于打破过去司法权力运行的"行政化""层级化"状况,改变"审者不判、判者不审、审判分离"的问题,实现"审与判相统一、相一致",裁判者必须是审理者,必须有"亲历性"。同时"让审理者裁判",也明确无误地要求还权给案件的审理者,赋予审理者相应的独立地位、独立人格和充分的裁判权。基于此,法院系统内部基本取消了主管领导对裁判文书审批的制度。但是,放权并不等于放纵,信任不能取代监督,取消主管领导对裁判文书签发的审批权是为了防止院庭长利用行政权属性的"审批权"干预审理法官的依法裁判权,而不是要主管领导放弃自己应负的监管职责。只是分管领导对法官裁判权的监督在方式上由裁判前的预防性监督转化为"事后监督为主,事前监督为辅"的综合性监督模式。分管领导对发改案件的评议实际上是对裁判文书进行事后监督的一种方式。通过评议,分管领导对承办法官的办案能力和综合素质会有比较深刻的了解,在今后履行监督职责时,能够增强审判监督工作的针对性和精准性。这也树立了分管领导的权威,强化了对员额法官审判工作的内部监督。

4. 其他员额法官随机发言

虽然发改案件的具体案情不同,但往往存在一定的规律,法官存在的问题通常也具有一定的普遍性。安排其他员额法官参加研讨会并随机发言,目的是共同研判案情,形成共识,并从中汲取教训,积累经验。这样也有利于统一员额法官的裁判思路,防止在同一个法院甚至同一个庭室出现同案不同判的现象。法律是普遍的裁判规则,在具体案情大致相同的情况下,不能因法官之间裁判思路的差别作出不同甚至完全矛盾的裁判结果。因为这同样违背了法治形式正义,且与司法公正相悖,严重影响了司法公信力。[①] "同案同判"能够最大程度地体现法治的平等性和公正性,也有助于推进法官的职业化建设。然而,同样或近似的事实要获得相同的裁判结果,需要法官群体有一套相对统一的司法理念、裁判技术和规则体系,而这种理念、技术和规则又必须有长期的法学教育和职业训练累积。与其他案件相比,发改案件具有典型性,意味着当事人对一审裁判结果不满,并提起了上诉,而二审法院之所以发改,大多是由于一审裁判存在一定的问题或者说案件本身存在一定的争议。基层法院针对发改案件召开研讨会的过程,

---

① 例如,有两起案件情节高度相似,都是职业打假人知假买假,都是要求商家10倍赔偿。不同的是,山东省青岛市中级人民法院认定知假买假行为属于消费行为,支持了10倍赔偿请求;北京市第三中级人民法院则认定职业打假人不是消费者,驳回其10倍赔偿请求。尽管两个法院归属不同的省市,但在裁判法律依据标准一致的情况下,这种不同的裁判结果很难让社会接受。见(2019)鲁02民终263号民事判决书、(2019)京03民终6950号民事判决书。

本身也是全体法官集体学习的一种形式,通过充分讨论和发言,员额法官能够互相学习,裁判思路也得以统一,这样能最大限度地确保裁判结果的准确性,案件发改率也将大幅降低。

5. 院长进行综合点评

法院系统在尽量压缩其他类型的会议数量和时间的同时,应强化业务学习与研讨型会议的召开。院党组是党领导法院工作的基本组织形式,法院院长通常由法院党组书记兼任。作为法院党组书记的院长亲自参与讨论和点评,是人民法院党组织强化政治领导功能和推进党建工作融入执法办案的一种具体方式。

院长参加发改案件研讨会的具体功能有三:一是能够带动全体员额法官在坚持党对政法工作的绝对领导下,形成一种持续学习法律和研判案件的优良氛围,进而塑造良好的政治生态环境,端正司法理念、增强司法能力、规范司法行为、改进司法作风、提升审判质效。二是院长参加会议,其他院领导自然也会高度重视发改案件的分析研判工作,这样能够加强监督制约机制,倒逼领导干部压实责任,强化领导监管职责。三是确保员额法官能正确对待研讨会,防止集体研讨流于形式。发改案件的研讨会,实质上也是对发改案件的原审法官的评审会,只是在形式上以陈述讨论为主,如果原审法官说不出具体的理由,可能系自身业务能力不足,亦可能涉及廉政问题。法院召开这种自我监督的会议,要想达到理想效果,就要敢于拿自己"开刀"。通过参加发改案件研讨会,院长能够对全院员额法官的办案情况及分管院领导的领导能力有所了解,有利于及时作出相应的人事工作调整,确保让每个人都能在自己适合的工作岗位上。在综合点评中,原审裁判结果确有瑕疵的,院长应当对一审法官或合议庭提出批评,同时提醒全体法官引以为戒,并督促主管副院长强化监督职责。原审裁判并无不当的,可向中级人民法院业务庭及主管领导汇报或反映,并通过这种沟通反馈消解上下级法院之间在案件裁判过程中的分歧或争议,避免类似情况再次发生。

第二节　优化人力资源配置与管理机制

审判管理担负着"规范、保障、促进、服务"审判执行工作的重要职能。实现审判管理的现代化，既要在尊重司法规律的基础上将顶层设计落根于探索实践，也要将探索实践中发现的问题、总结的经验用于完善、优化顶层设计。人事管理和会议工作是法院进行内部管理的主要方式，前者实现了对人力资源的管理，解决了人才队伍参与工作的积极性和主动性问题，后者则是院党组安排部署工作、上传下达、调研实践和总结经验的重要举措，科学合理的会议机制能有效提升工作效率。

一、创新工作方法纾解"人案矛盾"

法院党组尤其是院长作为法院系统的领导中枢，在强调务实干工作的同时，也要优化司法资源配置，科学规划办案任务，协调各团队审执难题，改革审判工作方法，最大限度地节约司法资源，确保法院工作人员在心理上想干实事，在效果上能出成绩。

（一）明确工作原则，简化办案手续，降低成诉率

面对"案多人少"的难题，最简单的办法是扩充法院人员编制，增加员额法官的数量，但这涉及国家政法编制及预算等人财物配置问题，能否实现依赖于国家的综合实力及经济社会发展水平等。因此，单靠增加人员编制是不行的，法院需要"自救"，从工作方法上寻找解决"案多人少"问题的突破口。

当下，许多法院"案多人少"的矛盾非常尖锐，长此下去甚至可能形成积案。为此，有的法院不得不在线上立案系统上"打主意"，通过提高立案门槛限制案件的诉讼入口，如以未提供被告的身份证号、证据不足、没有管辖权等理由不通过当事人的立案申请，还有的法院以网络异常、系统维护等一而再、再而三地限制当事人的立案权。如此一来，本来是为当事人提供便利的网上立案系统，反而成了阻碍当事

人行使权利的无形之墙。这种做法显然违反了宪法和法律的规定,也是法院审判管理理念陈旧、管理能力不足的表现。

我们认为,诉讼案件的增加虽然会给法院审判执行工作造成巨大的压力,但只要工作任务明确,工作方法得当,完全可以变被动为主动,纾解当前的司法工作困难。对此,各级法院都要围绕当事人"打官司难"这一问题来找出解决办法,以习近平总书记提出的"推进案件繁简分流、轻重分离、快慢分道"为主线,认真研究和探索解决"老百姓打官司难"和缓解法院"案多人少"压力的问题,将"对外解决当事人的合法诉求,对内有效节约司法资源"作为开展工作的两个基本原则。只要能够切实满足当事人的合法诉求,切实化解当事人的纠纷争议,可以减少形式主义的考核指标,简化不必要的司法程序,尽可能缩短办案周期。此外,要通过庭前固定证据、询问当事人、直接送达、财产保全等一系列工作方法上的创新,优化资源配置,节约司法资源,提升办案质效。这些创新的方式方法,并非立足于法院自身的工作流程,而是站在当事人的立场,围绕如何方便当事人打官司,如何实质性化解当事人的合法诉求,解决他们所面临的争议与困难,所设计的最符合争议化解的审判执行工作流程。

从当事人的立场和视角看,他们所关心的是能否公平、高效、实效地解决自己的问题,并不关心自己的问题究竟是在哪个环节解决的。如果通过不立案或者在立案阶段就能把问题解决,这无疑是最好的结果。开封示范区法院的做法是通过诉前财产保全推动矛盾纠纷解决。在进行了诉前财产保全后,被申请方会认识到事情的严重性,主动和申请人一方自行和解。此时,由于没有进入立案环节,对当事人来说可以不浪费人力、物力和时间,无须对簿公堂,便和谐地彻底解决矛盾。

对于未能保全到被申请人财产的情形,法院负责诉前财产保全的人员可以建议申请人缓一缓再起诉,因为他们起诉的对象没有能力偿还债务,可以建议他们等被申请人有偿还能力或者能够进一步提供新的财产线索时再行起诉。对申请人而言,这不仅可以达到诉讼时效中断的效果,还节约了时间和精力,减少人力和物力的浪费,同时不会让当事人双方之间的矛盾进一步激化。对于被申请人来说,由于申请人选择宽限还款的时间,他们通常也会对申请人怀有感激或愧疚之心。从整体上看,这种通过诉前财产保全"摸底"的方式,降低了当事人诉讼的盲目性,有利于社会关系的稳定,同时也节约了司法资源,降低了成诉率。

(二)配足司法辅助人员,强化团队协助,减轻法官工作量

根据当前司法工作的具体要求,与审判工作相关的十多项工作都需要信息化操作,各种内网系统的运用需要司法辅助人员协助办理。为此,应为法官配足司法辅助人员。按照目前的工作量,至少要保证为一名法官配备一名专职书记员及一个执行保全团队做辅助工作,并明确司法辅助人员及执行保全团队的分工职责。书记员的主要职责应包括以下事项:办理庭前准备过程中的事务性工作,如排期、庭前文书送达等;制作询问笔录和财产保全笔录;检查开庭时诉讼参与人的出庭情况,宣布法庭纪律;担任案件审理过程中的记录工作;整理、扫描、装订、归档案卷材料;网上信息录入和网上结案;完成法官交办的其他程序性工作。执行保全团队则主要负责送达、固定证据、财产保全、协助调解等工作,通过面对面地接触当事人,及时准确地了解当事人的基本情况和对案件的态度、意见等,为法官审理案件提供较为全面的信息,便于法官综合权衡,作出公平合理的裁判结果。

同时,为了树立员额法官的权威性,有必要赋予员额法官对法官助理及书记员一定的管理权。例如,可以建立法官与辅助人员的双向选择制度,即员额法官可以选择法官助理和书记员,并参与对法官助理和书记员的年终考评。优化司法辅助人员配置后,每个员额法官就有了自己的办案团队,这样能够大大减轻法官的工作量,也强化了员额法官对司法辅助人员的统一指挥和管理,确保法官能够专心研究案情,作出公正裁判。

采取团队化办案模式既能集中司法资源,增强办案效果,也能起到互相监督的作用。如保全执行团队在进行财产保全、直接送达、现

场勘验或参与调解的过程中,能够获得双方当事人及案件的相关信息,并将这些信息反馈给员额法官,还可对案件办理提出建议,防止就案办案和机械办案。同时,由于案件裁判后是由本庭的保全执行团队负责执行,且保全执行人员参与案件审理阶段的辅助工作,因此也对审判法官形成了一种内部监督。如果审判法官滥用职权,作出不公正的裁判,当事人将产生抵触情绪,这势必增加执行难度,增加执行人员的工作负担,因此执行人员也有监督审判法官的动力。

员额法官与执行保全团队的联动协作机制主要集中在民事审判执行领域。笔者在兰考法院工作期间,就采取了团队协作制约的联动工作机制。具体操作如下:一是在法院的三个速裁庭实行3+10速裁团队运作模式。每个速裁庭配设员额法官3人和3名书记员,并配备执行员、法官助理和法警共计7人组成的团队协助法官进行案件审理及调解工作,原则上每名员额法官可指挥该7人组团队进行本庭各类法律文书送达、财产保全或证据保全、通知当事人、固定证据等事项。7人组团队通过协助法官办案,能够提前了解被告的财产状况、生活圈子及活动规律,同时持续关注案件审理情况,为执行时及时找到被执行人和固定财产做准备。办案法官则在案件履行期限临近届满时,负责及时提醒、督促被告履行,并告知不按期履行的法律后果。对于进入执行阶段的案件,办案法官负责判后答疑,协助执行人员做好案件的执行工作。二是在人民法庭实行3+8团队运作模式。每个法庭配备3名员额法官及8名由执行员、法警、书记员组成的辅助人员。员额法官负责案件立案、审理和执行工作,8名辅助人员协助案件审判与执行工作,统一服从员额法官指挥。在执行阶段,3名员额法官互相协调监督,交叉执行另一方审理的案件。三是在法院实行民事审判团队+执行组运行模式。两个民事审判庭分别设立4名员额法官及4名书记员的审判团队和6名执行人员(含法警)的执行组,执行组在员额法官的指挥下协助对案件的送达及前期财产保全工作进行检查与完善,审判团队则协助执行人员做好案件的执行工作。

上述团队协助模式一方面前置和下沉了执行力量和法警警力,在审判阶段化解了一批可能进入执行程序的案件，实现了对执行案件的源头治理；另一方面也强化了审判和执行的配合与制约，确保执行人员提前了解和掌握被执行人的相关信息，以及双方当事人在审判调解阶段的争议及分歧，有利于促成当事人在执行阶段达成和解，提高执行效率。

（三）完善绩效考评体系，激活法官高效办案潜能

最高人民法院院长张军提出，推进审判管理现代化，建设科学的考核评价体系是重要抓手。科学合理、符合规律的指标体系，干警会自觉遵守，也能调动其办事创业的积极性，激发他们更好地履行审判职责。① 当前，围绕最高人民法院新的审判管理指标体系，各级法院应当主动学通、弄懂、悟透其丰富内涵，结合本地实际，制定切实反映办案法官及审判辅助人员工作实绩、最大限度体现公平公正的绩效考核指标体系。在设置绩效考核指标体系时，法院审判管理等部门要充分征求各部门办案法官的意见和建议，综合考虑各审判部门的工作性质、案件难易程度等。在此基础上再确定各项指标的考核比例和分值。考核目标在于督促和激励员额法官围绕当事人的合法诉求及彻底化解矛盾纠纷开展工作。如对保全率的考核，能够调动员额法官积极采取保全措施。

设置考核指标体系需要遵循两个基本原则：一是强调务实和巧干，尽量节约司法资源，不搞花架子和形式主义；二是注重办案，明确员额法官要围绕当事人的诉求开展工作，力争满足人民群众的司法获得感。这两个基本原则可以概括为对外和对内两点，即对外要解决当事人的诉求，对内要节约司法资源。设置考核指标的目标是考核法官，督促和激励法官提升业务素养，让法官们围绕当事人的诉求开展工作，彻底化解矛盾纠纷。为了使考核指标更加切合实际，增强考核指标的可操作性，基层法院不宜直接照搬上级法院制定的考核指标体

---

① 唐波：《构建五位一体闭环管理 努力实现审判管理现代化》，载《人民法院报》2023年9月27日第2版。

系,应有所取舍。科学合理的绩效考核能有效引导员额法官积极化解矛盾,如兰考法院、开封示范区法院增加了"当庭清结率"和"自动履行率"两个指标,主要是为了转变法官传统的司法理念,督促他们形成"立审执"联动的办案思维,激励法官在审判阶段彻底化解纠纷,减少进入执行程序的案件量。

兰考法院是按照审管办评查合格归档的案件数来确定法官工作量的,并按照该工作量拨付下乡补助。除了评查合格归档的案件数外,进行庭审直播、当庭清结和自动履行的,均增加一次工作量。此外,为了激励员额法官积极适用财产保全措施,兰考法院还将保全率作为一项考核指标,并细化保全工作量,如对全额保全的案件,算办理两个案件的工作量,部分保全的算一个案件的工作量,未保全到任何财产的,不算案件的工作量。所谓的工作量,是指办结一个案件的工作。按照这种计算工作量的方式,员额法官办理一个案件,如果充分运用财产保全制度且足额保全财产,并督促当庭清结或自动履行的,可以计算为四个案件的工作量。这种工作量计算方式,能够最大限度地体现出法官的工作付出程度。按照这种工作量给予奖励,又能激励员额法官穷尽所有的措施,积极解决当事人的合法诉求。如此一来,不仅促进了案件的及时归档、财产保全、调解、当庭清结等工作的开展,也激发了办案人员彻底化解矛盾纠纷的积极性,由以往的被动工作转变为积极主动工作。

(四) 将工作业绩作为法官评先晋升的重要依据

科学合理制定和设置绩效考核指标体系的重要作用是准确反映法官的工作业绩。兰考法院明确将绩效考核作为衡量法官工作业绩的主要标准,并作为法官评先评优、晋级晋升的重要依据。年度评先评优也是根据考核名次来确定的。这一方面杜绝了个别法官试图通过拉关系、套近乎的方式走"捷径",减少了靠关系、金钱等途径达到晋升的不良现象的发生;另一方面,以工作业绩选人用人的方式能够极大地调动法官办案的积极性,让踏踏实实办案、提高审判质效成为办案法官的目标追求。另外,这种方式还具有高度的客观性和透明性,在杜绝权力寻租的同时,更能服众,还有助于在全院形成一种不进则退、积极工作的氛围。

二、完善辅助人员管理模式

2015年5月1日,最高人民法院实施了立案登记制,大批的案件涌入人民法院。有的法院尤其是基层法院每年的案件量以30%以上的幅度上升。新时代人民群众对司法的需求趋于多元化,人民群众司法获得感的增强,司法工作智能化、信息化、规范化的提升,均需要法院配置更多的人力资源。鉴于原有法院的在编人员已经远远不能完成当下的任务,辅助人员的招聘应运而生,中基层法院通过劳务派遣招录书记员等司法辅助人员的现象普遍存在,并成为司法职能扩容和缓解人案矛盾的重要方式。然而,辅助人员招聘的条件、定位、标准、管理、目标、方向等,都没有具体、明确的规定。

随着时间的推移,辅助人员的队伍也逐步扩大,在法院审判执行工作中的地位也逐渐凸显,很多法院辅助人员的人数比正式在编的人数还多。以开封示范区法院为例,全院辅助人员有155人,而正式在编人员只有78人,辅助人员是正式在编人员数量的两倍。管好、用好辅助人员是法院建设的当务之急,也是干好法院审判执行等各项工作的重要环节。通过一年多的调研和实践创新性管理,开封示范区法院探索出"四个一"的管理模式,努力让辅助人员也成为法院的主力军。

(一) 一碗水端平的理念

一碗水端平是管人、用人和做事的基础。它的实现对领导干部的管理能力提出了较高的要求。真正做到一碗水端平是很不容易的,这要求管理者必须有担当、有智慧、有能力、有魄力,同时还要秉持一颗无私的心。以开封示范区法院为例,2022年,笔者来到开封示范区法院,经调研发现法院155名辅助人员中有26名被认定为省级书记员,他们的工资由省财政厅拨付,且金额要高于其他辅助人员。但是,这些省级书记员获得高工资并不是因为比其他辅助人员更加优秀和能干,而是基于这种"省级"身份的认定,这种薪酬模式显然是不科学、不合理的。为此,开封示范区法院采取措施,将辅助人员的工作业绩作为动态考核和调整工资待遇的依据;同时确立了"能者上、庸者下"的选人用人制度,将一部分不合格的辅助人员予以辞退。

（二）一种融洽氛围的塑造

工资报酬不是影响工作效率的首要因素,工作效率取决于员工人际关系的满足程度。这说明,一个宽松的、和谐的工作环境,可能激起成员的工作热情。因此,开封示范区法院努力营造和谐的工作氛围,积极挖掘辅助人员的潜力,让每个人、每个团队、每个庭室都专注自己的工作,同时协助其他人或团体做好配合工作,进而形成合力。

（三）一项合理制度的保障

开封示范区法院针对司法辅助人员的管理问题,专门制定了《辅助人员管理办法》,该办法的核心目的是围绕各项工作指标制定统一的考核办法,每月按照所匹配的员额法官和执行人员办理的案件质量和效率的情况来评定辅助人员的等级,并根据等级的不同发放奖励。这项制度在激活辅助人员工作积极性和主动性的同时,也能提升员额法官和执行人员的办案效率。

以开封示范区法院为例,在辅助人员的选择上,法院要求员额法官与辅助人员每年进行一次双向选择,且不能连续两年选择同一人。这项制度的目的是在员额法官和辅助人员之间形成一种互相配合和互相制约的新型关系,同时通过定期的轮换,增加不同团队或庭室之间的交流,辅助人员通过跟随不同的团队交流学习,业务能力也会得到显著提升。

在招聘方面,开封示范区法院的制度是:凡是在大学阶段学习法律的本科生,经过面试随时可以进入法院作为辅助人员。作为辅助人员学习三个月后,如果有员额法官选择,即可留用。但此时,该员额法官的现有辅助人员团队需要有一人退出。退出的辅助人员进入诉讼服务中心,等待其他员额法官或办案团队选择,如果经过两个月而未被任何团队选择,那么就要被解聘。每个法官和各部门的辅助人员的名额有限,不能随意增减。该办法实施后的一年多里,经双向选择,有30多人被解聘,有30多名法律本科生进入法院工作。开封示范区法院辅助人员的素质得到了明显的提升。

(四)一种良好效果的呈现

随着辅助人员的队伍建设逐步走向规范化和职业化,他们的工作积极性、主动性逐步呈现出来,为开封示范区法院的立案、审判和执行工作做出很大的贡献。通过"四个一"的管理模式,辅助人员在开封示范区法院的各项工作中逐步成为主力军。

三、创新会议管理形式

会议是国家机关的一项重要活动,是机关领导传达指示、统一思想、安排部署各项工作的主要形式。就法院而言,开庭与开会是法院工作人员对外与对内的两项基本工作。开庭属于外部活动,旨在通过庭审程序裁判案件,化解诉讼争议。开会则属于内部活动,是法院领导与法院干警相互交流的重要载体,本质上也是法院的一种管理形式。

(一)小型座谈会优势

与全体会议相比,小型座谈会具有如下优势:一是更加具有针对性,能够及时发现问题。因为不同庭室所面临的问题是不同的,以庭室为单位召开座谈会,更容易深刻剖析该庭室已存在的问题。同时,院领导通过深入庭室调研,能全面准确了解成员的情况和想法,也能够及时发现潜在的问题,并在充分讨论的基础上凝聚共识,统一思想,完善对策,安排部署下一步的工作。二是开会时间和地点更加灵活。座谈会定期召开,具体时间由院领导和庭室负责人沟通协商确定,不占用庭室对外办公的时间。开会地点则一般在院领导办公室或各庭室办公室。如果是针对某人民法庭的会议,一般由院领导到该派出法庭现场进行。三是更加贴近基层,效果较好。由于参加人数较少,成员们和院领导可以面对面地交流,针对现行工作存在的问题或困难,提出各自的想法和建议,在充分讨论的基础上凝聚共识。由于决策和工作目标是所有法院成员共同参与制定的,因此在贯彻落实上更具有执行力。但是,要灵活掌握开会时间,优先保障开庭。

(二)通过座谈会畅通院长与干警的沟通渠道

我国法律规定,法院院长具有案件审判权、程序决定权、司法人事权、司法监察权和司法行政管理权等。在实践中,法院院长的工作偏重综合协调、行政管理,且以听取汇报、审批案件等行政化方式行使案件审判权。在司法员额制、司法责任制以及以审判为中心的诉讼制度改革的背景下,法院院长在统筹协调、行政管理、指导监督和履行法官职责之间需要重新权衡定位。[①] 法院院长深入业务部门,直接主持召开由业务部门参加的小型座谈会,是对传统听取汇报管理模式的一种突破,一方面能深入办案一线队伍了解他们的工作情况,另一方面也能通过座谈调研发现法院管理中存在的各种问题。

院长直接主持召开的小型座谈会,即院长直接跟各庭室的全体人员开会,要求包括辅助人员在内的所有人都参加。召开这种会议的目的是帮助每位成员找准自己的位置,统一全庭工作人员的思想。开会前,院长要首先了解该庭室的工作开展情况、存在的问题、员额法官的工作状态甚至情绪等,否则将无法准确找到问题。其次,院长还要精通业务,熟悉和了解三大审判与执行工作,并拥有丰富的实践经验,否则即便找到了各业务庭室存在的问题,也难以提出有针对性的对策和建议。最后,院长要有工作耐心和工作热情,要善于沟通交流。针对现行工作存在的问题或困难,院长和员额法官可以充分进行讨论,形成妥善的解决办法。

按照立审执一体化的工作理念要求,法官、法官助理和书记员在案件办理中必须在分工的基础上做到互相配合,执行员和司法警察要

[①] 姚铸、罗诚:《司法改革背景下法院院长的职权职责》,载《人民法院报》2016年8月31日第8版。

协助做好保全工作、直接送达和现场勘验等辅助性工作。因此,庭室的所有人员及各庭室之间必须形成合力,用足用活各种合理手段最高效地化解矛盾,才能做到案结事了,定分止争。以庭室为单位的小型座谈会的另一个目的就是要统一这种思想:以庭为单位,从立到审和执均"一盘棋"解决当事人的诉求,确保形成合力,才能具有战斗力。这种会议模式真正地实现了偏现代式的管理,大大提高了开会的目的性和效率,确保让每个人在座谈会上都能有所收获。

第四章

将实质性化解合法诉求融入立案环节

立案是人民法院与人民群众发生直接关联的第一道环节,也是实质性化解当事人合法诉求的前沿阵地。人民法院立案窗口承载着诉源治理的基本功能,非诉调解前置的分流、参与分流案件的化解、案后诉非协同的分进构成了法院通过扮演主导者和裁判者角色追求诉求源头治理的基本路径。诉讼财产保全对解决执行难起到了不可替代的作用,该制度如果在立案阶段适用得当,亦具有实质性化解争议的作用。案件繁简分流是优化司法资源配置,缓解法院"案多人少"矛盾的重要路径。分流的直接目标是最大化地将法院受理的案件转化为简案,并结合案件繁简结果合理配置司法资源,健全案件繁简分流的配套机制,完善简案速裁程序,合理设置繁简比例,明确审执团队的分工、配合与制约关系。

第一节 完善诉源治理机制

现行多元解纷机制共治诉源成效不彰的状况倒逼我们对现有格局进行反思。作为新时代矛盾纠纷化解机制的诉源治理是由法院系统率先提出和倡导的,但理论界对法院能否主动融入并推进诉源治理建设一直存有争议。人民法院主动融入诉源治理,既是坚持党对人民法院工作绝对领导的政治体现,也是纾解"案多人少"工作困境的现实需求。强化党委、政法委在诉源治理机制中的整合功能及完善法律规范,是人民法院参与诉源治理工作的保障。

一、法院融入诉源治理的理据分析

(一)诉源治理的政策依据

党的十八大以来,以习近平同志为核心的党中央把人民对美好生活的向往作为奋斗目标,深入贯彻以人民为中心的发展思想。党的二十大报告更是强调:"必须坚持在发展中保障和改善民生,鼓励共同奋斗创造美好生活,不断实现人民对美好生活的向往。"人民法院抓实诉源治理,推动矛盾纠纷源头化解,既是践行以人民为中心的发展思想的重要举措,也是推进营商环境法治化目标实现的基本路径。① 从诉源治理层面看,建立健全多元争议解决机制,能够有效提升营商环境的法治文明程度,进而推动经济良性发展和社会持续稳定。

多元争议解决机制源于法治建设,强调的是让多元主体参与,是多种社会治理方式之一,为国家整个治理体系的重要环节,在实现国家治理体系和治理能力现代化的进程中发挥着不可替代的重要作用。党的十八届四中全会提出要健全社会矛盾争议预防化解机制,不断完善调解、仲裁、行政复议、诉讼等有机衔接、相互协调的多元争议解决机制。

2019年1月,习近平总书记在全国政法工作会议上指出,坚持把非诉讼纠纷解决机制挺在前面。最高人民法院《关于建设一站式多元解纷机制 一站式诉讼服务中心的意见》(以下简称《两个一站式意见》)第7条要求:"主动融入党委和政府领导的诉源治理机制建设。切实发挥人民法院在诉源治理中的参与、推动、规范和保障作用,推动工作向纠纷源头防控延伸。"2021年2月19日,中央全面深化改革委员会审议通过了《关于加强诉源治理推动矛盾纠纷源头化解的意见》(以下简称《诉源治理意见》),强调进一步加强矛盾纠纷源头预防、前端化解,努力打造共建共治共享的社会治理大格局。为贯彻落实《诉源治理意见》,最高人民法院印发《关于深化人民法院一站式多元解

---

① 营商环境对一个国家或地区的招商引资、企业经营和社会发展会产生深刻影响。营商环境是影响力和竞争力的重要体现,优良的营商环境能够吸引投资,增强经济聚集力,推动创新创造,并为经济发展提供驱动力。它体现了该地区的改革开放程度、市场发育程度,以及综合实力和内在发展的潜力。2019年10月8日国务院第66次常务会议通过了《优化营商环境条例》,并于2020年1月1日起施行。这意味着优化营商环境已从政策制度上升为法律制度,各级政府营商环境的优化工作已步入了法治化轨道,人民法院作为营商环境法治化建设的重要力量,也应将诉源治理融入营商环境法治化工作中来。

纷机制建设推动矛盾纠纷源头化解的实施意见》(以下简称《推动矛盾纠纷源头化解实施意见》),提到要重塑人民法院前端纠纷解决格局,发挥司法在多元化纠纷解决机制中的引领、推动和保障作用。2021年8月,中共中央、国务院印发的《法治政府建设实施纲要(2021—2025年)》强调,坚持将矛盾纠纷化解在萌芽状态、化解在基层,推动完善信访、调解、仲裁、行政裁决、行政复议、诉讼等社会矛盾纠纷多元预防调处化解综合机制。上述文件构成了当前矛盾纠纷解决基本模式和路径选择的政策依据。多元化纠纷解决主体共治诉源格局旨在发挥不同解纷机制的"特异功能",对复杂多样的纠纷"把脉会诊",减少诉讼案件数量,纠正纠纷化解对诉讼机制过度依赖的局面。在建设中国特色社会主义法治体系中,法治国家、法治政府与法治社会必须一体化建设。而多元争议解决机制作为法治建设的重要组成部分,既是法治中国稳健前行的驱动力,也是保障营商环境法治化的稳定器。因此,为了增强人民群众的安全感,应不断提高我国社会治理能力的法治化水平,打造运行良好的多元争议解决机制。这也是提升社会治理法治化水平的重要路径。[1]

(二) 法院融入诉源治理的理据分析

诉源治理机制由法院系统率先提出和倡导。早在2013年,部分基层法院就围绕诉源治理积极探索矛盾纠纷化解新机制。[2] 随着党中央和国家领导人对诉源治理工作重视程度的提升及重要决议文件的陆续出台,各级法院也积极作出回应,就如何主动融入党委的诉源治

---

[1] 付本超:《多元争议解决机制对营商环境法治化的保障》,载《政法论丛》2022年第2期。

[2] 在历年《人民法院报》中检索"诉源治理"共搜索出280项内容,其中最早提出诉源治理的时间是2013年,系四川省蒲江县人民法院院长谢立新就其任职法院创新矛盾纠纷化解机制的介绍,文中提到该法院已积极探索出"诉源治理、诉非衔接、诉中调判、诉后回访"一体式的矛盾纠纷化解新机制。谢立新:《创新为民举措探索纠纷化解新机制》,载《人民法院报》2013年11月5日第8版。

理机制建设展开实践与探索。有学者认为,法院此举意在追求其在诉源治理中的主导地位,并提出反对意见。如曹建军认为,法院在诉源治理中应当扮演辅助者而非主导者角色,其主要理由有四:一是加重了法官在审判之外的工作负担与现实压力;二是造成司法立场服从政治、司法方法偏行政化、司法倒向政策而非规则等后果;三是可能损害法官中立角色、违背不告不理原则;四是可能引起实践失范甚至异化。① 周苏湘认为,法院诉源治理的异化将造成架空立案登记制、滥用调解程序、催生司法指标、冲击权力分工等一系列严重问题。② 从学术争鸣与交流的层面看,有必要对现有争论进行梳理和回应。对上述反对理由,可从如下四个方面予以回应:

第一,诉源治理旨在减少进入诉讼程序的案件数量,侧重从源头上治理矛盾纠纷,降低纠纷的成诉率。法院在诉源治理中布置力量,无非是将后端的审判力量前置,通过主动采取措施将矛盾纠纷分流或化解于诉前,从而减少法院诉讼案件总量。表面上看,法院是主动给自己加压,但在本质上,却是在为自己减负。换句话说,诉源治理是案件审判的前端工作,并非与审判无直接联系的非司法化治理。认为诉源治理溢出法院主业,本身就是将法院孤立于治理体系之外。这种表面化的认知不但会进一步加重人案矛盾,还会将法院从多元解纷机制的后端推向前线,消解其他主体的解纷功能。当处于内卷化状态的司法资源整合机制仍然无法化解源源不断的案件时,各级法院也将不堪重负,司法供给与现实需求的矛盾将愈加突出,最终导致司法办案的

---

① 曹建军:《诉源治理的本体探究与法治策略》,载《深圳大学学报(人文社会科学版)》2021年第5期。
② 周苏湘:《法院诉源治理的异化风险与预防——基于功能主义的研究视域》,载《华中科技大学学报(社会科学版)》2020年第1期。

案件化和形式化。①

第二，将法院置于整个国家的政治结构中进行审视，司法立场服从于政治具有正当性基础。例如，作为最高人民法院引导和规范司法实践常用方式的司法解释性质文件，是党政意图的逻辑延伸和行政权力的隐性扩展，其具有承载政治意图、执行公共政策以及接轨国家机关的外部功能。② 最高人民法院所出台的诉源治理的司法文件，本身就是对党中央关于诉源治理机制建设工作部署的积极回应。在治理方式上，法院主导诉源治理侧重于激活和引导非诉解纷职能，推动共同参与矛盾纠纷的实质性化解，其在运用法律手段的同时，并不排除政策导向。同时，从解纷机制的协同视角看，法院在主动融入社会治理的整体装置时，亦需要采取偏行政化的策略。况且，法院系统在运行中，一直存在通过行政权威自上而下落实工作任务的惯例。

第三，法院主动融入诉源治理机制与其中立裁判的角色定位并不矛盾。在诉源治理阶段，真正的诉讼案件尚未形成，法院中立裁判的格局亦未形成。法院之所以能够融入诉源治理并发挥主导功能，是因为存在诉讼案件居高不下、持续增长与非诉解纷主体无纠纷可化解的基本事实。在大量纠纷涌入诉讼之门时，法院出于社会治理现代化和自身解纷能力不足的双重考虑，主动融入诉源治理工作，将矛盾纠纷引入非诉机制并参与共治格局，既能有效缓解自身"案多人少"的压力，也满足了人民群众的多元化需求。因法院主要是分流即将进入诉讼系统的潜在案件，而非"飞入寻常百姓家"主动排查矛盾纠纷，故也不存在违反不告不理原则的问题。

---

① 以执行案件为例，尽管最高人民法院提出要用两到三年的时间基本解决"执行难"，但因执行案件过多，诸多案件长期得不到执行，所以法院系统不得不通过"终结本次执行（终本）"的方式结案，而这些已经办结的案件，因并未在实质上结案，加上有的法院滥用终本权，最终导致案件终结了，执行标的却不到位，引发了申请执行人更大的不满。

② 彭中礼：《最高人民法院司法解释性质文件的法律地位探究》，载《法律科学（西北政法大学学报）》2018年第3期。

第四，引起实践失范甚至异化，并非法院主动融入诉源治理的必然结果，完全可以通过合理的制度设计和监督救济机制予以避免。从本质上看，随着立案登记制的贯彻落实、民众法治意识的增强及法律服务机制的完善，"立案难"这种对司法最低限度要求的问题已基本得以解决。当事人诉至法院主要是为了化解矛盾纠纷，而非获取判决文书。之所以出现"滥用调解程序"的现象，在根源上是因为法院无法寻找出解决持续存在并不断加剧的"案多人少"矛盾的有效方案，因此不得不通过强制庭前调解这种方式争取时间差。在此情境下，除了法院系统内部推进繁简分流机制改革外，通过分流纠纷的形式将部分案件导入非诉解纷机制无疑是一剂"治本"的良药。

二、法院主动融入诉源治理机制的逻辑证成

（一）法院工作服从党领导国家治理的政治逻辑

诉源治理作为国家治理体系的重要内容之一，应在党的领导下进行。人民法院作为国家审判机关和政法工作专门力量，在中国特色党政体制下必须始终坚持党的绝对领导。[①] 基于中国共产党在国家治理体系中的领导地位，各级法院的工作均要自觉服从党的领导，积极融入党委领导下的诉源治理机制建设。

第一，从法律层面看，《宪法》明确规定，中国共产党领导是中国特色社会主义最本质的特征。此条款为中国共产党的执政及领导地位提供了宪法层面的依据和保护。法院作为宪法规定的国家审判机关，

---

① 景跃进等主编：《当代中国政府与政治》，中国人民大学出版社 2016 年版，第 27 页。在最高人民法院的工作报告和《关于深化人民法院司法体制综合配套改革的意见——人民法院第五个五年改革纲要（2019—2023）》中，坚持党对人民法院工作的绝对领导都被置于突出位置予以论述。

其积极融入诉源治理是国家审判权的延伸性权力,应当依法行使,[①]其权力的运行应接受党的统一领导和监督。同时,法院只有在党的领导下,才能补强自身参与、推动、规范和保障诉源治理工作的正当性基础,凝聚多元解纷合力,在加强和创新社会治理的进程中行稳致远。

第二,从政策层面看,党的十九大报告提出,要打造共建共治共享的社会治理格局,完善党委领导、政府负责、社会协同、公众参与、法治保障的社会治理体制。诉源治理的本质是对社会矛盾纠纷的治理,这属于社会治理的重要组成部分。在全面依法治国的时代背景下,党委领导的诉源治理需要纳入法治化治理体系中。人民群众过度依赖诉讼程序解纷这一基本事实也表达了社会对法治解纷渠道的信任。党委领导下的诉源治理工作需要法院的介入,法院主导诉源治理能增强解纷的法治化程度,消解矛盾纠纷化解中的法律风险。

第三,从运行层面看,司法资源供给难以满足人民群众解纷需求,客观上要求更多地发挥非诉解纷优势。法院作为国家机关和政法战线的重要力量,不能单打独斗;而党委的领导地位决定了其不可能事无巨细,直接主导矛盾纠纷的化解,但它通过领导协调、组织动员能够迅速为诉源治理提供包括人、财、物在内的组织保障。法院要在同级党委的统一领导下,推动协调其他公权力机关、行业协会、群众性社会组织,使司法裁判工作服务于党在基层治理问题上的中心工作。党委领导在诉源治理中应聚焦于组织领导和方向领导,法院主导应超越裁判治理功能,担负诉源治理的引领、规范和保障职责,并综合运用法律和公序良俗及例外因素等,将天理、人情融入国法之中。党委领导和法院主导的统合会将矛盾纠纷实质性化解于诉前,满足人民群众对解纷工作的新要求,为人民群众提供了灵活多样、方便有效的纠纷解决渠道,促进基层社会治理从"化讼止争"向"少讼无讼"转变。

---

① 《宪法》规定:人民法院依照法律规定独立行使审判权,不受行政机关、社会团体和个人的干涉。学界对此处"法律"外延的理解存在不一致。笔者认为,此处的"法律"应包括宪法。韩大元:《以〈宪法〉第126条为基础寻求宪法适用的共识》,载《法学》2009年第3期;姚岳绒:《我国〈宪法〉第126条"法律"外延的界定》,载《政治与法律》2010年第7期。

(二）重塑法院前端纠纷解决格局的制度逻辑

一般认为,法院的主业应聚焦于案件进入诉讼程序之后,通过法官审判或调解结案的形式化解矛盾纠纷,而诉源治理以"诉"的初始源头为起点,侧重纠纷的产生、激化等诉前阶段的治理。但是,由于诉源治理机制的有效性不足,大量本应该被非诉机制分流的矛盾纠纷涌入法院,导致人案矛盾难以调和,司法解纷的局限性也愈加凸显。随着源头防控、多元解纷社会治理理念的提出,"矛盾消解于未然,风险化解于无形"的社会治理观已嵌入我国政法改革实践。① 法院也需要及时回应社会需求,将主业由对诉讼案件的化解拓展至对矛盾纠纷的综合治理,通过发挥自身优势,主动融入诉源治理的系统工程之中。

《两个一站式意见》第 7 条规定:主动融入党委和政府领导的诉源治理机制建设。切实发挥人民法院在诉源治理中的参与、推动、规范和保障作用,推动工作向纠纷源头防控延伸。主动做好与党委政府创建"无讼"乡村社区、一体化矛盾纠纷解决中心、行政争议调解中心工作对接,支持将诉源治理纳入地方平安建设考评体系。《两个一站式意见》对人民法院的角色定位是"司法引领、推动和保障",这实际上是要求法院充分发挥主观能动性,积极借助党委政府所提供的多元化纠纷解决平台,利用自身在法律专业知识及法治化解纷能力上的优势将矛盾纠纷化解在诉前环节。在 2019 年初的中央政法工作会议上,坚持把非诉讼纠纷解决机制挺在前面被作为国家治理的策略提出,这为非诉调解前置主义提供了政策基础,且在我国司法实践中已经变相存在。② 最高人民法院 2020 年 1 月发布的《关于进一步完善委派调解机制的指导意见》(以下简称《委派调解意见》)第 4 条将当事人在告知书上签署同意的明确意见规定为启动委派调解的条件。这在一定程度上赋予了法院向非诉解纷机制提供"案源"的主体地位。此外,人民法院为了纾解长期以来行政审判工作面临的困境,回应人民群众对行

---

① 章志远:《新时代行政审判因应诉源治理之道》,载《法学研究》2021 年第 3 期。
② 刘加良:《非诉调解前置主义的反思与走向》,载《政法论丛》2020 年第 5 期。

政诉讼程序空转及衍生性行政案件大量涌现的诘问,先后提出"司法与行政良性互动""行政争议实质性解决"等话语体系。① 当前,行政审判工作情况主动向党委汇报、向人大常委会报告、积极与政府进行沟通成为"新常态"。② 例如,2020年11月25日云南省十三届人大二十一次会议通过《关于加强行政审判工作的决定》,明确提出全省各级人民法院和行政机关要加强行政争议源头治理,合力推进行政争议实质性化解。

"多元化纠纷解决机制的构建,要将多元体现出来,也就是说要将社会各方面的解纷力量汇集整合起来,只有依靠党委政府才能做到。"③但现实存在的问题是,党委政府整合非诉解纷力量后,需要依托一个专门性的国家机关指导非诉机制进行矛盾纠纷的化解。当前,法治手段已经成为解决矛盾纠纷的基本方式,这体现为人民群众在发生纠纷时往往更倾向于选择法治化程度较高的法院解决矛盾,并推定和相信法院所提供的解决方案更为公平合理。从反向思维看,这也是为何非诉解纷机制普遍存在"案源"较少甚至匮乏问题的重要原因。众所周知,司法解纷成本高、周期长,且作为裁判依据的法律规范本身也存在一定的局限性,这也意味着司法解纷渠道并非人民群众的理想选择。但是,人民群众也确实需要司法智慧前置于非诉机制之中,为其选择或接受解纷方案提供更为理性的参考。为了迎合多元化的司法需求,法院有必要前置力量于非诉机制,在党委领导和政府支持下,在业务上为分散多元化的解纷机构提供专业化的培训和指导,弥补它们在解纷过程中的法律知识缺漏,这也能让当事人在不付出司法成本的情况下体验到一定的司法服务。

---

① 2007年4月,最高人民法院印发《关于加强和改进行政审判工作的意见》,正式提出"司法与行政良性互动"。2015年11月2日,在十二届全国人大常委会十七次会议上,最高人民法院院长首次报告行政审判工作情况。

② 近年来,全国已有多个高级人民法院主动向省级人大常委会报告工作,再由省级人大常委会审议报告后作出专门决定。此举能实现"权力互动"行政审判模式趋于稳定。章志远:《新时代行政审判因应诉源治理之道》,载《法学研究》2021年第3期。

③ 滕鹏楚:《人民法院在多元解纷机制中的角色定位》,载《人民司法》2020年第16期。

随着大量案件涌入法院,"案多人少"问题变得十分突出。在此形势和背景下,各级法院也开始采取诸如引导诉前调解等措施予以应对。法院结合不同非诉解纷机制的优势和特色,在尊重当事人意愿的情况下分流案件于非诉解纷主体,并通过业务指导、适时参与和提供司法预判方案等方式参与矛盾纠纷的化解工作。此外,法院也配备了融入诉源治理的平台载体——诉调对接中心。诉调对接中心的工作机理是,通过搭建"线上线下"多元解纷平台,将调解组织"请进来",让法官"走出去",让诉前调解成为当事人解决纠纷的优先选项。目前,一些地方在现行法律框架内开展先行调解工作探索,也取得了一些成效,如山东潍坊法院通过创新做实做细诉前调解,北京法院通过对部分类型案件进行调解前置,实现了收案下降、结案上升的良性循环。[①] 各地法院通过构建诉调对接平台为参与主导诉源治理积累了宝贵的实践经验,取得了良好的社会效果。[②] 现状表明,法院已自觉担负起"解纠纷于萌芽""止纠纷于未发"的诉源治理责任,且在不断探索中积累了经验,这为其在业务上主导非诉解纷机制化解矛盾纠纷提供了实践基础。

(三)法院纾解"案多人少"工作困境的现实逻辑

多元化解纷机制的功能定位是分流法院案件,减少进入诉讼的案件数量,缓解法院长期形成的"案多人少"矛盾,确保法院审判执行工作的良性运行。正是在此功能定位和社会背景下,2021年中央全面深化改革委员会第十八次会议审议通过了《关于加强诉源治理推动矛盾纠纷源头化解的意见》。该会议还强调,法治建设既要抓末端、治已病,更要抓前端、治未病。要坚持和发展新时代"枫桥经验",把非诉讼

---

① 胡仕浩、龙飞、马骁:《多元化纠纷解决机制的中国趋势》,载《人民司法(应用)》2018年第1期。
② 如广东法院联动政府部门、群团组织、行业协会等662家单位广泛参与纠纷多元化解,成立集繁简分流、诉前调解等功能于一体的诉调对接中心112个,建成"广东法院多元化纠纷调解平台",入驻专业调解组织734家。2019年,广东全省法院共调解各类纠纷22.3万件,全年网上立案数突破118万件,网上立案率为72.5%。林晔晗、吁青:《2019广东22.3万件纠纷这样化解》,载《人民法院报》2020年1月7日第5版。

纠纷解决机制挺在前面,推动更多法治力量向引导和疏导端用力,加强矛盾纠纷源头预防、前端化解、关口把控,完善预防性法律制度,从源头上减少诉讼增量。从制度逻辑上看,既然大量案件以诉讼渠道解决为主,其他非诉讼解纷机制在化解矛盾纠纷方面的潜能尚需开发,那么如何挖掘非诉机制的办案潜力,就成为解决诉源治理的基础问题。既然构建多元解纷机制的目的是给被众多案件纠纷"围猎"的法院解围,那么法院应当积极主动融入诉源治理。司法在引导多元纠纷解决机制方面的能力亦是司法能力的重要组成部分。立足现实主义和技术视角,强化人民法院在诉源治理中的推进、引领和保障作用,是基于以下三点考虑:

第一,法院是社会纠纷解决机制中的核心主体,也应是全社会多元纠纷解决机制的引导者和推动者。[①] 法院在依法化解矛盾纠纷方面具有较强的专业优势,它主要通过依法履行审判职责实现定分止争。法院在多元解纷机制中的核心性、专业性和专门性决定了在全面依法治国的时代背景下,应当成为多元解纷机制的主要力量。

第二,法院具有积极参与诉源治理工作的积极性,能够直接享受诉源治理推进过程中所释放的"红利"。作为专门从事矛盾纠纷化解的重要阵地,法院一直面临"案多人少"的压力,如果案件在诉前得不到有效化解,势必进入司法程序,进一步加重法院的压力。相反,如果诸多案件能在诉前得到解决,那么进入诉讼程序的案件数量就会减少,法院的工作量也会减少,"案多人少"的压力会得到有效缓解。实证研究表明,矛盾纠纷的诉前分流和实质性化解,对"减轻员额法官工作负担、调动非员额法官力量从而优化配置司法资源"的作用是不容忽视的。[②]

第三,法院较其他单位在化解矛盾方面更具有权威性,由其主导并推动诉源治理机制建设能有效增强非诉解纷机制的公信力。老百

[①] 顾培东:《人民法院改革取向的审视与思考》,载《法学研究》2020年第1期。
[②] 左卫民:《通过诉前调解控制"诉讼爆炸"——区域经验的实证研究》,载《清华法学》2020年第4期。

姓之所以不愿意在诉前化解矛盾纠纷,执意要打官司,是因为他们对诉讼风险不了解或对司法抱有过高期望,秉持着"有纠纷,先找法院"的朴素认识,认为只有法院和法官才能真正给自己一个公正的说法。如果在诉前矛盾纠纷化解中将法官这种最后一道防线的"守护者"前置,由法官将自己对案件的初步分析结果及相关诉讼风险告知当事人,为当事人提供一个心理预期,确保其更加理性、慎重地选择维权渠道,则有利于矛盾纠纷化解于诉前。此外,法官提前介入指导非诉讼解纷主体或共同参与调解工作,既能把好法律关,防止非诉解纷机制产生出与法律相悖的调解方案,也能通过引导,对调解结果进行司法确认,弥补非诉调解协议在强制执行效力上的不足。

三、法院主动融入诉源治理机制的三重路径

中央全面依法治国委员会印发的《关于加强法治乡村建设的意见》进一步明确要着力推进乡村依法治理,教育引导农村干部群众办事依法、遇事找法、解决问题用法、化解矛盾靠法。这意味着法律规范是矛盾纠纷化解的主要依据,法院作为司"法"机关,要充分发挥法治的引领和保障作用,积极引导、支持和监督行政机关、行业组织等运用法律思维和法律手段化解矛盾纠纷,确保在法治轨道上推进诉源治理体系和治理能力现代化建设。在现行体制机制框架下,非诉调解前置的分流、参与分流案件的化解、案后诉非协同的分进共同构成了法院主动融入诉源治理机制的基本样态。

(一)非诉调解前置的分流

习近平总书记"坚持把非诉讼纠纷解决机制挺在前面"重要指示所蕴含的价值取向是尽量通过低成本和便捷有效的方式解决纠纷,而不是将所有的矛盾纠纷一股脑儿地推给法院,这亦是以人民为中心的具体要求。"我国国情决定了我们不能成为'诉讼大国'。我国有14

亿人口,大大小小的事都要打官司,那必然不堪重负!"①基于非诉解纷机制的多元化和分散性,人民群众对诸多非诉解纷机制的受案条件和范围不了解,有些非诉机制的解纷职能未被实质激活,而律师的收费及工作量又主要以诉讼为衡量标准。这些因素在一定程度上促使老百姓抛开了根深蒂固的"厌诉情结",加剧了矛盾纠纷越过非诉解纷渠道而涌入法院的速度。"把非诉解纷机制挺在前面"要求法院将法律规定的诉讼调解程序前置到立案阶段,促进矛盾纠纷诉前分流至不同的非诉解纷渠道之中。基于"非诉机制挺前,法院诉讼断后"的诉源治理理念,加强对调解组织的专业指导和培训等,利用司法专业优势助力基层治理,亦是协同治理下的必然选择。

最高人民法院《两个一站式意见》的贯彻实施,逐步推动形成了中国特色纠纷解决和诉讼服务模式。不少地方法院也通过成立诉调对接中心,形成了与行政机关和社会调解组织横向对接及与党委政府、基层调解组织纵向对接的工作机制,实现人民调解、行业调解和司法调解的无缝对接,激活各非诉机制的解纷职能,优化和培育非诉主体的解纷能力。截至2021年底,全国各级人民法院设置专门的诉调对接中心3866个,专门工作人员26416名,充分发挥案件分流、先行调解、委派调解、委托调解、司法确认等制度的功能,快速化解纠纷,发挥纠纷处理集散地、调度站和分流点的作用。②

在实施路径上,一是在法院立案窗口设置由退额(休)法官组成的导诉员窗口,由导诉员通过诉讼释明、风险告知、结果预判等方式并结合具体纠纷案情等为当事人提供合理的维权方案,引导当事人尝试通过非诉机制解决纠纷。二是法院可依托县级矛盾调解中心,让诉讼服务中心整体或部分入驻矛盾调解中心,充实特邀调解力量,通过立案庭法官入驻指导调解,法官助理轮流值班,特邀调解员主导调解的运

---

① 习近平:《坚定不移走中国特色社会主义法治道路,为全面建设社会主义现代化国家提供有力法治保障》,载《求是》2021年第5期。
② 中华人民共和国最高人民法院编:《中国法院的司法改革:2013—2022》,人民法院出版社2023年版,第34页。

行模式,确保案件分流出去,回流过来。这样既能够解决非诉机制案源不足的问题,也能有效降低进入诉讼程序的案件流量,让分流案件真正进入调解流程,防止案件诉前调解的形式化。三是在法院诉讼服务中心设立类型化争议案件的诉调对接窗口,将物业费纠纷、劳动争议、追索劳动报酬等案件量大的类型化案件导入诉调对接机制,通过类型化调解方案等方式强化类案处理的示范效果。如宁波市奉化区人民法院深化劳动争议诉调对接,在诉讼服务中心设立劳动争议诉调对接工作室,2020 年共接到诉前委派调解劳动争议案件 459 件,调解成功 425 件,成功率为 92.59%,在全市法院中名列前茅。① 四是将人民法庭融入乡镇党委政府诉源治理工作格局,与司法所等相关职能部门建立纠纷解决联动机制。例如,陕西省商南县人民法院派出法庭之所以在诉源治理中取得显著成绩,一个重要因素是当地乡镇党委政府将成诉率纳入考核,同时法庭与乡镇党委政府形成了共抓诉源治理的良好工作机制,法庭以村为单位统计年度案件数据供镇党委政府决策,镇党委政府向法庭提取相关数据后,用于对村考核,鼓励各村从源头化解纠纷,做到矛盾纠纷不出村。此外,人民法庭还主动与司法所建立工作联系,形成共享信息、共解纠纷的工作联动,许多相邻权纠纷、婚姻家庭纠纷以及经济纠纷得以在源头化解。②

(二)参与分流案件的实质性化解

矛盾纠纷固有的复杂性和对抗性特质,决定了诉前调解分流功能的有限性。囿于缺乏强制力作后盾,非诉解纷机制单独依赖调解手段的解纷效果并不明显,非诉机制调解人员依法化解矛盾纠纷的能力不足也让当事人对其给出的调解方案充满质疑;同时,当事人也往往不甘心在法院介入评判前就匆匆与对方达成妥协。在上述因素的支配下,如果法院在分流案件后不继续跟进,大多数案件纠纷会在被搁置

---

① 蒲一苇:《纠纷分层过滤模式的探索与检视——以 N 市法院入驻矛调中心的实践为基础》,载《法治研究》2022 年第 4 期。
② 任永常、丁琪:《人民法庭的镇村诉源治理路径——以 A 法庭近三年的案件情况为样本》,载《人民法院报》2024 年 1 月 19 日第 7 版。

数日后原原本本地返还到法院立案窗口。这种诉前调解前置分流,不但不能缓解法院的人案矛盾,还会招致当事人和律师等专业诉讼代理人的反感。此外,诉前消耗的调解周期也容易为被告隐匿或变卖财产提供充足的时间。因此,基层法院要清醒地认识到诉前调解的分流并不是法院将案件阻挡在立案窗口之外的权宜之计,法院更不能以此作为推脱案件的诉讼策略。法院要以自身为"最后的防线"的态度认真做好分流案件的化解工作,如果只是一推了之,认为只要把紧立案关口,这些分流的案件就与法院没有关系,避而远之的话,很容易导致非诉解纷"前沿阵地"的沦陷,其结果必然是作为最后一道防线的人民法院不堪重负。在此情况下,法院在诉前分流案件的同时,有必要安排专人跟进案件在非诉机制中的化解工作,并参与必要的辅助性工作,与非诉的司法调解、行业调解等具体承办人员一起参与对分流案件的实质性化解工作。

参与分流案件的化解要求法院不但要分流案件于诉前,更要全程跟进案件的化解过程,发挥"司法映射效应和法治优势,助推前端第一层次和第二层次的诉源治理"①。在实现路径上,一是法院要通过跟踪反馈机制激活行政机关、行业协会、社会团体的解纷功能,通过与其他诉源治理参与主体建立工作层面的沟通协调机制,实现诉与非诉解纷主体在化解矛盾纠纷中的信息分享、人员联动、诉调对接机制,优化整合纠纷解决资源,形成诉源治理合力,提升争议诉前化解的能力,真正实现"1+1>2"的办案效果。二是法院要安排专人对接非诉调解机制,为参与非诉纠纷化解的调解人员及矛盾争议双方提供法律咨询、诉讼风险评估、诉讼结果预判等方面的服务,以弥补非诉机制在法律职业化程度、中立性及权威性方面的不足。三是法官可以对纠纷解决方案进行合法性、合理性分析,通过诉讼风险告知、案件裁判结果预判等方式促成协商和解,确保利益调和并体现公平正义。法院工作人员

---

① 四川省成都市中级人民法院编:《诉源治理:新时代"枫桥经验"的成都实践》,人民法院出版社2019年版,第61页。

尤其是法官的跟进介入，一方面能够帮助非诉机制提高依法化解矛盾纠纷的能力，另一方面也有助于促使当事人在选择纠纷解决机制及解纷方案时更加理性，通过降低当事人的心理预期，增强诉求主张的可行性和可接受性，助推矛盾纠纷实质性化解于诉前的实现。

（三）案后诉非协同的分进

在案件分流至非诉解纷渠道后，法院和非诉调解机构应互相配合衔接，通过诉非协同分进，发挥诉讼与非诉机制在解决纠纷中的优势，进而内外结合形成组合拳，共同推动争议的实质性解决。法院要发挥其正式性、权威性和强制性优势，非诉机制要发挥其灵活性、主动性和普惠性优势。案后诉非协同分进的路径设计可考虑从如下几个方面进行：

第一，为了便于持续跟进和补强诉前调解的正式性，法院在分流案件时，应统一编录"诉前调"字号。这既能确保诉前调解和后续司法确认在形式上相互衔接，也方便法院和非诉组织对诉前调解案件及其工作量进行精准考核和有效统计。根据（2023）最高法民辖45号的裁判规则，法院立"诉前调"字号的，视同立案。① 这意味着诉前调解的立案，也可以导致诉讼时效的中断，同时此阶段不需要缴纳诉讼费。此种制度运行有助于引导当事人认同诉前调解制度，有助于提高诉前调解案件的增量和诉前调解的成功率。

第二，对诉前由司法所、行业组织及相关行政主管部门调解成功的案件，为避免后续争议，法院应当与此类非诉解纷主体沟通，由此类组织在出具调解文书的同时，向当事人释明申请司法确认。相比诉讼调解而言，司法确认裁定具有免收诉讼费的优势，应在诉前调解中得到优先适用。对当事人就诉前调解提出的司法确认申请，人民法院应

---

① 最高人民法院认为，原告和被告双方的起诉系基于同一事实、同一法律关系，以不同诉讼请求向江苏、黑龙江两地法院分别起诉，相关案件应当合并审理，无锡新吴法院与黑河孙吴法院对各自受理的起诉均有管辖权。在两地法院发生管辖争议的情况下，先立"诉前调"字号的法院可以视同最先立案的人民法院。无锡新吴法院立"诉前调"案号时间早于黑河孙吴法院"民初"案号的时间，因此无锡新吴法院可以视为最先立案的人民法院。

当及时受理并做出予以确认的司法文书。

第三,对诉前由司法所等非诉机制调解未果的案件,在引入法院办案流程后,法院可继续组织双方进行"二次调解"。实践中,存在不少诉前分流调解未果的纠纷,进入法院系统后经法院主持调解成功的案例。2022年起,法院诉前调解成功后申请司法确认的案件编立"诉前调确"案号,不再使用"民特"案号;诉前调解成功出具调解书的案件编立"诉前调书"案号,不再使用"民初"案号。两类案件结案文书均具有法律执行力,在条件具备的情况下,皆可直接申请强制执行,无须先经过诉讼程序裁判。两者不同的是主持调解的主体,前者为中立第三方调解组织,后者为法院。基于"诉前调书"与"诉前调确"案件皆属诉前多元调解工作的范畴,为充分体现诉前调解便民利民和降低成本的特点,鼓励当事人通过非诉讼方式解决纠纷,对由法院在立案前所主持达成的调解,在出具《诉前调解书》时,法院不应收取诉讼费。①

第四,为了促成诉前调解并弥补前置调解的缺陷,法院可引导当事人通过申请诉前财产保全的方式防范被告假借调解隐匿财产,也可指导和协助非诉组织收集相关证据、查明事实真相。对同类型或系列性纠纷,法院可先行选取个别案件进行示范审理,其他类案则直接参照示范案件批量办理,这既能及时为非诉解纷主体提供解纷标准,也为类案当事人提供了司法预期。如果当事人于诉前已能大致判断已案的处理结果,其主动选择短平快和毫无成本的非诉机制的可能性就会大大提升。此外,法院还可以依法开展普法宣传教育,发挥典型案例对社会活动的引导和规范作用,营造人人守法、诚实守信的良好氛围。

四、人民法院主动融入诉源治理机制的保障机制

诉源治理涉及诉讼和非诉讼等多元化的解纷主体,其中非诉解纷

---

① 游蔡墨:《"诉前调书"案件是否应当计收诉讼费》,载《人民法院报》2022年2月17日第8版。

机制的主要领导机关是政府。从目前法院的权力配置情况看,它缺乏对非诉解纷主体的领导权和监督权,相关制度保障机制也存在缺位。在配套制度不完善的情况下,法院主动融入诉源治理机制势必成为一场"独角戏"。因此,需要设立一系列保障机制,才能确保人民法院主动融入诉源治理机制的顺利进行。

(一) 在党委领导下充分调动各方力量积极参与诉源治理工作

坚持党对法院融入诉源治理工作的领导是为了巩固党的执政地位,也是为了发挥党领导一切力量集中办大事的制度优势。多元解纷主体基于机构属性和业务领导体制的差异,分别由不同的主管部门管理和监督,但在整体上,它们统一接受同级党委的领导。法院融入诉源治理的核心要义,是将非诉解纷机制纳入法治化轨道,实现诉讼与非诉讼机制的无缝衔接和协同共治。如果不依靠和争取党委的领导,法院将难以协调非诉讼力量,这样诉源治理工作也难以推动。

各级党委作为中国共产党在地方的最高党组织,在诉源治理中要发挥统一领导、整体部署和协调各方的重要作用。党委要加强对诉源治理工作的统筹、领导,在把诉源治理纳入社会治理、平安创建的大格局中宣传、部署、推进、考核。[①] 此外,要明确政法委及法院、各职能部门在诉源治理中的权能与责任,细化具体职权、职能、职责,特别是明确政法委统筹职责及法院的协调权限。同时要夯实党组织书记责任,将诉源治理工作作为上级党组织考核下级党组织及党组织书记的一项重要工作。在政府方面,一方面要做好诉源治理工作的财、物保障,充分发挥政府在诉源治理中的主导作用;另一方面要明确公安、司法行政、信访、住建等机关的诉源治理具体职责及其与人民法院的诉调对接机制。同时,各级政府及其部门作为全面依法治国的中坚力量,要通过强化法治政府和诚信政府建设,依法正确履职用权,避免因自身行权不当引发纠纷争议,努力做好行政领域的矛盾纠纷预防、化解

---

① 2022年8月,中央全面依法治国委员会印发《关于进一步加强市县法治建设的意见》。其中提出,将万人起诉率纳入地方平安建设考核。

工作。其他承担诉源治理的行业组织、社会团体、基层组织也要站在国家、社会全局角度,充分认识到诉源治理工作对社会健康发展的意义,及其对本行业、本部门工作长远发展的重要推动作用,摒弃化解矛盾纠纷依靠政法单位的消极思想。① 总之,要在党委的领导、政府的协同推动、法院的业务主导下,充分激活各个国家机关部门及企事业组织等化解矛盾纠纷的功能,尽可能将矛盾解决在内部,解决在基层,构建起"便利、快捷、低成本、高效能"的矛盾纠纷多元化解机制。

(二)强化党委政法委在诉源治理机制中的整合功能

人民法院主动融入并推动诉源治理是其作为政法部门在社会矛盾预防和化解领域创新社会治理理念的具体体现。诉源治理是诉讼解纷渠道前端的纠纷治理,目的是将大量潜在的诉讼案件化解于诉前,降低人民群众的维权成本,提高办案效率,强化办案效果,故它仍然属于政法工作的重要组成部分。鉴于党委政法委是党委领导和管理政法工作的职能部门,是实现党对政法工作领导的重要组织形式,②因此,应将同级党委政法委作为党领导诉源治理工作的组织机构,发挥党委政法委在多元解纷机制中的力量整合功能。

(三)完善人民法院主动融入诉源治理的法律依据

习近平总书记指出,坚持党的领导,必须具体体现在党领导立法、保证执法、支持司法、带头守法上。③ 具体到诉源治理领域,党委要领导诉源治理的立法工作。本书前文已经提到,尽管从中央到地方出台了诸多多元解纷机制的规范性文件,最高人民法院也陆续出台了相关司法文件,但整体上看,规范性文件的效力层级较低,且原则性较强,

---

① 任永常、丁琪:《人民法庭的镇村诉源治理路径——以 A 法庭近三年的案件情况为样本》,载《人民法院报》2024 年 1 月 19 日第 7 版。
② 习近平:《论坚持全面依法治国》,中央文献出版社 2020 年版,第 44 页。
③ 同上书,第 107 页。

规范性不足。因此,党中央可以向全国人大常委会提出立法建议[①],专门制定一部领导和规范诉源治理工作的法律规定,设置刚性条款,明确不同诉源治理力量的分工、配合及衔接关系。同时,要修改诸如《环境保护法》《消费者权益保护法》《治安管理处罚法》等行政管理领域的法律规范,强化行政机关对本领域矛盾纠纷的行政调解和裁决职能[②],通过在诉前设置行政调解或裁决程序分流进入诉讼端口的案件。

立法需要一个漫长的论证过程,相关程序也较为烦琐,牵涉方方面面的问题,故在相关立法制定和完善之前,可以先行制定党的政策,发挥政策填补法律空白的功能,为立法的修订和完善积累经验。各级党委政法委作为领导和管理政法工作的职能部门,主要任务是指导、协调、监督政法各部门开展矛盾化解工作,具体可由中央及地方各级党委政法委牵头,在社会综合治理领导机构成立诉源治理领导小组,统领相应区域矛盾纠纷的化解和社会稳定工作。为强化组织领导和诉调对接效果,建议由各级政法委书记担任领导小组组长,由法院院长担任副组长并主持诉源治理工作,同时将其他非诉解纷主体的负责人列为成员。在权力配置层面,可通过立法赋予各级法院对诉源治理工作的规范、指导、监督职能,以此保障和强化法院对诉源治理的业务主导地位。

最高人民法院应当积极与司法部等其他非诉解纷主体的领导机关沟通协调,联合出台诉源治理的规范性文件。在制度运行前期,各

---

① 2016年中共中央办公厅印发《关于加强党领导立法工作的意见》,其中指出,党通过确定立法工作方针、提出立法建议、明确立法工作中的重大问题、加强立法队伍建设等,确保立法工作充分体现党的主张。

② 在立法层面,行政裁决范围呈现不断缩减的趋势,如2008年修正的《水污染防治法》废止了水污染损害赔偿争议行政裁决,2010年修正的《水土保持法》废止了相关损害赔偿争议行政裁决,2013年修正的《消费者权益保护法》取消了工商部门对消费者权益纠纷的裁决,2014年修正的《环境保护法》取消了环保部门对环境污染赔偿纠纷的裁决等。同时,行政调解也在逐步萎缩,如2003年修订的《道路交通安全法》取消了行政调解前置程序。见江苏省泰州市中级人民法院课题组、徐军:《矛盾纠纷多元化解机制的实践困境与路径探析》,载《中国应用法学》2017年第3期。

级党委政法委应当定期召开座谈会、调研会以统一思想认识,将实质性解纷作为多元解纷机制的工作目标,及时解决诉源治理实践中存在的新情况和新问题,并完善实施细则,增强制度规范的可操作性,逐步推动诉源治理的规范化和专业化。此外,人民法院在参与诉源治理工作中,要注重将党的方针政策、社会主义核心价值观、公序良俗、伦理道德和社情民意等融入案件调处的各个环节,强化办案实际效果。

总之,诉源治理是一个系统工程,需要多方参与,形成共治格局。然而,现行多元解纷机制共治诉源成效不彰的现状也倒逼我们对现有格局进行反思。法院主动融入诉源治理机制建设,一方面有利于补强其他非诉解纷主体之矛盾纠纷化解方案的法律性、化解形式的正式性和解纷效果的权威性,确保非诉解纷机制与司法确认程序的无缝衔接;另一方面从法院自身来讲,案件于诉前被分流会让诉讼案件增量有所下降,法院"案多人少"的矛盾会有所缓解,人民群众的司法获得感也将得到提升,这为法院积极参与主导诉源治理提供了动力。法院参与促进基层社会治理从"化讼止争"向"少讼无讼"转变的角色定位及路径选择,以及立足于中国本土资源,就诉源治理的立法完善提出些许建议,应是学界今后一段时期理论研究的重点。

第二节 充分发挥财产保全在实质性化解合法诉求中的作用

诉讼财产保全包括诉前保全、诉中保全,其目的在于通过在裁判前对潜在的被执行人之财产加以固定,防止其在诉讼过程中转移财产。诉讼财产保全对解决执行难起到了不可替代的作用。无论是诉前财产保全还是诉中财产保全,一般均发生在案件实质性审理之前。其中,诉前保全发生在立案之前,诉中保全申请通常也是在立案时提交材料,或由案件分配到具体的承办人手中后递交申请保全材料。基于财产保全发生在开庭审理之前,准确地讲,是发生在向被申请人送达诉状副本或开庭传票之前,故可将其视为立案阶段的一种实质性化解合法诉求的措施。兰考法院作为最高人民法院执行局基层法院联系点之一,近年来,通过激活诉前保全制度,强化保全措施,创新保全模式,有效促进了案件审判阶段调撤率的提升,执行案件数大幅度减少,实际执结率与执行完毕率不断攀升。

从笔者走访调研所了解到的情况看,有的基层法院及法官对财产保全制度的定位存在认识上的偏差,财产保全制度运行中存在不少问题,严重制约了当事人申请财产保全的积极性,财产保全在实质性化解合法诉求中的功能尚未被完全激活。

一、财产保全制度在运行中存在的问题

(一) 将财产保全工作视为一种办案负担

兰考法院于 2017 年起开始激活财产保全制度并推动适用。当时,不少法官对此不理解,普遍认为财产保全的目的是确保案件顺利执行,与自己对案件的审理裁判工作没有关系,因此适用财产保全等于增加了自己的工作量。一般来说,对未采取保全的案件,法院立案后分给承办法官,承办法官可安排书记员排庭并给双方当事人送达开庭传票等法律文书,随后进行开庭并出具裁判文书。这显然成为流水化作业模式。但是,如果原告在立案时申请了财产保全,那么上述流水化的作业将不得不暂停。承办法官要先对原告的保全申请予以处理,如通过对原告财产保全的申请作出准予保全的裁定,并对原告提供的财产线索予以核实查控。如果原告在申请保全时未提供财产线索,法官还要根据原告的申请进行网络查控。对经查实有银行存款的,需要向银行部门送达裁定书和协助执行通知书。目前,对银行存款基本上实现了线上冻结保全机制,这有效减轻了法院财产保全的工作量。但对有房地产、股份、股票等其他非金钱财产的,法院通常要安排两名持有执行公务证的工作人员携带相关手续材料到财产所在地的相关部门实施保全措施。在完成上述保全措施后,法院通常会向被告送达财产保全裁定书,之后再启动流水化的作业模式。如果单纯从

办案工作量上看,财产保全工作对那些以出具裁判文书为事业追求的法官而言,确实是挤占了时间和精力。然而,对一项工作要不要积极展开,不能从法官的立场出发进行评判,而是要看到财产保全工作对当事人的重要性及其在化解矛盾纠纷中所发挥的积极作用。

(二)基于控制风险提高诉讼保全的申请门槛

有的法官怕因保全错误承担责任,也怕激化双方当事人的对立情绪,不利于案件的顺利审理,故对财产保全申请设定了较高的门槛。

根据《民事诉讼法》的规定,财产保全是在判决之前对被告所采取的一种严格限制其财产处分的措施。由于此时判决尚未作出,作为申请人的原告,其诉求能否得到法院的支持尚不确定。一般而言,准予财产保全的申请是建立在推定原告的诉求能够得到司法支持基础上的,但这种推定的结果有可能与实际的裁判结果不一致。如果法院采取财产保全措施后,因原告的诉求于法无据等事由而驳回其诉讼请求,则意味着原告(申请人)的申请存在错误,由此产生的赔偿责任应由申请人承担。[①] 因此,为防止申请错误的发生,有的法院或法官主张,无论是诉前还是诉中的财产保全,申请人一律需要提供担保。如果申请人不提供担保,则驳回其诉讼财产保全申请。这种主张和做法显然违反了相关法律规定。《民事诉讼法》第103条和第104条对诉前财产保全和诉中财产保全是否提供担保作出了明确的区分,即诉前财产保全必须提供担保,而诉中财产保全为"可以"提供,即是否提供交由法官决定。实践中,法官为防止出现财产保全错误,通常会责令所有诉中的财产保全申请人提供担保。否则,依法驳回申请人的申请。此做法固然有利于防止出现因申请错误及申请人财产不足而导致的被申请人的损失无法获得赔偿的风险,但也在无形中提高了财产保全申请条件。

关于诉前或诉中财产保全的担保财产,现行法律未做出明确的规

[①] 《民事诉讼法》第108条规定,申请有错误的,申请人应当赔偿被申请人因保全所遭受的损失。

定,实践中各地的做法也不一致。从鼓励或便于申请财产保全的视角看,可允许申请人提供与申请保全金额价值相当的房产、车辆、股份、股票等财产作为担保,也可允许当事人提供一定数量的金钱作为担保金。对前者而言,需要法院根据申请人的担保申请,作出予以查封或冻结的裁定并送达相关部门协助执行。对后者而言,一般要求申请人将金钱打入法院的财产保全担保金账户。随着诉讼财产担保责任险种的产生,有的法官或财产保全执行员出于工作便利的考虑,在责令申请人提供财产担保时,还会要求申请人以保函的形式提供担保。而购买保函需要申请人另行承担保险费,该费用支出与案件受理费和财产保全费不同的是,无论官司输赢及有无保全到财产,均由申请人承担。此外,基于财产保全保险中隐藏着较大的利益,某些保险公司或保险销售人员会以介绍投保返还回扣的方式,拉拢法院相关工作人员为自己介绍客户,进而滋生腐败问题。在利益的诱惑下,有些负责财产保全执行的工作人员会直接要求申请人去指定的保险公司购买担保责任保险,而对申请人自行购买的保函则严格审查,甚至百般刁难。同时,对当事人提供的其他担保方式也极为反感,以各种理由加以刁难。这种强行或变相强制申请人通过购买担保责任险提供担保的方式,虽然不属于明显的违法行为,却给申请人造成了额外的负担。对那些既缴纳了保全费,又购买了巨额担保责任险,但没有保全到被申请人任何财产的申请人而言,他所支付的财产保全费与保函费无疑是一种新的损失。

此外,有的法院或法官在办理财产保全申请案件时,还要求申请人提供精准化的财产保全线索,对未能提供线索的,不予受理。最高人民法院发布的《关于人民法院办理财产保全案件若干问题的规定》(以下简称《财产保全司法解释》),就不能提供财产线索的问题已作了较为明确的规定,即申请人确因客观原因不能提供明确的被保全财产信息,在提供了具体的财产线索时,可以向法院书面申请通过网络执行查控系统查询被保全人的财产。但该规定在实施中并未完全予以贯彻落实。有学者调研发现,有的法院将具体的财产线索与明确的财产信息等同。对申请人书面申请使用网络执行查控系统的,保全法官一般要求其提供的具体财产线索必须达到明确、唯一的程度,否则一律不予准许。① 采用此种模式的法院,实则是禁止申请人在财产保全阶段使用网络执行查控系统,架空了网络查控制度。因为当申请人可以提供明确的财产线索时,一般无须申请网络查控。之所以会出现上述情况,不仅是因为对《财产保全司法解释》中"具体财产线索"的理解有分歧,也与法院及承办法官基于风险控制而有意为财产保全申请设定较高门槛有一定的关系。

(三)财产保全信息不透明

关于申请人的财产保全申请,现行的法律规定较为原则。如《民事诉讼法》仅对情况紧急时作出保全裁定的时间加以明确,即不超过48小时。如果申请人在申请财产保全时能准确提供被申请人的银行账户或登记财产信息,可在保全裁定书中予以准确表述,这有利于及时执行。但实践中,很多申请人不清楚被申请人有什么财产,无法提供相关的财产线索。在此情况下,法院在受理申请人的财产保全申请后,一般会作出"对被申请人×××名下的银行存款×××予以冻结或对其同等价值的其他财产予以查封"的概括性裁定文书。由于该裁定文书没有载明被申请人的具体财产,即便是在48小时内作出的,也无法做到立即执行。随着法院财产保全制度的改革,原则上审判庭的承办法官只要作出准予保全申请的裁定书即视为完成了财产保全职责,执行则一般是交由法院执行部门,并由其负责查控信息和具体执行保全。由于裁判案件的审理法官与负责执行的工作人员之间移交执行裁定的程序被视为法院系统内部不同工作部门之间的沟通衔接,故负责执行的工作人员一般不与财产保全的申请人接触,而他如何执行保全措施、有无保全到被申请人的财产、保全到了什么财产等一系列信息也不会向申请人公布。在多数情况下,申请人申请财产保全所

---

① 龚方海:《财产保全使用网络查控的现状检视与完善建议》,载《人民法院报》2023年11月8日第7版。

得到的信息就是人民法院作出的准予财产保全的裁定。这种实践操作模式的最大问题是不公开、不透明,其实质是对申请人知情权和参与权的剥夺,也挫伤了当事人申请财产保全的积极性。

此外,司法实践中,法院在财产保全中的网络执行查控系统信息通常也不会对申请人公开。其中较为合理的理由是要保护被申请人的财产隐私,防止申请人通过虚假诉讼,以财产保全和网络查控申请为名对相关人员进行财产摸底,进而危及被查控人的财产安全。有的实务部门基于类似的理由甚至认为,网络执行查控系统中的财产线索及未保全财产信息除不向申请人公开外,也不应向审判部门反馈。[①]然而笔者认为,此操作模式既不利于财产保全与网络查控制度的正确实施,也在无形中让审判部门与执行部门形成了信息不对称,审判法官在不知晓财产保全情况及被申请人财产信息的情况下就主持当事人调解,会很难给出较为合理的调解方案,调解效果将大打折扣。

(四)财产保全审执分离模式的效率低下且责任不清

在员额制改革之前,有关财产保全的工作一直由审判庭负责,具体是由审理案件的承办法官负责受理原告的财产保全申请,并决定是否责令原告提供担保,以及负责执行保全裁定措施。在此情况下,财产保全的文书案号不单独编号,而是以民事案件立案号为准。同时为了将案件财产保全裁定书与判决调解文书的案号有所区别,财产保全裁定书的编号往往会加上"—×"。此种模式较为合理,因为在出现财产保全措施未及时作出或未及时执行进而导致被申请人转移财产时,便于追究相关责任人的法律责任。同时,申请人也可直接与办案法官取得联系,沟通和询问有关财产保全措施的执行情况。

在员额制改革时,为了精准化地体现法院办案的工作量,强调"案多人少"矛盾的严重性,最高人民法院积极探索和推动了财产保全工作案件化运行机制。根据《财产保全司法解释》第 2 条的规定,人民法

---

① 曹冬黎:《财产保全制度的实践问题及完善建议》,载《人民法院报》2022 年 9 月 21 日第 7 版。

院进行财产保全,由立案、审判机构作出裁定,一般应当移送执行机构实施。此规定确立了保全裁定作出与实施部门的分离运行机制,实质上是将财产保全申请作为一种特殊的执行案件处理,并单独编制案号。在实践中,负责审判的法官或合议庭在作出裁定后,通常会将案件移交给执行部门执行。但在跨部门移交案件时,基于程序衔接可能会耽搁一些时间,这降低了保全裁定的执行效率。

笔者在基层法院民事审判庭工作期间,先后经历了财产保全申请的审判部门一体化处理与审判执行分离办理两种模式。对前者,因属于审判部门内甚至是审判团队内全盘负责的工作,所以一旦作出,即可交由本庭工作人员立即执行。对后者,审判法官在作出裁定后,要填写移送执行部门执行的相关材料,并连同裁定书和财产保全申请书及相关财产线索等移交执行部门。但由于执行部门负责全院所有保全裁定的执行工作,为了争取办案时间,他们通常会拖延受理。在此情况下,所谓的48小时内执行或5日内执行的起算期限并不是财产保全裁定出具之日,而是执行部门接受财产保全裁定时。这种时间差给被申请人转移财产提供了可乘之机。虽然审判部门与执行部门因移交时间过长而导致保全工作失败,会面临责任追究的问题,但由于相关法律及前述司法解释对该问题未作出明确的规定,因此实践中很难确认到底是谁耽搁了时间,有关责任追究工作也难以展开。

此外,由于诉讼中的财产保全本身具有保密性,因此为防止走漏"风声",财产保全工作的部门规模应尽可能小。但随着财产保全审执分离模式的运行,参与财产保全工作的人员规模无疑是扩大的。目前基层法院存在大量的非在编的合同制书记员,这些书记员通常负责财产网络查控或执行等具体工作。但他们在职业素质、身份认同及纪律性等方面普遍不如法院正式人员,故不排除个别书记员利用执行信息优势实施权力寻租等违法违规行为,导致财产保全信息扩散至被申请人,再加上财产保全工作的整体周期较长,这就给被申请人转移财产提供了较为充足的时间。

总之,财产保全审执分离模式存在以下不足:一是财产保全裁定的作出及执行期限过长;二是执行工作不公开、不透明;三是被执行人容易利用"时间差"转移财产;四是在出现因被执行人转移财产而保全失败的情况下,相关责任难以界定。

(五)概括性保全裁定实施权的滥用问题

财产保全案件中,保全裁定分为概括性保全裁定和具体性保全裁定两种。概括性保全裁定通常不指向具体的财产,这导致移交执行的时候,因执行内容的不确定,保全裁定实施权容易被滥用。

一方面,执行部门可能会根据网络查控信息系统将被保全人的所有银行账号予以冻结,超标查封现象时有发生,严重侵害被保全人的合法权益。如在王某军诉开封某建筑公司建设工程施工合同案中,原告王某军申请了财产保全,法院受理后作出了对被申请人名下银行存款予以冻结或查封、扣押相应价值财产的裁定。① 但裁定在实施中对被告名下的两个银行账户均予以冻结,而单个账户的金额已经超出了保全的金额,这种重复保全的情况给被告造成了严重的不良影响。虽然几经周折,法院最终在被告提交书面申请后解除了其中一个账户的冻结,但这种明显的错误也折射出财产保全裁定执行中的随意性问题。

另一方面,执行部门因过度依赖网络查控系统,如果经系统查控未发现登记类的财产信息,就会停止执行保全。尽管实践中保全申请人能够提供被保全人非登记性的财产线索,比如未办理产权证的非宅基性房产、家里闲置的未登记的农用机械、承包经营农田上种植的林木等经济农作物等,但因这些财产属于线下的财产,没有统一的登记管理部门,所以法院执行部门可能基于无法查封等事由不予查封。然而,这种仅以登记财产作为保全对象的做法并不合理。因为财产信息在内容类型上既包括登记备案的房地产、车辆、股权等财产,也包括其他具有价值和能够交易的财产。从尽可能实现诉讼保全制度功能最大化的视角看,应当允许查封被保全人的非登记性的财产。

---

① 兰考县人民法院(2023)豫 0225 民初 1938 号民事裁定书。

从根源上看,权力滥用的主要原因是缺乏有效的监督制约机制。目前,有关财产保全裁定实施权的监督规范是存在缺失的。《财产保全司法解释》第 25 条规定:"申请保全人、被保全人对保全裁定或者驳回申请裁定不服的,可以自裁定书送达之日起五日内向作出裁定的人民法院申请复议一次。"笔者认为,该救济条款的范围过于狭隘,仅限于保全裁定或驳回申请裁定,这两种裁定实际上是财产保全审查权的运行样态,并未涉及保全措施在实施过程中的权利救济问题。此外,因财产保全的复议审查并没有具体明确的程序可供遵循,复议审查可否采用书面形式、复议审查结果能否通过口头方式告知等问题也都不明确,所以实际操作中法官的自主性较大,这也在一定程度上影响了复议审查的效率。①

二、财产保全制度运行中的相关理论争议

关于财产保全制度的基本定位及其运行问题,学理层面存在一定的争议。这些争议至今未被解决,甚至未能达成基本的共识,进而影响了财产保全制度的正确实施。

(一) 有关财产保全功能定位的理解过于狭隘

传统的保全制度将其制度功能定位于为判决的执行提供担保。现代意义上的保全制度则已逐渐突破这一目的,保全的制度功能正朝着预先防止损害的加重、尽早解决受损害人的困境以及尽早结束诉讼程序的方向发展。② 目前,有的法院将财产保全的功能仅定位于保障顺利执行,即财产保全主要是为执行工作服务的。此种理解过于狭隘,也不符合财产保全制度功能最大化的价值诉求。我国的财产保全制度与德国法上的"满足的假处分"③及英国法中的"临时禁令（inter-

---

① 曹冬黎:《财产保全制度的实践问题及完善建议》,载《人民法院报》2022 年 9 月 21 日第 7 版。
② 冀宗儒、徐辉:《论民事诉讼保全制度功能的最大化》,载《当代法学》2013 年第 1 期。
③ 德国《民事诉讼法》第 930、932 条之规定。《德意志联邦共和国民事诉讼法》,谢怀栻译,法律出版社 1984 年版,第 406—414 页。

im injunction)"制度具有类似性。以英国为例,英国法官每年作出的临时禁令,其数量远远超过永久性禁令。究其原因,凡做出临时禁令的案件,基本上都不会再进行开庭审理。当事人接受了法官在临时禁令中所表达的对案件的看法,并由此通过和解而结束争议。在作出临时禁令的案件中,大约99%的案件,其诉讼程序都不会再继续进行。[①]据此,财产保全制度的根本功能应体现为促成案件的调解与和解,避免占用更多的司法资源,同时也有减轻当事人的诉累的作用。至于防止被申请人转移财产、便于案件的顺利执行,则属于财产保全制度的直接功能。

目前,法院所需要激活的是财产保全制度在实质性解决当事人合法诉求上的功能,而不应当仅仅将财产保全申请予以案件化处理。实践证明,财产保全制度的充分运用,不但有利于案件的调解与和解,也缩短了案件的办理周期。例如,经对上海市浦东新区人民法院2007年审理的买卖合同纠纷、民间借贷纠纷、金融借款合同纠纷、信用卡纠纷、承揽合同纠纷五类申请财产保全较多的案件进行调查后发现,采取了保全措施的案件与没有采取保全措施的同类案件相比,采取财产保全的案件平均审理时间为76天,而未采取财产保全的案件平均审理时间为101天。[②]

实务中有观点认为,以财产保全方式促成的调解具有强迫性,即将财产保全异化为谈判的工具,利用财产保全措施对被保全人资金流动带来的负面影响,向被保全人施加压力,使被保全人不得不与保全人调解结案。[③] 之所以产生此类观点,可归结于对财产保全制度根本功能理解的偏差。财产保全作为一种判前的临时性救济措施,其本身就是要通过保全被申请人的财产,限制其财产处分或使用的方式,给其施加压力的,这种施压措施具有一定的正当性。我们不排除实践中

---

① David Bean,Q. C. ,*Injunction*,Thomson Sweet&Maxwell,2004,p. 24.
② 苏泽林主编:《立案工作指导(2009年·第4辑)》,人民法院出版社2009年版,第198页。
③ 曹冬黎:《财产保全制度的实践问题及完善建议》,载《人民法院报》2022年9月21日第7版。

存在一些虚假诉讼的案件,但这毕竟是极端的情形。

不可否认的是,大多数到法院寻求救济的原告,其之所以启动诉讼,并预付诉讼费、保全费、律师费及投入精力与时间于其中,通常是无奈之举。实践中,不少原告在起诉之前已经穷尽了其他所有的自救措施。在此情况下,这些迫于无奈而走向诉讼的起诉人,通常也是社会中相对弱势的群体。至于申请人滥用权利保全财产给被申请人造成损害的情况,完全可以通过健全的制度安排加以预防和惩戒,但不能以此就将财产保全的强制力理解为制度功能的异化,更不能将其视为限制申请人财产保全申请权的理由。应该充分允许作为原告的保全申请人,利用财产保全的制度优势迫使被申请人转变态度,从消极躲避转向积极沟通。此种沟通显然是双方妥协的结果,亦是原告促使被告与其妥协的利器。这一利器,显然是现代诉讼制度赋予当事人的一种权利,法院作为案件裁判的中立性机构,首要职责就是保障法律赋予当事人的每项权利都能得到充分行使。

(二) 财产保全司法能动性与中立性的悖论

兰考法院提出"以保促调"的举措后也遭到不少质疑。所谓"以保促调"就是要强化诉讼保全在实质性化解矛盾纠纷中的作用,提高财产保全在诉讼中的适用比例。这在运行层面就要求法院和法官主动向原告进行普法宣传,宣讲诉讼保全制度的功能优势,引导其积极提出财产保全申请。同时,法院对诉讼财产保全的审查也由实质性审查转向形式性审查。根据《民事诉讼法》第 103 条的规定,申请财产保全的基本条件是"可能因当事人一方的行为或者其他原因,使判决难以执行或者造成当事人其他损害"。通常情况下,法院会对当事人的财产保全申请进行审查。如果原告起诉的是国有企事业单位,或者财力充足的大型企业,那么按照上述标准,法院可能会以"不存在判决难以执行或造成当事人其他损害之可能性较小"为由,驳回当事人的申请。但按照"以保促调"的司法政策目标,则可能会放宽财产保全的申请条件,力争实现"应保尽保",并以此作为促成及时解决纠纷的一种方式。法院所采取的积极引导当事人保全及放宽审查标准的行为逻辑,是司法能动性在诉讼财产保全制度适用中的具体体现。

对此,有人认为这有悖于法官中立裁判的立场,觉得法院作出保全裁定、采取保全措施后,原告可以较为放心地进行相应的诉讼行为,耐心地准备证据,应付后续的审判工作;而被告则陷入了诉讼中的苦境,"被拿住了七寸"。① 此种观点看似符合法院裁判中立的立场,但却是对法院工作的片面理解。我国司法机关具有对政治的从属性,其主要体现为对执政党政策目标的贯彻执行。当前,党和国家对司法工作的整体要求是法院的各项工作要围绕"以人民为中心"展开,强调司法的人民性。让人民群众在每一个司法案件中都感受到公平正义,这是新时代法院工作的目标追求。要真正实现这一目标,仅仅依靠中立裁判是不够的。以刑事和解为例,在刑事案件中,如果受害人未得到被告人的赔偿,即便法院给予被告人相对较重的刑罚,受害人可能还是"不买账",并可能通过信访等方式寻求救济。

从实践层面看,财产保全的司法能动性固然会对被告的权利产生实质性影响,但这与是否引导当事人申请财产保全的司法立场本身没有关联。因为《民事诉讼法》有关财产保全的分类中,还包括比引导申请财产保全更为"严重"的"依职权保全"。如果按照前述观点,则法院依职权保全被告的财产也变成了对其中立性立场的背离。因为在"依职权保全"的类型中,原告无须提交诉讼财产保全申请,也不用缴纳财产保全费和提供担保,这些费用的减免或风险的转移甚至已经超越了司法能动性的边界。因此,人民法院在诉讼中引导当事人采取财产保全措施,整体上与其司法中立性不存在冲突。与财产保全制度有关的权力滥用及权利救济等问题,完全可以通过制度的优化来解决。

三、财产保全机制的优化路径

与诉讼法中的其他制度相比,财产保全制度的法律规定相对单薄,有待在实践中不断总结经验,达成共识,并从理念、规则、机制等方

---

① 刘哲玮:《论财产保全制度的结构矛盾与消解途径》,载《法学论坛》2015 年第 5 期。

面加以优化改进。唯有如此,才能更充分地释放财产保全制度的功能潜力,发挥其在实质性化解合法诉求中的关键作用。本部分拟结合兰考法院诉讼财产工作机制的创新举措,并基于前文所梳理的财产保全运行的问题,提出财产保全制度的优化方案。

(一) 全面认识诉讼财产保全制度的功能作用

对诉讼保全制度功能的片面理解,是部分法官将保全工作视为一种负担的具体原因,这其实涉及理念的塑造和思想的统一问题。如果处理不好,将影响财产保全工作的全面推进。因此,要从思想理念上着手,针对存在的质疑或困惑及时作出针对性的回应,消除员额法官的顾虑。在推动"以保促调"工作的初期,兰考法院党组多次召开会议统一思想认识,着重分析了财产保全工作在化解矛盾纠纷中的优势。尽管《民事诉讼法》第103条将财产保全的主要目的定为确保案件得以执行,但这并不是财产保全制度的唯一目的。事实上,一旦通过财产保全查控到被告的财产(尤其是银行存款),诸多案件在审理阶段便能通过调解或和解的方式解决。此外,通过财产保全,法院也能够及时找到被告,让被告主动现身。如在兰考法院处理的一起经济纠纷案件中,当事人连续起诉三次,前两次均因被告无法送达撤诉,在第三次起诉时,法官引导原告申请财产保全,在保全被告的财产后,被告主动找到法院要求调解,从保全成功到案件调解,只用了九天时间,取得了良好的效果。

(二) 树立审判执行"一盘棋"的司法理念

解决"执行难"不仅是执行人员的工作,更是全体法院工作人员的重要使命。如果审判法官裁判的案件大多进入了执行程序转化为了执行案件,那么审判法官在定分止争中的价值将面临质疑,法院在国家治理体系和治理能力现代化中的作用也难以凸显。习近平总书记提出的确保当事人在每个案件中都能感受到公平正义,要从当事人的视角来把握。对当事人而言,他所追求的结果,并不是获得一个标榜为公正的裁判文书,而是实实在在的东西。因此,笔者认为,习近平总书记所提出的指示,实质上是要求法院给当事人一个满意的结果,而不仅仅止于一个公平的判决。"一盘棋"的思想理念不但要求强化审判与执行两个环节及部门之间的联动机制,还要求强化审判法官的执行思维,要求审判法官尽可能将案件彻底化解,尽量不将自己裁判的案件转化为执行案件。诉讼财产保全制度的原理是通过限制涉诉一方当事人财产权的行使,强化审判权的权威性和司法公信力,如果法官不采取这一案件审理过程中的主要强制措施,无疑等于"自废武功",案件审理工作尚且难以开展,彻底化解矛盾纠纷的目标也将沦为空谈。

(三)健全财产保全工作的机制

财产保全工作的顺利开展,离不开良性运转的体制机制。对此,可从如下几方面健全财产保全工作机制:

第一,设立专门的财产保全受理与保险担保窗口。在诉讼服务中心设立财产保全窗口,对有给付义务的民商事案件集中办理诉前诉中财产保全,同时兼顾证据保全、行为保全案件。这可以有效提高案件的调解率、撤诉率和当庭履行率,推动实现"案结事了"的工作目标。申请人在诉前、立案时、审判中、执行前都可"一站式"办理财产保全手续。财产保全担保窗口主要为各个进驻法院开展诉讼保全保险承保业务的公司设立,这可以防止保险公司与法院串通提高保费标准,滋生腐败。法院可同时与本地几家保险公司开展合作,联合开展诉讼保全责任保险。[①] 入驻法院诉讼服务中心的保险公司应当合理设置保费标准并予以公布。同时,法院也应当允许申请人通过其他渠道购买非入驻法院之保险公司的财产保全保险。

第二,创新财产保全工作方式。针对财产保全工作时间紧、任务重、机动性强的特点,兰考法院构建了"主动告知、专人负责、双人实

---

① 兰考法院自2017年起推动保全工作,积极协调多家保险公司在法院设立财产保全担保窗口,申请人只需缴纳标的金额1‰至3‰比例不等的保费,无须再提供房产、车辆等实物财产担保,极大地便利了申请人。

施、快速办理、机动灵活"的财产保全工作方式。在立案阶段,立案法官在对当事人提供的诉讼证据材料进行初步审查后,认为涉案标的较大或者存在执行不能或执行困难等风险时,应当及时告知当事人,并建议当事人申请诉前保全和诉讼保全,并积极协助法院寻找被申请人的财产线索。吉林省珲春市人民法院则依托诉讼服务中心打造一站式保全平台,为当事人提供一站式集中办理的保全服务和免费财产查询服务。① 对当事人的保全申请,法院会启动快速办理通道。保全和首次网络查控财产工作应当遵循"一案一查、快查快控"原则,原则上当天审查、当天立案、当天查控,查获财产后迅速查封、冻结。财产保全完结后才能启动送达程序,最大限度地防止被执行人在诉讼阶段转移财产。具体来讲,对当事人的财产保全申请,立案庭应优先转交给速裁庭设置在立案庭窗口的工作人员,再由其报请承办法官经审查后作出财产保全裁定,原则上财产保全裁定当天作出,然后交由本庭执行保全组,由执行保全组执行人员负责查询财产状况和实施财产保全;在保全完毕后,执行人员应将财产保全信息反馈给本庭员额法官,再向被告送达诉状副本、传票、裁定书及查封扣押清单等。

第三,优化保全裁定与实施的分工协同机制。根据现行司法解释的规定,财产保全分别由审判部门与执行部门共同进行,前者负责受理财产保全申请、审查申请并作出财产保全裁定,然后移交后者予以执行。为此,财产保全中的审判裁定与执行措施的程序衔接尤为重要,可成立与审判团队相互对应的执保工作组,同时可将执保组成员嵌入各审判法官团队,尽可能地防止出现衔接的问题,缩短裁定作出与裁定执行的间隔期限。例如,兰考法院整合员额法官和执行干警,成立了由18人组成的执保工作组,切实履行保全裁定、查控、送达及

---

① 一站式保全平台有保全查询、查询反馈、审查裁定和保全实施4项功能。诉讼服务中心保全查询窗口工作人员会向诉讼请求为金钱标的的案件当事人询问是否需要进行保全,并提供免费查询服务。查询结果在7个工作日内向当事人反馈。当事人可根据查询情况确定是否进行财产保全。于婷、付佳佳:《吉林珲春市法院:一站式办理金钱标的保全服务》,载《人民法院报》2022年2月22日第4版。

证据固定的职能,利用第一次送达的最佳时机,及时制作调查、勘验、询问笔录,依财产保全申请和裁定文书查封、扣押、冻结当事人的财产,固定"第一手"财产证据,防止其恶意转移财产,为后续审判、执行及打击拒执罪奠定基础。为解决财产保全裁定与裁定执行中的效率低下及责任不清的问题,应严格限制二者的衔接期限,以不超过 24 小时为宜。即审判法官作出财产保全裁定后,应在 24 小时内移交给执行部门并确定负责执行保全的承办人。为此,可以将审判法官与保全执行员一一对接起来,形成固定搭配。这不仅能提升效率,也有利于明确责任。如果财产裁定本身错误导致保全错误的,应由审判法官承担责任;若因裁定执行错误,或者因执行员在收到保全裁定后未及时执行导致保全失败的,则由执行员承担法律责任。

第四,建立电子档案。法院应将保全的财产信息统一制作成保全清单,建立电子档案,随卷移送,并将财产保全结果及时反馈给相关部门。电子档案既起到固定财产保全信息的作用,还能实现司法资源的有效共享,解决了当事人与法院之间执行信息不对称的问题,且方便办案人员调阅,法院在办理关联性案件时也能通过查阅电子卷宗了解被申请人(被告)的财产状况及保全情况。为平衡申请人财产权与被申请人隐私权,在向申请人公布财产保全情况时,应严格限制公开的范围,以不超出保全金额为限。如被申请人名下的银行存款高于保全金额的,高出部分不应公布。此外,对所保全的银行账户,也应采取部分公开,以防止申请人知悉后泄露被申请人的财产信息。

(四)遵循比例原则与正当程序

比例原则包含"适当性""必要性"和"均衡性"三个子原则,它通过对"手段"和"目的"之关联性的考察,确认国家权力对公民基本权利的干预有无逾越必要的限度。比例原则的精髓在于"禁止过度",对包括诉讼法在内的整个法律秩序发生作用。[①] 比例原则作为在判决作出前对被诉一方当事人权利的临时性限制措施,属于司法权对公民、法人

---

① 郑晓剑:《比例原则在民法上的适用及展开》,载《中国法学》2016 年第 2 期。

或其他组织财产权的一种干预。其干预目的虽然包括促使案件的实质性化解,但基本的功能定位仍在于防止当事人在诉讼期间财产的不当减少,进而影响裁判的顺利执行。故从本质上讲,保全措施其实也是一种强制性的担保措施,即让被申请人自证其具有"输得起官司"的财力。因此,在财产保全裁定的执行中,不能突破财产保全的强制性担保的界限,在实现担保目标的同时,要尽可能地防止给被申请人造成不必要的损害,努力达到天理、国法、人情的有机统一。这要求法院灵活运用保全措施,如对大型农机具、运输车辆等生产生活资料采取"活封";被申请人为公司企业的,则尽可能采用查封房地产或机器设备这种不影响物品正常使用的方式;被申请人有多个银行账户的,应尽量避免冻结其公司的基本账户,严格禁止超诉讼保全标的金额查封或冻结。

通常认为,正当程序是指"一切权力的行使在剥夺私人的生命、自由或财产时,必须听取当事人的意见,当事人具有要求听证的权利"[①]。目前,作为程序性原则的正当程序原则,已经成为一项宪法原则,并得到世界各国的普遍认可。[②] 财产保全作为司法权在诉讼中的一种具体的权力形态,其实质上是对被申请人物权的限制措施,故应当遵循正当程序的基本原则。这种程序的正当性主要体现为事后的告知性、救济性和纠正性。事后告知性是指在财产保全裁定执行完毕后,法院应将财产保全裁定和保全财产的信息清单及时以书面的形式告知被申请人,让被申请人知悉自己权利被限制的范围及理由。救济性是指要明确告知被申请人救济渠道,为被申请人的权利救济提供保障机制。此外,还应当允许被申请人对被保全财产的变更担保申请,即被申请人只要能够提供其他可供执行的、充足的财产作为担保,法院就应当根据其申请对保全财产进行变更,即便申请人不同意,法院也可结合具体情况解除对原财产的保全,同时对被申请人提供的新担保财产予

[①] 王名扬:《美国行政法(上)》,中国法制出版社1995年版,第383页。
[②] 汪进元:《论宪法的正当程序原则》,载《法学研究》2001年第2期。

以查封。纠正性是指法院在做出保全裁定或裁定执行过程中，发现存在保全错误，应主动予以纠正，而不能以被申请人提起申请作为纠正错误的启动要件。

（五）强化线下保全和动态查控措施

为了达到"应保尽保"的保全目标，确保财产保全的到位率，法院不应过度依赖网络执行查控系统，并机械地将网络执行查控系统查出的结果作为被申请人有无财产的唯一依据。为防止当事人在诉讼过程中提前转移财产，造成财产难寻，可适当扩大民事主体查控范围，进一步查询被申请人的银行交易明细，查明其是否在诉讼前期将大量款项转给近亲属或其他关系人。此外，可将保全财产的范围扩大到未登记的其他财产，充分运用网络执行查控系统查房产、银行账户、车辆、工商登记股权、到期债权、微信及支付电子货币等财产信息，及时固定财产线索。未经相关部门登记的财产同样应纳入财产保全范围。保全组在勘验核实的基础上，制作查封笔录，告知被保全人在查封期间不得转移、变卖或破坏上述财产及相应的法律后果。这能够给当事人造成一定的压力和紧张感，为后续的案件审理、调解及执行工作打下基础。

在查控顺位上，先通过现有网上财产信息查控平台对当事人的不动产、车辆、银行存款、电子账户、股权等进行查控，优先查控线上资产，这样便于处置和变现，有利于案件的顺利执行。对经查控确无线上资产的，将查控重点转移到线下，通过申请人提供的线索或到被申请人住处查控可以变现的财产。对线下财产的查控，应当制作查封笔录，告知被申请人查封的后果及处置查封财产的法律责任等。在采取线下查控措施时，可以邀请当地村干部、人大代表、人民调解员、司法联络员等参与见证。在对粮食等基本生活物资进行查控时，要充分保障被申请人的生活水平。

经查控无财产时，法院要实施定期动态查询和到被告住处调查，将动态查询重点放在了解被申请人在两次查控期间有无资金流动、财产变动等情况上，为顺利执行及收集、固定相关证据奠定基础，以便在执行阶段被执行人不履行时，按照《刑法》第 313 条规定的"拒不执行判决、裁定罪"和第 314 条规定的"非法处置查封、扣押、冻结的财产罪"进行制裁。对部分保全或无财产可供保全的案件，一旦发现财产线索，可随时通知执保组进行后续保全。

（六）建立网络查控监督员制度

兰考法院为进一步规范保全案件和首次执行案件网络查控工作，用足用活法律法规，实现以保全促审判、促执行，高效率、高质量兑现申请人的合法权益，切实提升审判执行案件实效，彻底化解矛盾纠纷，专门制定了《关于网络查控工作暂行规定》。该暂行规定的一个亮点是，设置了网络查控监督员对财产的网络查控及诉讼保全行使监督权。在诉讼服务中心设立网络查控窗口，设网络查控监督员，负责管理、监督本院所有保全案件和首次执行案件的网络查控财产工作。网络查控监督员必须签订保密协议，严格工作纪律，确保公民财产信息和被查控当事人财产信息安全。网络查控设备实行专人专机，设置开机密码，更换网络查控监督员必须重置开机密码，工作窗口安装监控设备，人员出入全流程监控，确保查控设备安全。网络查控监督员每天对法院新立保全案件和首次执行案件的查控情况进行查看，如有查控不及时、措施不得力的，会及时告知承办人员，督促其加大查控力度，并将核查、督促情况汇总成表，反馈给承办部门并上报主管院领导。此外，网络查控监督员每月还会将保全和首次执行案件的网络查控财产工作汇总成表，报院审管办，随审务督察通报一并下发，作为案件承办人员的考核依据。

以上有关诉讼保全制度的优化路径，既来源于实践的探索，也在不同程度上经受过实践的检验。如今，兰考法院的财产保全工作取得了显著的成绩。审判法官的司法理念得到转变，充分认识到了财产保全措施在化解矛盾纠纷和促进案件审判执行中的作用，当事人也充分体验到了诉讼保全的便捷，申请财产保全的案件越来越多。自 2019 年成立速裁庭以来，兰考法院的财产保全工作组由诉讼服务中心分散到三个速裁庭的执行保全团队中，审判和执行联动工作机制得到进一步的强化。四个人民法庭的执行保全工作也进一步得到加强。2018年5月至2019年5月,兰考法院人民法庭审理的案件数为3199件,其中财产保全796件,保全完毕的有236件、部分保全451件、无标的可供保全40件,保全率为49%,保全到位标的共1507.56万元,17.3%的案件通过财产保全得以化解,未进入诉讼程序。目前,财产保全措施已经成为兰考法院促进实质性化解纠纷和解决"执行难"的一个重要法宝。

第三节 优化繁简分流机制

为有效缓解"案多人少"矛盾对案件审判质效的负面影响,最高人民法院于2016年发布《关于进一步推进案件繁简分流优化司法资源配置的若干意见》(以下简称《意见》),旨在通过深化改革和完善繁简分流制度,优化司法资源,提高司法效率,促进司法公正,降低当事人诉讼成本,维护人民群众合法权益,满足人民群众对司法的多元化需求。2019年1月,习近平总书记在中央政法工作会议上提出,要深化诉讼制度改革,推进案件繁简分流、轻重分离、快慢分道。这一论断深刻地把握了司法办案的规律,要求法院在办理具体案件时,根据案件的繁简程度,合理配置和优化司法资源,做到简案快审,繁案精审,繁简得当,努力以较小的司法成本取得较好的法律效果。然而,依据什么样的标准和遵循何种方法或程序对案件进行繁简分流,是推进案件繁简分流工作必须面对的问题。本节拟对当前案件繁简分流的标准与方法进行评析,并通过对兰考法院的实践探索予以提炼和总结,尝试构建一套有效甄别繁简案件的标准和方法。

一、当前案件繁简分流甄别机制存在的问题

民事案件繁简分流指的是法院内部的一定主体或组织,根据案件的种类、性质、标的额、繁简程度等分配标准和程序,将案件分配进入不同的审判程序,并交由相应的审判主体审理,使案件在科学合理的

时间内得以公正审判的程序规范。① 繁简分流在本质上是对案件或者程序按照其复杂或简单程度进行分流处理。② 准确甄别繁案和简案，是实现精准分流的前提条件；精准分流是评价案件繁简标准和方法是否科学合理的重要指标。目前，关于案件繁简分流的甄别标准和方法问题，探讨者不多，实践中各地法院的做法也不尽相同，但整体上看，实务中所总结的标准与方法存在一定的不足，有待修正和完善。

（一）界定标准不能准确甄别繁简案件

目前，对繁简案件缺乏统一的界定标准。③ 从各地出台的案件繁简分流的司法规范性文件看，它们主要以案件类型（案由）、诉求标的金额大小、当事人人数多少等为界定标准。④ 上述分类标准侧重案件的形式主义层面，以外在形式推定案件的繁简程度。不可否认，该分类标准在初步识别繁简案件阶段确实起到了一定的辅助作用，但在识别的精准度上有待提升。首先，案件事由系法院对民事纠纷类型化处理的技术性手段，很难成为确定案件繁简的标准。如一般认为，离婚纠纷、婚约财产及相邻权纠纷等案件较为简单，然而在司法实践中，这类案件由于证据要素匮乏、当事人之间积怨过深、对立情绪较强等原因，在审理中非常吃力，将其定性为简案反而难以达到很好的审理效果。其次，在标的金额上，诉求标的金额高达几百万元甚至上千万元

---

① 潘庆林：《民事案件繁简分流制度的完善——基于对 A 省基层法院的调研》，载《法学杂志》2019 年第 9 期。

② 张嘉军：《立案登记背景下立案庭的定位及其未来走向》，载《中国法学》2018 年第 4 期。

③ 目前实施繁简分流的标准，主要参考的是《民事诉讼法》关于对简易程序的规定与最高人民法院《关于适用〈中华人民共和国民事诉讼法〉的解释》（以下简称《民诉法解释》）第 257 条关于禁止适用简易程序的规定。从上述规定可以归纳出，在普通程序与简易程序的分流标准上，立法机关和最高人民法院采"案件性质与疑难复杂程度"为标准，并以"概念＋列举"的方法作出规定。潘庆林：《民事案件繁简分流制度的完善——基于对 A 省基层法院的调研》，载《法学杂志》2019 年第 9 期。

④ 有学者在对深圳中院等六家法院就繁简分流方面的实践探索进行考察后发现，在识别繁简案件的标准上，存在"案由"和"要素"、"实体"和"程序"等单一或组合方式。其中，后一种识别标准主要适用于二审法院对繁简案件的识别。张龑、程财：《从粗放到精细：繁简分流系统化模式之构建》，载《法律适用》2020 年第 9 期。

的借贷案件,较起诉标的仅为千余元的劳动争议案件,也许在案件事实方面更为简单,若一律将其定性为繁案,势必会造成司法资源的浪费。最后,对涉及人数较多的案件,当事人往往也深知案件难以厘清,再基于诉讼成本的考虑,双方当事人之间可能会存在较大的调解空间与多元需求,迫切需要法院快审快调快结。因此,一律将双方或一方人数众多(有的法院以 10 人以上为标准)的案件定性为繁案,也是不合理的。因此,只有经过诉辩双方答辩、举证质证整理出争议焦点后,案件繁简才能明晰。

(二) 甄别方法不利于繁简案件的精准分流

随着司法实践的发展,作为诉讼启动大门的立案庭逐步有了案件分流功能。但现有的案件分流主要是法官在立案阶段借助前述几种标准对案件繁简度进行甄别的结果。这种甄别方法具有一定的局限性:一是过度依赖当事人的起诉材料,存在信息不对称的问题,容易导致甄别误差;二是静态意义的单方书面审查不利于准确掌握诉讼当事人之间的争议焦点和对立情绪的激烈程度。实践中,受立案登记制度的影响,立案庭在一定程度上弱化了对案件的审查过滤功能,而与审查过滤相关联的案件分流工作也容易被忽略。随着网上立案等司法便民措施的全面推开,法院立案庭的案件分流功能如何有效激活也备受考验。有的法院立案庭在受案后,通过网上系统将案件随机分配给员额法官,员额法官通常无暇对案件做区分处理,会一并交由书记员安排开庭。在开庭前,法官们亦无暇阅卷,因此既不了解案情,也不了解双方当事人的基本情况。书记员在送达时,往往又是电话通知或邮寄送达,对当事人是否有调解意向、是否申请财产保全、案件事实证据是否需要及时固定等都不过问。随着立案登记制度的贯彻落实,大量矛盾纠纷涌入法院,这种一刀切的机械、僵硬的办案流程加剧了法院"案多人少"的矛盾,无法满足人民群众对司法的多元化需求。①

(三)案件繁简分流配套机制不足

精准分流繁简案件需要法官在庭前初步查明案件事实及掌握争议焦点等基本信息。这些信息材料的掌握要求法官由被动审查向主动审查转变,即法官在立案阶段通过依职权固定证据材料,引导当事人进行诉前或诉讼财产保全,强化庭前调解等措施,及时准确查明和固定案件事实,尽可能将受理的案件转化为简案,挤压生成繁案的空间,减少繁案的数量。显然,法院在采取主动审查方式甄别和分流案件时,需要投入大量的司法资源,相关配套机制也应及时跟进。然而,在立案登记制的要求下,立案阶段其实不包括审查,而仅是进行登记并流转,故简单的登记过程并不具备有效筛选出繁简案件的功能。②此外,囿于"案多人少"的压力,案件繁简分流的内外配套机制均存在衔接不畅的问题。一方面,立案前的案件分流"滤网"基本失效,基于诉调对接不畅,解纷力量分散,多元化纠纷解决机制未能实质性地分流案件,大量本来可以在诉前通过行政机关、行业协会化解的简单纠纷(简案)涌入法院;另一方面,分流主体不明、分流职责不清、辅助人员缺乏、绩效考核指标不合理、内部衔接程序不畅等也限制了繁简案件在法院系统内部的精准分流,导致大量简案人为转化为繁案。

二、案件繁简分流的关系厘定及实践探索

习近平总书记指出,研究、思考、确定全面深化改革的思路和重大举措,必须进行全面深入的调查研究。要下功夫查找突出问题和现实

---

① 就案件的繁简分流而言,正如时任最高人民法院副院长李少平所说:人民群众对于不同案件有着不同的司法需求,即对于复杂案件,当事人可能愿意使用相对复杂的普通程序并为此支付较高的诉讼成本;而对于简单案件,当事人对诉讼程序的需求更偏重及时、便捷、低成本、高效益,不希望因为程序复杂而导致诉讼拖延。李少平主编:《〈最高人民法院关于进一步推进案件繁简分流优化司法资源配置的若干意见〉读本》,人民法院出版社2016年版,代序第3页。

② 王子杰、禚昌正:《民事再审案件繁简分流制度构建探析》,载《山东法官培训学院学报》2021年第1期。

困难,下功夫发现基层的有益探索。兰考法院以深化认识案件繁简之间的辩证关系为逻辑起点,对案件繁简分流的甄别标准和方法进行了有益的探索。

(一) 案件繁与简的辩证关系分析

传统观点是建立在案件固化不变的基础上的,即认为进入诉讼程序的案件,要么是简单案件,要么是复杂案件。这种思维定式不符合司法办案的基本规律。因为案件繁简之分的关键在于事实是否清楚,一旦案件事实得以查清,事实上的争议问题也将随之得到解决。案件繁或简,并非静态意义上的固定分类,而是动态的过程,繁简之间存在辩证关系,可以互相转换。如果处理得当,许多看似复杂的繁案有可能转化为简案,反之,有些简案亦可能变为繁案。即繁案通过法官能动司法可能会转化为简案,而简案在各种因素的影响和作用下也可能会转化为繁案。审判实践中的大多数案件经过甄别筛选,均有分流为简案的可能。例如,在某些大标的额案件(例如向金融机构的单笔借款案件)中,当事人双方无事实争议,争议焦点也不过是利息计算方式以及还款期限等问题,就可以将之归为简案。再如,一些身份关系案件,看似矛盾纠结,实则权利义务关系明确也可归为简案。又如,在某些建筑工程案件中,当事人意图利用复杂的诉讼程序拖延给付工程尾款和克扣质保金,结果造成简单事实被二审、再审等诉讼程序"绑架"。对于这类案件实有快速终结诉讼之必要,以防止出现小案拖成大案、简案拖成难案的问题。

速裁庭作为繁简案件的甄别主体和简案的裁判主体,肩负着科学把控案件繁简分流工作的重任,应确保能简则简,当繁则繁。对此,兰考法院专门制定了规范性文件,要求速裁庭在受理案件后立即对原告进行询问并制作笔录,要求首次送达以直接送达为主,在送达时对当事人进行询问,制作询问笔录,进行证据固定,防止诉讼中当事人混淆案件事实,为案件繁简分流奠定基础。此外,进一步明确速裁庭审理简案的范围,将简单的刑事案件和行政案件一并纳入速裁庭审理。速裁庭负责本庭案件财产保全及执行,以及民商事简案、不作为和信息公开类行政简案、三类刑事简案(危险驾驶罪、交通肇事罪、轻伤型故意伤害罪)的审判和执行。速裁庭通过采取调查、询问等方式对新收案件的繁简进行动态管控,全面"把脉"案件难易程度,将事实清楚、证据充分的案件定为简案,并把简单案件固定化,防止其转化为繁案,实现了70%以上的简单案件,由速裁庭迅速简化审结。

(二)案件繁简界定标准的实践探索

如何定性案件繁简,是推动繁简分流工作首先需要解决的问题。兰考法院在对繁简案件标准的界定上,打破了传统思维定式,不简单以涉案金额、案件类型(案由)、涉诉人数为依据,而是以案件事实是否清楚和当事人争议是否较大为界分标准。具体理由如下:第一,法院裁判案件的前提是案件事实清楚,若案件事实未能查明,则再高明充分的裁判说理也不够公平。因此,无论何种案由,只要案件事实能及时查清,就存在定性简案进行快审的空间。故法官在进行繁简案件甄别时,应先对原告起诉的事实问题结合其立案提交的相关证据进行预审,并凭借办案经验作出初步判断。经判断,如果案件事实相对清楚,则认定为简案,反之则为繁案。第二,一般认为,法律关系是否明确是案件能否适用简易程序审理的要件之一,但法律关系是否明确所针对的是在同一个诉讼中对基于不同法律关系一并主张的限制,其限制的方式系诉讼案由类型化。民事案由的功能定位应当回归法院管理,[①]不能将案由奉为判断案件简繁与否的圭臬。而法院审查立案后所确立的案件事由类型正是对法律关系的梳理与明确,即进入立案程序的案件原则上已经归属于不同的案由,也意味着案件的法律关系已经确立。因此,案件法律关系是否明确并不是案件繁简的划分标准,而是法院民事立案的审查和规范对象。第三,对当事人争议不大的理解,既包括当事人对案件的基本事实没有根本性的分歧,也包括当事人对

[①] 此外,虽然民事案由与诉讼标的在划分依据上具有相似性与重合性,但民事案由的划分还没有达到旧实体法说诉讼标的的细致程度。曹建军:《民事案由的功能:演变、划分与定位》,载《法律科学(西北政法大学学报)》2018年第5期。

法院适用简案快审的速裁程序没有异议。因为法院对简案的审理强调一个"快"字,很多情况下会突破法律规定的举证答辩期限,如兰考法院的简案审理期限平均为22.9天。既然"任何简化程序都意味着对诉讼权利某种程度的减损"①,那么简化程序必须引入当事人弃权或者经当事人同意来确保正当性。② 如果一方当事人明确反对的话,法院不宜适用快审简化程序。

兰考法院将简单案件的甄别标准概括为"四不大、二明确、一同意"。"四不大"即双方当事人对案件事实争议不大、对责任划分争议不大、双方当事人情绪对立不大、法官工作量不大;"二明确"即案件事实相对明确、权利义务关系相对明确;"一同意"即双方当事人同意适用简化程序。同时,将案件事实相对简单的刑事案件和行政案件纳入简案范围。

(三)案件繁简分流甄别程序的探索

鉴于对案件事实是否清楚、权利义务是否明确、双方的争议大小等问题在立案审查阶段很难准确甄别,并由此导致案件在审理中由简易程序转普通程序的现象较为普遍,兰考法院打破了传统的、在立案阶段附带审查甄别繁简案件的程序,将案件简繁分流的甄别程序定于立案后至开庭审理前,在操作时具体包括以下四个方面的内容:

一是明确和强化速裁庭对繁简案件的甄别和分流功能。通常情况下,原告的诉状是由律师代写的,在趋利避害的心理作用下,会对案件事实有所隐瞒,诉状内容与事实真相并不一定完全相符,因此单纯依靠审查原告的诉状难以判断案件的繁简程度。与常规做法不同的是,兰考法院在登记立案后,案件即分配到速裁庭,原告会被"留"在法院,由法官前来对案件及当事人诉求进行详细了解,"把脉"案件的难易程度。承办法官通过制作原告诉前笔录,把"简单"案件的证据固定

---

① 魏晓娜:《完善认罪认罚从宽制度:中国语境下的关键词展开》,载《中国检察官》2016年第23期。
② 邵新:《司法体制改革背景下繁简分流的法理论证》,载《法治现代化研究》2018年第4期。

下来,抓住第一次、第一手的"最佳时机",严防当事人在事后混淆是非,导致简单案件"复杂化"。① 此外,在制作笔录固定证据的同时,员额法官也基本掌握了诸如被告的联系渠道是否畅通、是否配合应诉、双方是否具有调解的意向等关联信息,便于之后进行科学合理的繁简分流。

二是利用首次送达向被告固定相关证据。法官在立案后第一时间联系被告,能够对诉状陈述的事实做进一步的确认。此类证据固定主要涉及婚约财产纠纷中的彩礼金额、离婚纠纷中的财产状况等。一般来说,当事人接到法院首次通知后所陈述的内容往往更符合客观事实,可信度较强,若能通过询问被告并制作笔录固定好证据,则便于查清案件事实。对被告不愿意配合制作书面询问笔录的,执行保全团队可利用执法记录仪对被告的行为予以录摄存档,之后交给员额法官。

对此,有人提出过质疑,认为法官借助送达程序向被告询问案情系突击式询问,有悖于中立裁判的角色定位。笔者认为,这是对法律规定的机械理解,不符合法院裁判案件的基本规律。从法律层面看,《民事诉讼法》第67条第1款虽然明确了谁主张谁举证的举证规则,但该条第2款又规定,"当事人及其诉讼代理人因客观原因不能自行收集的证据,或者人民法院认为审理案件需要的证据,人民法院应当调查收集",该条款实质上明确了法院根据审理案件的需要,有权主动调查收集证据。从法院职能定位看,法院作出公平裁判的前提是准确查明案件事实真相,如果法院机械适用民事诉讼举证规则,将举证义务全部分配给原告,将导致很多案件事实难以认定,在事实不清这个前提下,法院所作出的裁判也无公平可言。此外,法院被动依赖当事人收集和提供证据,可能会给当事人提供虚假陈述的机会,进而导致很多简案因证据问题转化为繁案,人为地增加了繁案的比重。

三是在必要时,法官可以组织召开庭前会议,听取被告的陈述与

---

① 张童:《兰考速裁庭"开庭"繁简案"分流"》,载《人民法院报》2019年8月20日第8版。

辩解意见。只有做到"兼听",承办法官才能及时了解双方当事人的争议焦点,掌握被告的情绪与态度,并以此作为确定案件繁简分流的一项参照指标,以及决定是否主持双方进行调解。如果双方当事人对案件事实争议较大,对抗情绪较为激烈,且有一方当事人不同意法院适用简化程序快审的,一般将该案件认定为繁案。此外,对那些事实虽然简单,但无法联系到被告,需要公告送达的案件或者需要鉴定的案件,由于案件审理周期较长,亦应认定为繁案。

四是明确繁简案件的甄别期限为一个月。承办员额法官经甄别认定为繁案的,案件应经主管领导审批后退回立案庭,由立案庭通过网上立案系统将其随机分配到民事审判庭审理。甄别超过一个月的,由速裁庭自行审理。原则上,退回的案件,速裁庭需办结文书送达、财产保全、证据固定等工作。兰考法院对繁简案件的认定是一个逐步探索和深化认识的过程。在初期,法院对案件繁简的认定缺乏统一的标准和程序,案件繁简分流的精准度不高。但经过探索,目前已基本上达成了共识,繁简标准趋于合理,分流精准化程度不断提高,且简案的认定比例越来越高。

三、健全和完善民事案件繁简分流的配套机制

(一) 将顺畅高效办案作为简案速裁程序的功能定位

高效审结案件、快速处理纠纷是当下人民法院特别需要提升的能力。[①] 进行审判资源集约化利用的实践探索,要以严格保障当事人诉权为前提。无论法院如何量身定制适合本院的工作机制,都不能逾越或违背法律规定,这也是兰考法院建立简案快审裁判机制的重要前提。因此,兰考法院在机制设计上制定了"五充分"的工作标准:一是充分做好询问工作,压缩庭前准备时间,确保庭前初查案件事实,固定相关证据材料,向当事人说明适用快审程序的相关法律规定,引导当事人选择适用简化审理程序。二是充分运用调解手段,压缩当事人的

---

① 顾培东:《人民法院改革取向的审视与思考》,载《法学研究》2020 年第 1 期。

对峙空间,引导双方当事人坦诚相待,拿出诚意解决纠纷。三是充分运用迅捷信息传递手段。在首次送达后,通过短信、微信、电子邮箱等现代信息化方式进行之后的送达和调解工作,压缩当事人的等待时间。四是充分保障当事人的诉权。在简案快审程序中,由于追求高效解纷,不可能严格遵照法定的举证答辩期间,因此程序简化需要征求当事人同意才能进行。五是充分适用小额诉讼程序和督促程序。对事实清楚、权利义务关系明确、争议不大的简单民事案件,应引导当事人适用小额诉讼程序。对无争议的给付金钱等债权类诉讼案件,就积极引导当事人将债权人请求债务人给付金钱、有价证券的案件转入督促程序,推广使用支付令。

从法律层面分析,速裁程序并非如简易程序和普通程序那样的相对独立的诉讼程序。[①] 通常认为,速裁程序属于简易程序中的特殊程序,通过设定条件筛选案件,把一些简单、易处理、耗时少的民商事纠纷案件纳入速裁范围,以便快速审结。在公正的基础上追求效率已成为当代司法不可逆转之潮流。因此,速裁机制不应仅仅是各地法院面对大量案件采取实用主义方法的权宜之计,更重要的是,它是一种立足于现实需求和尊重诉讼规律基础上的制度创新。兰考法院通过实践探索,将速裁程序塑造为一种依附于简易程序和普通程序的全面提速程序,深刻把握快审快结这一速裁程序的本质特征,将顺畅高效办案作为速裁程序的功能定位。在顺畅高效办案的功能导向下,速裁程序存在如下四个特征:一是相关期限尽量短。如送达一般在立案后的3日内完成,举证答辩期间缩短至10天,以确保案件能在被认定为简案后的15天内开庭,1个月内审结。二是送达程序多样化和简易化。除首次送达采取直接送达外,速裁程序的送达应充分运用现代通信科技手段,广泛使用短信、微信、电子邮件等方式,以节约送达时间。三

[①] 最高人民法院早有把速裁程序建设为一种独立的诉讼程序的意图。但现有改革思路未能跳出简易程序的框架,且囿于现行法的规定,速裁程序的独立性也尚未证成。吴英姿:《民事速裁程序构建原理——兼及民事诉讼繁简分流改革的系统推进》,载《当代法学》2021年第4期。

是举证规则运用灵活,包括通过庭前证据的固定防止证据突袭;庭审中的举证和质证可以相应简化;对证人或当事人可以不采取交叉询问的方式,而以法官认为适当的顺序和方式进行;证人可以通过双向视频传输技术作证;法官可根据具体案情灵活分配举证责任等。四是法律文书制作简化。速裁程序引入表格式调解书或判决书,以便进一步提高诉讼效率。对调解结案的案件,调解书可以仅写明当事人的基本情况、受理案由和协议内容,不必写明案件事实。对于判决书,不必记录当事人的诉辩主张、举证质证等情况,但应当载明判决理由。

兰考法院尽量压缩速裁案件的裁判周期,且不断强化法院依职权查明案件事实真相的主动性,提高办案效率,并提出了"五个第一"的工作模式:第一时间立案、第一时间保全、第一时间送达、第一时间裁判、第一时间执行。这种工作模式对当事人来讲,可以使得案件很快办结,矛盾纠纷得以及时化解,也降低了诉讼成本,减少了"诉累",使当事人的司法获得感得到显著提升。对法院而言,案件流转速度的提升能够有效减少案件存量,进一步缓解"案多人少"的压力,同时也压缩了权力寻租的机会和空间,法官所受到的外部干扰也将减少,司法公信力明显提升。

(二)明确审执团队之间的分工、配合与制约关系

繁简分流不仅仅在于形式上的简化,更在于实质性推动,需要各个环节的支持配合。① 兰考法院秉承全局思维、能动思维和换位思维,树立繁简分流一体化的理念,优化司法资源,强化各机构的配合与衔接。兰考法院在诉讼服务中心下设3个速裁庭,并从人力物力方面给予大力支持,为3个速裁庭共配置员额法官9名,书记员9名,法警及执行员27名,办案车辆6辆,即每个速裁庭设庭长1名,员额法官(含庭长)3名,每个员额法官配备1名专职书记员。速裁庭内设审判团队和执行保全团队,前者负责院内工作,具体包括指导书记员制作原告询问笔录、受理财产保全申请、审理案件及进行调解工作。执行保全

---

① 程琥:《行政诉讼繁简分流程序构造》,载《人民法治》2016年第10期。

团队负责外围工作,具体包括送达、实施财产保全、固定收集证据、现场勘验等工作。员额法官在调处案件时采取"1＋1＋9"团队模式,即每个员额法官可以指挥1名专职书记员和由9名干警组成的执行保全团队开展工作。执行保全团队在送达、财产保全、勘验后应向审判团队员额法官反馈信息,协助法官做好案件的调解与当庭清结工作。执行保全团队向法官反馈的信息包括被告财产保全的情况、被告对案件事实有无异议、被告是否同意调解等。法官能够通过反馈的信息,对案件事实及被告的态度等有基本了解,能提前制定好裁判或调解方案,便于案件顺利办理。审执团队在明确分工的基础上,能形成调解合力,共同或轮流向当事人做调解工作及督促执行工作,有利于提高案件调解率、当庭清结率与自动履行率。当案件进入执行阶段后,员额法官应协助执行保全团队做调解工作,跟踪案件执行。由于案件裁判和执行均由同一庭室完成,因此员额法官在裁判案件时,应征求执行保全团队人员的意见,不能自顾自进行裁判,不考虑案件后续的执行问题。由于执行保全团队在审判阶段参与了案件的审理,对案件情况较为熟悉,因此这种多人参与办案的模式也起到了一种互相监督制约的效果。此外,如果员额法官裁判不公,当事人可能会把不满情绪发泄到执行人员身上,故为了确保案件的顺利执行,执行人员往往会主动监督和提醒员额法官秉公办案。

兰考法院下辖的四个人民法庭也进行了案件繁简分流工作。人民法庭同样由审判团队和综合执行团队组成,审判团队由3名员额法官和3名书记员组成,综合执行团队由5名执行干警组成。庭长负责案件繁简分流的甄别和筛选工作,简案由庭长负责审理,繁案由其他两名员额法官交替审理。其中,简案比例控制在60%以上。审执团队的工作模式与速裁法庭类似。

(三)优化司法资源配置,合理设置案件繁简分流比例

案件繁简分流的核心功能在于优化资源配置,确保法官有精力和时间办理繁案。为此,应合理设置案件繁简分流的比例。兰考法院将简案比例控制在70%以内,这种分流比例基本满足了简案快审、繁案

精审的条件。由于约70%的简案已经由速裁庭负责审理和执行,因此剩余30%的繁案会由每个法官分摊,每人每年约为100件,这较之前的案件量减少了一半以上。法官承办的案件量减少了,承办案件的时间就会相对宽裕,也有足够的精力审理繁案。这样能有效避免繁案简审。繁案精审的关键在于给予法官充足的时间,让他们深入了解案件,综合考虑全面因素,作出公正的判决。如果没有时间保障,只追求快审快结,虽然结案量提升了,但办案效果会不理想,也将导致很多案件因为事实未查清或裁判不公而被二审法院改判或进入再审程序。长此以往,司法公信力势必大打折扣。案件繁简有别,对法官的要求也不同。同样是民事案件,法官在审理繁案时所花费的时间和精力往往数倍于简案。因此,为了确保法官有精力和时间精细化审理繁案,兰考法院将继续逐步提高简案的比重,力争将简案比重维持在75%以上。同时,兰考法院的所有繁案均是进入速裁程序并经速裁法官甄别筛选后认定的,为了便于民事审判法官的审理,速裁法官在对案件进行甄别时,已及时通过询问当事人并制作笔录的方式固定了相关证据,相关的送达工作一般也已经完成,①这些都为对繁案进行精审奠定了基础。

二次过滤后的案件,一般来说确实属于疑难复杂案件,繁案精审要求审判资源配置采用优化重组而不是更换式优化的方式,并遵循审理法官的专业、能力、社会威望优于首审法官(案件初始审理的独任法官或合议庭)的原则,确保为繁案配置更为优质的审判资源。② 选择审理繁案的法官,需要具备一定的条件,主要涉及近三到五年内的办理案件效果、案件发改情况、有无信访案件及数量、自身专业优势、综合评价及人民群众的满意度等。此外,兰考法院还充分尊重员额法官的意愿,进行双向选择,即法官有权选择到速裁法庭审理简案或者到民

---

① 在对当事人进行首次直接送达时,送达人员会要求当事人填写送达地址确认书,这将使得后续送达工作更加便利。

② 张龑、程财:《从粗放到精细:繁简分流系统化模式之构建》,载《法律适用》2020年第9期。

事审判庭审理繁案。审理简案的法官,其专业能力要求相对较低,但案件量大;审理繁案的优点是案件量少,但难度较大,更适合业务能力强的、敢于挑战的法官。法官们可以根据自身情况和繁简案件的类别特征进行首选,由院政治处进行汇总并报院党组会议研究决定,再由院党组进行二次选优,进而组建以资深法官为主体的繁案精审团队。

自2019年1月兰考法院三个速裁庭成立以来,70%的民商事案件被认定为简案并最终在速裁庭得到快速有效解决,剩余30%的繁案实现了"精审判",简案平均办案周期为29.9天,有近86%的民商事案件进入简易审判程序或调解结案,及时化解了矛盾纠纷,从源头上拦截了大量案件进入执行程序,"案多人少"的突出问题得到有效缓解。兰考法院通过对案件繁简分流标准的确定与甄别方法及程序的完善,初步实现了"简案快审、繁案精审",为践行习近平总书记在中央政法工作会议上提出的深化诉讼制度改革,推进案件繁简分流、轻重分离、快慢分道提供了一个很好的样本。同时,兰考法院对民事案件速裁程序的探索,也为推动司法机关内部体制机制改革积累了地方经验,提供了实践素材。

案件繁简分流是最高人民法院近年来的一项重要改革举措,在推动司法便民、缓解法院"人案矛盾"方面具有重要意义。从发展的视角看,案件繁简分流是反映新时代司法机关解纷能力和诉讼服务能力现代化的重要标志。但何为简案、何为繁案,以及如何准确界定二者的标准,通过甄别程序对二者进行有效界分,是理论和实践中均要面对的问题。本节是对兰考法院案件繁简分流实践的提炼和总结,从经验研究视角,为繁简分流的甄别标准与方法的规范化和法治化积累了本土经验和地方智慧。个别法院的实践探索虽然是碎片化的,但却能为理论研究提供素材,也可以为司法改革的顶层设计提供一种本土性、自发性,甚至带有个性化特征的解决方案。从可行性层面看,实践探索积累和形成的经验,较脱离实际的理论设想,或许更具有研究价值,值得关注。

第五章

将实质性化解合法诉求融入审判环节

党的十八大以来,随着全面依法治国战略的深化贯彻落实和司法体制改革持续推进,法院审判工作取得了长足进步和可喜变化,传统的"立案难""审理难""执行难"问题得到较大改善,司法公信力和司法权威得到较大提升。但与此同时,民事和行政审判仍然存在不少困难和隐忧,它们与人民群众日益增长的多元化司法需求和审判现代化目标要求之间还存在一定差距。"两高一低"现象较为普遍,[①]"案件比"不断攀升。如何在党的领导下,坚持以人民为中心的工作导向,公正、高效地实质性化解争议,依然是当前审判工作的重要课题。

第一节 构建"一审中心主义"的审级格局

一、"一审中心主义"审级格局的学理意涵

(一)"一审中心主义"的实践逻辑

经检索相关文献,较早提出"一审中心主义"的文章是最高人民法院胡夏冰撰写的《构建"一审中心主义"的审级格局》,该文刊登于《人民法院报》。该文章对一审法院和二审法院的功能区分作了分析,认为一审诉讼程序的主要功能是解决社会纠纷,实现和维护具体案件的正义性;上诉和最高审级程序的功能则是为了保持法律适用的统一、制定国家司法政策和形成规则之治。通过对一二审法院功能定位的比较分析,作者提出将事实认定问题放置在一审程序中解决是更为合理的安排。[②] 该观点具有合理性,因为与二审相比,一审距离争议发生的时间和空间相对更近,在一审程序中调查收集的证据材料往往更为

---

① "两高"指上诉率高、申请再审率高;"一低"指原告服判息诉率低。
② 胡夏冰:《构建"一审中心主义"的审级格局》,载《人民法院报》2011年9月22日第2版。

可靠,一审法官更容易探明案件事实真相。

案件经历的时间越长,探知案件事实的难度就越大。"如果第一审在查明和认定事实方面质效不佳,将极大影响后续审判阶段定分止争的效果。"① 据此,提出"一审中心主义"的观点主要是为了强调一审法院对诉讼案件事实认定部分所具有的查明功能。因此,在学理层面,也就有了一审法院主要是"事实审",二审法院主要是"法律审"的说法。但这一观点并未得到实务部门的认可。我国审判实践并没有对一审、二审的功能定位作出严格的区分,无论是一审、二审还是再审程序,均贯彻了全面审理的原则。二审法院的审理范围实际上比一审法院更为宽泛,既可审理案件的事实问题和法律适用问题,也可以审理一审诉讼程序的合法性问题。此种上诉制度的逻辑安排,源自上诉制度的救济功能。根据日本学者伊藤真的观点,设置上诉制度的首要功能,是对当事人诉讼权益进行救济,而非统一法律适用,后者不应优先于当事人利益。② 除了救济功能外,上诉制度作为司法制度的重要组成部分,还担负着多样化的司法功能。一般认为,上诉制度的功能包括吸收不满、纠正事实错误、促进法律适用的统一以及巩固司法体系的合法性等。③ 在我国,由于制度上的固有缺陷,加之司法实践中存在请示报告的做法,再审程序启动的随意性较大,"终审不终"的现象普遍存在,民事上诉制度在理论与实践两个层面均存在着难以克服的问题。④

近年来,在各种报刊上经常可以看到诉讼案件历经多个审级,诉

---

① 何帆:《积厚成势:中国司法的制度逻辑》,中国民主法制出版社 2023 年版,第 337 页。

② 〔日〕伊藤真:《民事诉讼法(第 4 版补订版)》,曹云吉译,北京大学出版社 2019 年版,第 473 页。

③ 〔英〕罗杰·科特威尔:《法律社会学导论》,张文显等译,华夏出版社 1989 年版,第 269—271 页。

④ 齐树洁:《论我国民事上诉制度的改革与完善——兼论民事再审制度之重构》,载《法学评论》2004 年第 4 期。

讼数年未结的报道。① 针对一审案件上诉率和申请再审率偏高以及服判息诉率偏低的问题,不少法院将"案件比"作为一项重要的考核指标,旨在通过考核"指挥棒"来引导一审法院采取各项措施实质性化解当事人之间的争议,确保大多数案件能在一审法院得到解决。在此情况下,有的法院已经提出要坚持"一审中心主义",杜绝在事实不清的情况下轻易下判,不断提高审判质量,促使各方当事人服判息诉,减少上诉、申请再审案件数量。② 与学理层面一审诉讼侧重于查明案件事实相比,实践探索中的"一审中心主义"则更加注重一审法院纠纷解决的终局性,即一审裁判之后,当事人能够服判息诉,尽可能地降低案件上诉的概率。

(二)两种"一审中心主义"的比较分析

与学理层面的"一审中心主义"相比,实践探索中所提倡的"一审中心主义"并不排斥二审法院对一审诉讼案件的全面审理。无论是从审级监督的有效性,还是从权利救济的充分性视角看,二审法院都不可能放弃对案件事实查明的职能,因为将事实审从二审法院诉讼职能中剥离,意味着二审法院即便发现一审事实认定存在错误,也难以直接纠正。而在事实认定无法改变的情况下,基于事实认定的法律适用对裁判结果的影响力也非常有限。因此,基于职权分工和功能差异而构建的"一审中心主义"审级模式不具有科学性和可行性。两审终审制的制度精髓就在于,二审法院对上诉案件和一审裁判活动的

---

① 例如《南方周末》1998年的文章《三级法院 四个判决 八年官司 一张白纸》,《中国律师》1999年的文章《两审终审制:无法终审的现实》,《法制日报》2001年的文章《诉讼七年还在二审 如此延宕何谈效率》,《法制日报》2002年的文章《法院再审没完没了·一桩官司好似泥潭》。姜明安教授曾对一起典型的"终审不终"案例进行分析。发生于河南省焦作市的一起三间房屋的产权纠纷案在经历了民事、行政两种诉讼,三级法院,九年审理,十六次裁判之后,检察院又提起抗诉。姜明安:《对一起马拉松官司的反思》,载《法制日报》2002年12月1日第2版。

② 例如,河南省杞县人民法院在审判管理工作中,专门下发了由院长签发的文件,明确提出要坚持"一审中心主义",尽可能将矛盾纠纷化解在基层,严格控制案件比,防止出现一案多件的问题。

全面审查和充分监督。

相比之下,实践探索中的"一审中心主义"既契合了诉源治理的目标要求,也是人民法院参与基层社会治理的"枫桥经验"新路径。在社会转型期,大量矛盾纠纷涌入法院,"案多人少"的问题不仅发生在一审法院,也不断地向审级更高的二审法院"蔓延"。而二审法院诉讼案件的增多,也导致申请再审的案件数量持续增加。就目前的再审制度而言,对一方当事人为法人或非法人组织的二审案件来说,如果当事人对二审结果不服而申请再审,将由更高层级的法院(至少为省级高院)负责。更高层级法院诉讼案件的增多,既不利于案件的合理分流,也不利于实现审级制的有效监督。国家设置审级,隐含的一个制度前提是:法院层级越高,审理的案件越少越重要,配备的法官素质和审判能力也相应提高。因此,理想的审级制度,应当能够实现案件自下而上的、有效的、合理的分离,确保只有少数案件能够进入高审级的审判机关。① 然而,实践中随着一审诉讼案件数量的增多,二审和再审法院的诉讼案件数量也是"水涨船高",案件数量的不断增加,导致二审、再审法官疲于应付,其后果是,二审和再审层级对一审法院涉嫌违法或存在瑕疵的裁判活动的监督与纠正效率降低,还大大增加了当事人的诉讼维权成本。为了减少二审和再审法院的诉讼案件量,最高人民法院不得已通过出台司法解释的方式不断提高一审诉讼案件的诉讼标的额,尽可能将更多的案件终结于基层法院和中级人民法院。在此背景下,提倡"一审中心主义",旨在确保大多数案件在基层法院就能得以解决,在较大程度上缓解了二审和再审法院的审判压力,确保它们能将更多的精力和资源投入对疑难复杂案件的审理中。

新时代"枫桥经验"的科学内涵是:"坚持和贯彻党的群众路线,在党的领导下,充分发动群众、组织群众、依靠群众解决群众自己的事情,做到'小事不出村,大事不出镇,矛盾不上交'"②。"一审中心主义"

---

① 何帆:《积厚成势:中国司法的制度逻辑》,中国民主法制出版社2023年版,第331—332页。
② 《习近平谈治国理政》第四卷,外文出版社2022年版,第179页。

与"枫桥经验"的契合点在于,将矛盾纠纷化解于基层,确保矛盾不上交。在此意义上,所谓的"一审中心"并不意味着一审法院在解纷能力与资源上较上级法院更具优越性,而是要充分挖掘一审法院实质性解决当事人合法诉求的潜能,提高一审法院的审判质量,切实做到能在一审程序中解决的问题,绝不上交或拖延到二审法院,不将矛盾抛向二审程序,不指望二审法院去解决。当然,这就对一审法院及其法官提出了更高的要求。从纠纷解决的视角分析,在一审阶段,诉讼争议的化解难度是最小的,当事人的解纷成本也是最低的。实践中,矛盾纠纷激化的主要原因在于疏导、处理不及时。① 如果一审法官消极审理,对应当依职权或依申请查明的事实情况不查证,导致事实认定错误,那么在后续的二审及再审程序中要想予以纠正,对当事人而言,其难度无疑是要翻倍的。如果"问题裁判"始终无法得到纠正,当事人将不得不通过不断申诉信访或更极端方式维权。

总之,实践中生成的"一审中心主义"的审级格局,是在现行两审终审制度框架内,由基层法院因应绩效考核指标压力而创设的一种审判工作理念。这种审判工作理念主张一审法院要将查明案件事实与彻底化解当事人的矛盾纠纷相结合,要求法官将实质性解决当事人的合法诉求作为裁判理念,力争将案件化解在一审法院,消解于基层,并以当事人服判息诉作为直观标准。"一审中心主义"的审级格局是基层法院在新时代"枫桥经验"引导下的新探索,主要是通过在一审诉讼中采取"案结事了"的方式推动实现"矛盾不上交(二审法院)"。然而,"一审中心主义"审级格局的真正建构与完善,不仅依赖于法官裁判理念的转变,还需要依托一系列配套保障机制。

(三)"一审中心主义"审级格局的要素构成

要素在不同的领域和语境中有着不同的含义,但它们通常指的是构成某个系统或过程的基本组成部分。以在一审诉讼中终局性解决

---

① 汪世荣:《"枫桥经验"预防性法律制度建设的实践及其成效》,载《政治与法律》2024年第7期。

纠纷为要旨的"一审中心主义"审级格局,在内容要素的构成上,体现为如何确保一审裁判结果的客观性、公正性和合理性。其中,客观性是对一审法院在事实查明方面的基本要求;公正性既体现为审判过程的公开性和程序正义,也体现为裁判结果的公平正义;合理性则体现为裁判结果的可接受性,这种可接受性要以当事人及社会民众的评价为主导,可将其理解为通常所说的社会效果。如果一审法院在个案裁判中的各项工作都能够达到"三性"的标准,至少80%的案件可能会止步于一审阶段,实现案与件的同等性。这也是"一审中心主义"诉讼格局所追求的目标。

二、健全一审在案件事实认定中的探知机制

(一)查明事实真相的重要性及其概念厘定

事实认定是法院公正裁判的逻辑前提,一旦事实认定错误,裁判结果也将出现问题。因为基于不同事实所适用的法律规范是不一样的,其结果当然也有所不同,甚至可能得出截然相反的结果。虽然法院在事实不清的情况下也可以借助举证责任作判决,但无论如何这是远离"在真相的基础上实现实体法"这一民事诉讼制度目的的。① 域外学者也认为,尽管民事诉讼制度还存在着其他价值,如安全价值、效率价值,但在查明事实真相的基础上实现实体法仍然是首要的价值。德国有学者表示:"我们不应该忘记所有证据制度的一个最起点的问题,就是所有的法律体系,无论是大陆法系、英美法系、社会主义法系,都是在于发现事实、针对真相来判决案件,去解决争端,这在各个法律体系中都是一样的。"② 这一言论说明了诉讼裁判的本质,即探知案件事实真相,这也是法院审判工作的中心任务和基础条件。如果案件事实

---

① 李浩:《回归民事诉讼法——法院依职权调查取证的再改革》,载《法学家》2011年第3期。
② 转引自江伟主编:《比较民事诉讼法国际研讨会论文集》,中国政法大学出版社2004年版,第124页。

都无法查明,那么裁判结论就不可能正确,所谓的法律效果和社会效果自然也无从谈起。

一般认为,事实问题只能推定,而不能塑造。在诉讼过程中,法院所查明的客观真实只是一种法律意义上的真实,或者说是一种建立在证据上的推定的真实,这种真实有可能与客观存在的事实不一致,即存在"失真"的可能性。"司法裁判应该以事实为根据,以法律为准绳。"然而,该裁判原则中最具争议的就是"事实"一词。在学界过往关于刑事诉讼事实观的论述中,"客观事实""主观事实"和"法律事实"是三个基本概念。① 有学者认为,"客观事实""主观事实"和"法律事实"共同构成刑事诉讼的事实观,堪称"三位一体",相辅相成,即司法证明活动不能背离客观事实。司法人员只能通过证据去间接地认知客观事实,但司法人员通过证据所认定的案件事实未必等同于客观事实。② 此论述尽管以刑事诉讼的案件事实为视角,但对民事和行政诉讼案件事实的理解亦具有参考意义,因为三大诉讼案件的事实认定问题本来就具有同质性,区别仅体现为证明标准的高低。笔者认为,个案裁判的事实,应当以客观事实为出发点和终极目标。在实践中,法官要充分借助举证质证及发问等方式还原案件的客观事实,并基于此形成案件事实。但是,案件事实毕竟是结合相关证据材料和证据规则所推定的,还融入了法官的主观意志,而法官的主观意志本身又掺杂了当事人及律师的主观理解与认知。这导致案件事实实际上兼具客观性和主观性,是客观事实与主观事实的复合体。从某种意义上讲,法官所查明的案件事实也许只能无限地接近客观事实。但是,我们不能因事实认定结果的可能"失真"及客观性与主观性成分的交融而放弃对客观事实的追求。

---

① 樊崇义等:《刑事证据前沿问题研究》,载何家弘主编:《证据学论坛(第1卷)》,中国检察出版社2000年版,第210—211页。
② 何家弘、周慕涵:《刑事诉讼事实观与真实观的学理重述——兼评"程序共识论"》,载《清华法学》2022年第6期。

厘清案件事实与客观事实、主观事实关系的意义是引导法官在作出事实认定时,尽可能摒弃主观因素的不当影响,减少"自由心证"的适用频率,同时也慎重适用经验法则进行推理。典型的例子是"南京彭宇案",有观点认为该案存在经验法则识别错误,即低盖然性的经验认识不能够作为经验法则;还有观点认为该案的问题在于推理过程,即基于经验法则及案件中的其他证据,难以推导出事实认定结论。①

(二) 用好法官在查明事实中的主动权

长期以来,在三大诉讼中,法院在调查取证的态度上,始终秉承消极主义的立场。在刑事诉讼中,由于事实认定的主要证据系控方负责,法院一般不会启动依职权或依申请的调查取证权。尽管刑事诉讼法明确规定控方负有全面取证的义务,即不但要调取不利于被告人的事实证据(涉嫌违法犯罪的证据),也要调取有利于被告人的事实证据(存疑的证据、从轻减轻处罚的证据等),但基于追诉性立场,控方缺乏调取有利于被告人之事实证据的动力,而如果法院也有意回避被告人及其辩护人的调查取证申请,就容易导致冤假错案的产生。

在民事诉讼中,有的法官机械地理解《民事诉讼法》第 67 条第 1 款②有关"当事人对自己提出的主张,有责任提供证据"(即"谁主张谁举证")的内容,认为举证是当事人的义务,如果不能举证,就应当承担相应的不利后果。然而,对该条款的机械理解,其实也是对该条第 2 款的有意忽略。《民事诉讼法》第 67 条第 2 款规定:当事人及其诉讼代理人因客观原因不能自行收集的证据,或者人民法院认为审理案件需要的证据,人民法院应当调查收集。该条款实际上赋予了法院调查收集证据的职责。

如果法官完全放弃在查明事实中的主动权,可能导致当事人对律

---

① 欧元捷:《论民事审判中经验法则的规则化》,载《华东政法大学学报》2024 年第 3 期。

② 该条款也是法院在驳回诉讼请求判决中引用率最高的程序法条款。

师的过度依赖。尽管我国民众的法治素养已经得到了普遍的提升，但举证仍然是一个难度较高的行为，不仅需要当事人具备证据意识，还需要他们熟悉相关的法律，以便对证据的有效性做出判断。这显然是极有难度的。

案件一旦进入诉讼环节，仅凭当事人本人往往难以较好地完成举证义务，因此求助律师是一个再自然不过的选择。当前，律师服务行业虽然具有一定的公益性，但更具有商业化和市场化的属性特征。在缺乏相应诉讼能力支持下，当事人即便是享有诉讼权利，也可能难以充分行使，如果法院在这种情况下仍然恪守消极取证主义的立场，将导致有些当事人因经济困难无法获得专业律师的帮助，最终极有可能败诉。实践中，两个类似案件之所以出现截然不同的结果，往往就是因为事实认定不同。因此，如若法官能结合个案情况及内心确信或经验法则，主动调取证据材料，则能有效弥补当事人的取证不足，这对法院全面准确查明案件事实至关重要。

法官主动调取证据材料，在特定类型的案件中具有关键性意义。例如，在婚约财产类纠纷案件中，准确查明彩礼的金额是裁判结果是否公平公正的前提条件。如果彩礼金额未能准确认定，即便是再合理的返回比例判定也难以弥补由此产生的缺憾。但是，有关彩礼金额的认定，确实又是个难点。因为此类案件多发生在农村，男女双方在订立婚约过程中，虽然可能会通过媒人或中间人商谈彩礼的金额，但因彩礼给付时一般是现金交付，且媒人要么与一方当事人有利害关系，要么与双方当事人均存在利害关系，而其他在场人员多为一方近亲属；同时，因双方当事人怀着成为夫妻的美好目的而发生上述"交易"行为，所以出于信任，双方都不大可能保留相关证据。故一旦双方因退婚事宜处理不善，对簿公堂时，如果严格按照"谁主张谁举证"的方式，完全依赖原告提供证据并予以审查，极有可能无法查明彩礼金额这一基本事实。因为媒人出于种种考虑，可能不愿意出庭作证，而双方当事人及其近亲属也各持己见，所以此时就需要法院主动出击，掌握查明案件事实的主动权，及时在庭前固定证据。笔者在初入法院工作期间,曾被分配到某人民法庭工作。当时,法院对涉及婚约财产的纠纷案件及离婚纠纷中的财产分割等案件,在受理后一般会要求书记员进行现场送达,面见当事人并制作询问笔录。因为此时处于案件的初始阶段,也是双方当事人矛盾纠纷刚刚诉诸官方解决的初始期。在法院工作人员第一时间找到被告送达诉状时,出于对法院权威的畏惧或当时存有的朴素心态,被告往往会如实回答法院工作人员的问题。我们将此环节称为办理该类案件的"黄金机会"。一旦在此阶段固定好了证据,那么在接下来的诉讼过程中,案件就能得到较为顺利的处理。即便是被告事后聘请了律师,因在此前已经作出了真实性的陈述,所以之后也很难再做更改。这样,大多数案件都能通过调解、和解、撤诉等方式结案。

　　此外,法律在赋予法官调查取证权的基础上,也赋予了他对证据材料的全面、客观的审查核实权力。其中当然涉及对自行调取证据的核查与认定。这种全方位的完整授权,在现行法律规范体系中是不多见的。如在刑事诉讼中,侦查机关调取的证据,最终要经过检察机关和审判机关的双重审查核实。在行政诉讼中,行政机关作出行政行为的事实证据也需要由审判机关作出最终的认定。从程序正义的视角看,调查收集证据的主体与审查核实证据的主体一般是不能一样的,但在民事诉讼案件的裁判过程中,却存在前述的例外。即允许法院对自行调取的证据材料进行自我审查认定,其前提条件是此类证据材料要交由双方当事人进行质证。法律上的这种充分授权,体现了立法者对法院的信任。目前,至少在民事案件的裁判过程中,法院基本实现了完整的自我决定权,并基本做到了依法独立行使民事审判权,不受任何行政机关、社会团体和个人的干涉。① 这种充分和完整的法律授权,有助于审判机关结合具体个案的情况,灵活把握调查取证权的适用空间,进而努力实现案件事实与客观事实的无限接近。

---

　　① 《宪法》第131条规定:人民法院依照法律规定独立行使审判权,不受行政机关、社会团体和个人的干涉。

(三) 用活法官的庭外调查权

法官庭外调查的概念可以界定为,在正式开庭之外,法官作为调查主体就案件事实和纠纷处理对双方当事人、代理人及案外人等所做的调查取证活动。庭外调查所形成的证据材料包括调查笔录、询问笔录、质证笔录、座谈笔录、勘验笔录、办案追记等。① 庭外调查的主要载体是调查笔录,它是审判人员对案件当事人之外的主体制作的关于调查询问的书面记录。其中较为典型的是庭外制作证人的调查笔录,即通过制作调查笔录固定证人证言,并将其作为法院调查收集的证据在法庭上宣读出示,让双方当事人质证。《民事诉讼法》关于"调查笔录"的规定仅有一条,即"人民法院派出人员进行调查时,应当向被调查人出示证件。调查笔录经被调查人校阅后,由被调查人、调查人签名或者盖章"。《最高人民法院关于民事诉讼证据的若干规定》中有关"调查笔录"的条款有3条,但主要涉及在收集书证、物证过程中所制作的过程性记录。有学者指出,法律"对证据审核程序的价值功能缺乏细致的考虑,在立法上的规定仍过于粗略、缺乏可操作性,许多应予规定的内容甚至出现空白"。② 在学理层面,调查笔录类证据及其适用问题也存在一定的争议。有学者认为,这种证据审核调查形成的调查笔录虽然有助于法官心证,但不是民事诉讼意义上的证据。把调查笔录作为证据进行质证,易导致:第一,法官有超职权调查取证的嫌疑;第二,法官丧失中立性,因为调查笔录一般只有利于一方当事人;第三,违背《民事诉讼法》关于证据种类的规定。③

笔者认为,庭外调查权是法院依职权调查取证的重要组成部分,由法院审判人员主导制作的调查笔录当然属于民事诉讼的证据类型。

---

① 高伟、蔡青、纪胜利:《乱象与规制:民事诉讼中法官庭外调查实证研究》,载贺荣主编:《司法体制改革与民商事法律适用问题研究——全国法院第二十六届学术讨论会论文集》,人民法院出版社2015年版,第691页。

② 钱颖萍:《论大陆法系证据调查及其对我国的启示:以当事人的权利保障为中心》,载《河北法学》2012年第5期。

③ 吕旦东:《庭外证据审核的规范与规制》,载《人民司法》2019年第13期。

尽管法院在庭外调查取证时可能存在滥用职权或选择性调取的问题，但这些问题完全可以在法治化路径中加以纾解。众所周知，民事诉讼应当强调查明客观真实，目前所确立的当事人主义的诉讼模式，旨在强化当事人的举证责任，但并不意味着要放弃或减轻法院依职权查明案件事实的法定义务。对任何一级的法院而言，它均具有查明案件事实的法定职责，之所以强调发挥一审法院在事实认定中的重要作用，是因为它距离争议发生的时间、空间较近，在查明案件事实中具有一定的优势，案件事实一旦在一审中得以查明，裁判结果大概率就是正确的，当事人服判息诉的概率也将提高。

要想查明案件的真实情况，人民法院就不能仅将目光落在当事人和其他诉讼参与人提出的事实和证据上。法院审判人员根据案件的需要可以按照法定程序责令当事人提供或者补充证据，也可以依职权收集、调查证据。① 需要说明的是，法院在依职权调查活动中虽然具有主导性，但在启动方面受到一定的限制。不过，这与民事诉讼法所确定的"谁主张谁举证"原则并不矛盾，相反，它是"谁主张谁举证"原则的有益补充。

用活法官的庭外调查权，旨在充分发挥法官依职权调查取证的积极性，这要求法官"有所为"和"有所不为"。就前者而言，在涉及家事类案件等纠纷中，如果当事人的举证能力受限，或者当事人所举证据存疑，法官就有必要启动庭外调查权。由于证据是否存疑或是否有必要依职权调查核实证据，一般需要经过开庭审理才能做出判断，故法官的庭外调查权应在开庭结束后启动更为适宜。就后者而言，在当事人未能穷尽举证能力之前，除非案件涉及公共利益，否则法官不宜随意进行庭外调查取证。此外，要强化对法官调查取证权的监督制约，确保庭外调查取证权在法治化的轨道上运行。要做到这点：一是要消除法官庭外调查权运行的选择性和非中立性，在进行现场勘验和制作勘验笔录时，通知双方当事人到场，允许当事人就勘验结果发表意见。

---

① 柴发邦等：《民事诉讼法通论》，法律出版社1982年版，第229页。

二是在对证人或其他相关人员进行调查取证并制作笔录时,为了确保被调查人员不被当事人现场干扰,可不通知当事人到场,但需将调查笔录在法庭上公开展示,并由审判人员就该调查笔录的制作背景和过程等进行必要的说明,允许当事人发表质证意见和质疑;对当事人的质疑,审判人员应当进行回应性的解释说明。三是要规范调查取证程序:首先要避免单独取证,对确实需要调查取证的,应当由两名以上的法院工作人员进行;其次,为避免取证行为的随意性,应采取司法令状制度,即由法院制作调查取证令状,令状应当明确记载调查取证的对象、内容、范围及方式等,并随执法证件一并向被调查人出示,这样既能体现司法取证工作的严肃性,也有利于取得被调查人的配合,进一步消除其心理负担。四是要做好取证过程的记录工作。目前,已有不少法院为其工作人员外出调查取证配备了执法记录仪,这能够客观记录调查人员的调查取证过程,既能对调查人员起到监督作用,也能起到消除当事人疑虑的作用。这些记录取证活动的过程性证据也应当存档备查。

(四)完善证人证言类证据的采信规则

目前,有关证人证言类证据的采信是比较混乱的,不但不同的法院有各自的判断标准,而且不同的法官也有不同的采信基准。有些法官的做法比较极端,认为在我国当前阶段,证人证言整体上缺乏可信性。基于这种理解和认识,证人证言的采信率并不高。其实,这并非证人证言这一证据类型的问题,而是证人本身的问题。具体来讲,出庭作证的证人也许并不是真正的证人,而真正的证人可能又不愿意出庭作证。此外,证人证言中通常会掺杂一些主观性、似是而非的内容增加了事实认定的复杂性。因此,为了确保证人能如实作证,2020年5月1日施行的《最高人民法院关于民事诉讼证据的若干规定》对证据规则作了不少修改。例如,在证人被传唤到法庭作证之前,一般要让其签署并宣读如实作证保证书(第71条),审判员(长)还会对证人进行法治教育,告知其作伪证、虚假陈述的法律后果等。为了防止当事人与证人提前商定证词,证人作证时不得以宣读事先准备的书面材料的方式陈述证言(第72条)。

此外，根据《最高人民法院关于民事诉讼证据的若干规定》的规定，证人应当客观陈述其亲身感知的事实，作证时不得使用猜测、推断或者评论性语言。该条款实际上是将作证陈述权赋予了证人，而对证人证言的审核采信权则被赋予了法官。为避免和减少证人证言受外界因素的影响，特别是受当事人诱导的影响，证人应当就其作证的事项进行连续陈述，将其知道的相关案件信息完整连贯地向法庭作出陈述。① 然而，在现实生活中，因认知上的差异，很多证人其实很难将自己的亲身感知与感想进行明确的区分，再加上法庭庄严的氛围和来自法官、律师等人的连番询问，证人可能会产生紧张情绪，进而导致不能进行连贯和完整的陈述，且很容易将亲身经历和感知猜测混为一谈。总之，感知能力、记忆能力、表述能力是证人本身所具有的、司法机关不可控的因素。

目前，有关证人证言证据的法律规范虽然较为完善，但仍难以满足实践中复杂多样的办案需求，以至于法官不得不续造此类证据的认定规则。有关法律规则的续造问题，常见于推行判例制度的国家。在这些国家，最高法院填补空白的法律解释具有规则创制的功能，被称为"司法造法"。② 我国不属于判例法国家，只有最高人民法院在具体应用法律的过程中享有一定的解释权，各级法院在适用法律时，也仅有权结合个案对法律作出理解和适用意义层面的解释，但这种解释和适用均不能突破法律解释的边界，否则，将构成法官对法律的续造。例如，根据《民事诉讼法》和《最高人民法院关于民事诉讼证据的若干规定》的规定，证人应当出庭作证并接受审判人员和当事人的询问。但在审判实践中，证人出庭作证率并不高，这在家事类的民事诉讼案件中表现得尤为突出。很多证人不是出于经济原因而是出于情面原

---

① 最高人民法院民事审判第一庭编：《最高人民法院新民事诉讼证据规定理解与适用（下）》，人民法院出版社2020年版，第651页。

② 苏永钦：《司法造法几样情——从两大法系的法官造法看两岸的司法行政造法》，载王洪亮等主编：《中德私法研究（17）：司法造法与法学方法》，北京大学出版社2019年版。

因不出庭。① 在此情况下,如果强行要求证人出庭可能反而会造成其拒绝作证或者不如实作证。

为应对证人不愿出庭作证的问题,《最高人民法院关于民事诉讼证据的若干规定》第 68 条对出庭作证形式作出了三种规定:第一种是在法院主持下且双方当事人在场;第二种是双方当事人同意且经法院准许。就第一种而言,因双方当事人均在场,证人作证时的心理负担并未消除,所以可能会对其如实作证产生不良影响。就第二种情形而言,当事人因诉讼立场的对立性,很难就证人的作证方式达成一致,因此其可行性和适用空间较小。为此,在审判实践中,法院所采取的通常是第三种,即在双方当事人均不在场的情况下,以制作调查笔录的方式把证人对案件事实的陈述记录下来。这种方法其实是对侦查机关在刑事案件办理中收集证人证言做法的借用。

为了强化此类取证活动的正当性,法院会将其作为自行调查收集的证据在法庭出示并允许当事人进行质证。从社会效果层面看,这种取证模式既能有效消除证人的心理负担,避免"当面"争论的尴尬,也有助于排除外界的不当干扰,强化证人的作证义务认知,确保其如实作证。在笔者所参与的一起婚约彩礼纠纷案件中,双方当事人对彩礼金额的争议较大,而证人始终不愿意出庭作证。在此情况下,审判人员根据当事人提供的联系方式通知媒人作为证人到法庭接受调查询问。证人的回答较为模糊,他表示没有参与商定具体的彩礼金额,只是听双方当事人的父母说起过。对该调查笔录,笔者当时认为该证人证言不具有证明力,因为证人只是听说,没有具体参与和亲身经历彩礼金额的商定及交付过程。但承办该案的法官则认为,该证人关于彩礼金额的陈述可以作为认定彩礼金额的依据。法官给出的理由是,该证人的陈述存在不完整性和故意的不精确性,是因为他想通过模糊性的陈述规避事后可能会招致的"麻烦",为事后面临当事人的质问留有余地。该笔录在交由双方当事人质证时,曾被被告的代理律师质疑,但法院最终还是将其作为认定彩礼金额的主要证据。

---

① 胡云腾:《证人出庭作证难及其解决思路》,载《环球法律评论》2006 年第 5 期。

第二节　健全实质性化解合法诉求的审判程序机制

法律程序的作用简单地说就是抑制决定者的恣意。在诉讼活动中,法律程序对享有裁判权的法官的控制主要体现为两点:一是通过审级制度进行纵向的权力分配,二是通过程序进行横向的诉讼权利分配。① 通常情况下,通过程序安排的这种纵横权利(力)的合理配置,基本上能够实现最基础的程序正义。然而,如果将司法公正的目标"抬高一厘米",即从传统的程序正义转向实质正义,那么现有的程序控制机制就略显陈旧了。尽管最高人民法院不断提出新的口号,②旨在通过办案理念的更新来满足人民群众对司法工作的多元化需求,但在缺乏程序规范与程序保障机制的情况下,所谓的口号是难以落地的。

一、审判程序的双重意义:对法官的规制与保护

季卫东在谈到法律程序的意义时表示,审判是程序的典型。审判程序是按照公正而有效地对具体纠纷进行事后和个别的处理这一轴心布置的。③ 程序之于法官而言,首要意义是防止法官裁判权的滥用,杜绝法官随心所欲裁判案件。在缺乏程序控制的情况下,法官的裁判权除了受到法律适用规范的规制外,几乎不受其他限制。在案件审理阶段的数日内,或者说在整个审理期限内,法官基本上掌握了决定案件走向和进展的全部权力。例如,法官可以出于某种因素的考量,在审理期限届满的前一日制作好判决书,安排书记员发送给当事人。尽管当事人非常着急,但无法指责法官,因为法官并没有逾期裁判。又

---

① 孙笑侠:《程序的法理》,商务印书馆 2005 年版,第 18 页。
② 例如,2024 年最高人民法院提出"如我在诉"的司法理念,意思是设身处地站在当事人角度看问题,将心比心、换位思考,才能做到"法理情"相融,更能推动实现"案结事了"。亓玉昆:《以"如我在诉"意识办好每一个案件》,载《人民日报》2024 年 2 月 22 日第 19 版。
③ 季卫东:《法治秩序的建构(增补版)》,商务印书馆 2015 年版,第 20 页。

如,法官可以在开庭结束后启动复庭程序,让一个案件需要经过三四次庭审程序才能完结。但当事人及其代理律师也不能据此提出诸如"业务能力不足"的质疑,因为这是法官行使其权力的具体样态,法律并没有对法官开庭的次数作出明确的限定。之所以会出现这些情况,是因为案件审理期限内的程序规则不够完善,法律对法官在审理期限内的案件处理权力缺乏必要的规制。

这里所指涉的审理程序其实属于审判机关的内部性程序,而目前学界所关注的程序主要是外部性的审理程序。法官向来也比较注重外部性审判程序,尽可能避免因程序瑕疵而引起当事人的质疑。但在有些案件中,法官对程序正义的问题仍然重视不够。例如,曾出现过一位涉诉信访案件的当事人,在等待开庭之前,见到对方当事人乘坐法院的警车与法官一同前来法院的情况。这引起了他的强烈不满,也是他认定裁判不公的一个重要理由。因此,严格遵循程序正义,也是对法官的有效保护。

二、内部性程序规则的优化完善

(一)及时清理不符合法律规定的"土政策"

整体而言,内部性审判程序对司法权的控制功能较弱,与规制律师和当事人行为的程序规则相比,极少有规则来约束审判人员的行为。同时,针对法官的少量规则也具有模糊性,这为额外的、未曾形成文字的权力行使留下了极大的余地,以至于有些法官甚至可以口头制定一些额外约束当事人及律师的程序规则,此即笔者所称的"土政策"。[①] 例如,对庭审结束后当事人及其代理人能否拍摄庭审笔录的问题,有些法官是允许的,有些法官则要求在判决作出后才能拍摄,还有些法官将该权力下发给书记员,由书记员自主决定。再如,有些法官

---

① 这种现象在美国也同样存在,美国法官,甚至包括一个由多个法官组成的法庭中的单个法官,通常有权在自己的法庭中确立文明礼貌守则。这些规则有时可能是为了某一特定场合"量身定做"的。〔美〕米尔伊安·R.达玛什卡:《司法和国家权力的多种面孔》,郑戈译,中国政法大学出版社2004年版,第97页。

为了强化对庭审活动的驾驭和控制，还制定了一些"个性化的程序规则"。这些"土政策"极有可能成为案件上诉、申请再审甚至信访的"导火索"。

其实，一些法院或法官自行规定的"土政策"是缺乏法律依据的。以拍摄庭审笔录为例，其法律依据是《民事诉讼法》第52条，①该条款将复制案件材料的范围问题交由最高人民法院规定。《最高人民法院关于诉讼代理人查阅民事案件材料的规定》第5条规定，诉讼代理人在诉讼中查阅案件材料限于案件审判卷和执行卷的正卷，包括起诉书、答辩书、庭审笔录及各种证据材料等。案件审理终结后，可以查阅案件审判卷的正卷。其第7条规定："诉讼代理人查阅案件材料可以摘抄或者复印。涉及国家秘密的案件材料，依照国家有关规定办理。"由以上法律法规可以得知，当事人和当事人的诉讼代理人均可以依法查阅并复制案件材料。在手机拍照功能日益普遍的今日，通过手机软件拍摄或扫描庭审笔录等案件材料是最为典型的"复印"行为。但有些审判人员仍然机械理解上述规定，将手机拍照排除于摘抄、复印的范围，实在令人不解。事实上，有些法院已经出台相应的政策，如广州市中级人民法院专门出台了《关于规范律师查阅、复制庭审笔录的通知》，进一步明确规定，律师有权在诉讼过程中查阅、复制案件的庭审笔录。人民法院应当为律师查阅、复制庭审笔录提供便利，并保证必要的时间；同时，律师还可以根据需要带律师助理协助阅卷，人民法院应当核实律师助理的身份。复制庭审笔录可以采用复印、拍照、扫描、电子数据拷贝等方式。

（二）增设案件审理过程性投诉监督机制

与其他公权力行为相比，司法行为的法律规制更为复杂，也更为重要。与违法或不当的行政行为相比，司法机关的枉法裁判问题更难得到纠正。随着法治政府建设的日益推进，行政行为的监督救济机制

---

① 《民事诉讼法》第52条规定：当事人可以查阅本案有关材料，并可以复制本案有关材料和法律文书。查阅、复制本案有关材料的范围和办法由最高人民法院规定。

也更加完善。例如,针对某行政主体作出的行政行为,当事人可以选择申请行政复议,也可以选择进行行政诉讼,还可以向政府的信访部门反映情况。其中,前两种法律救济途径比较完善,而行政信访救济则是对前两种法律救济的有效补充。此外,随着政府信息公开制度的法治化和规范化,申请信息公开也成为行政相对人的一项重要权利,犹如悬在行政执法者头顶的"达摩克利斯之剑",具有相当的威慑效果。相比之下,司法权本身的运行机制虽然更为公开透明,但其"阴影"部分也较大,且因监督救济机制不完善,这些灰色地带的监管问题也更难以解决。

从目前来看,在案件审理过程中,对涉嫌违法裁判之审判人员的投诉监督机制是阙如的,这导致当事人即使发现了审判人员的违法或不当行为,但在裁判结果作出之前,无权寻求救济。这类似于行政主体的过程性行为,因尚未形成一个最终性的结论,以至于当事人无法就其提起行政复议或行政诉讼。但是,正如前文指出的那样,行政行为的救济途径是多元的,相关的救济制度也比较完备,尤其是随着《行政复议法》的修订,行政系统的内部救济机制也更加灵活完善。因此,对行政行为的救济起点,从最终的行政行为作出时启动是科学合理的。相比之下,司法的救济程序比较单一,二审法院迫于绩效考核压力等因素,对一审法院裁判结果的改判(含发回重审)向来是比较慎重的。当事人要想通过上诉程序纠正原审判决,难度极大,而通过再审纠正的难度更大。检察机关的法律监督机制,也往往难以启动。因为检察机关向来比较"吝啬"诉讼监督职权的行使。在同级检察机关的法律监督职能未能启动的情况下,即便当事人可以向上一级检察机关申请复查,但复查机关决定不予复查的概率也极高。[①] 总之,在一审裁

---

① 笔者所接触到的一个案件,经历再审和检察机关法律监督程序后,仍未得到纠正。当事人遂依法申请省检察院复查,省检察院很快就作出了不予复查决定书,但该法律文书内容相当简单,主文只有一句话,即"申请人×××的申请不符合《人民检察院民事诉讼监督规则》第一百二十六条第一款的规定,本院决定不予复查"。后来,当事人因信访而引起二审法院的重视,最终二审法院依职权启动了再审程序。

判作出后,基于对司法公信力的维护,已经做出的判决是很难更改的,往往需要当事人付出超乎寻常的努力。

因此,在裁判作出后的救济机制难以奏效的情况下,有必要增设案件审理过程性投诉监督机制。早些年就有研究者发文主张在我国设立独立于行政机关和司法机关的司法投诉中心。① 笔者认为,随着监察体制改革的深入推进,司法工作人员已经被纳入监察监督的范围,因此没有必要针对司法工作人员单独设置一套投诉惩戒机制,而是可以在法院内部设置投诉窗口,允许当事人针对法官在案件审理中的违法或不当行为提出意见。这种投诉机制有助于法官在案件审理过程中严格遵守法律规定和职业伦理规范。在程序构建层面,投诉窗口在收到当事人的投诉申请后,应当予以登记受理。受理之后,要安排专人处理投诉事项,投诉部门的工作人员有权向被投诉的法官调查核实投诉事项是否真实,必要时也可以向投诉人了解情况,要求其提供相关证据线索。为了确保投诉机制的公开、透明和有效,应对投诉处理的期限作出明确的要求,一般以不超过一个月为限。同时,投诉部门要将投诉处理结果反馈给投诉人。不过,鉴于此投诉发生在案件审理期限内,即便投诉处理部门调查发现投诉事项属实,在裁判结果未作出之前,也不宜给予涉案法官较重的惩戒措施,采用谈话提醒、责令法官作出合理解释或向当事人进行释明道歉等柔性惩戒措施比较妥当。当然,如果经调查发现被投诉法官及其辅助人员存在司法腐败或严重影响司法公信力的违法违纪行为,投诉部门应当将相关线索移交纪检监察机关或检察机关处理。如果当事人有证据证明法官确实可能因主观原因严重影响案件裁判结果的公正性,也可以申请该法官回避,但从节约司法资源的视角看,除非法官存在明显的违法不当行为,否则之前已进行的诉讼程序不得退回重来。

(三) 明确审限内的办案时间节点

尽管现行法律对审理期限内的具体办案阶段未加以明确,但每位

---

① 张国印:《建立和完善对法官的投诉与惩戒制度——试论在我国设立司法投诉中心》,清华大学 2007 年硕士学位论文。

法官在办案中仍需遵循程序正义和案件办理规律的基本要求。就前者而言，法官在安排开庭和裁判案件时，除非有特殊情况，否则应当按照立案时间的先后顺序予以处理。此处的特殊情况，主要是指那些疑难复杂、合议庭内部存在诸多争议的案件。它们往往久议不决，可能需要提请专业法官会议讨论，或者提请审判委员会讨论决定。在此情况下，法官可按照先易后难的原则，优先办理那些简单的案件。另外，有些争议比较大的家事案件，也可以通过延缓办理流程的方式进行"冷处理"，避免激化矛盾，给足当事人接受的时间。除此以外的其他案件，法官应尽可能做到一视同仁，这样更有助于塑造司法公信力。如果法官在办案中毫无章法，对立案较早的案件久拖不决，对新收案件则速战速决，那对较早立案的当事人而言，也是一种不公平。因为司法公正本身就蕴含了高效解决纠纷的价值诉求。在一定程度上讲，迟到的正义是非正义，缺席的正义本身就是不正义。实践中，当案件在审限内无法结案时，有些法官就采取随意通过内网系统扣除审限的措施继续延长办案时间，导致一些案件一年都不能结案。这显然会严重侵犯当事人尤其是胜诉一方当事人的合法权益，同时，败诉的一方也往往难以服气。

就尊重办案规律而言，应当要求法官在开庭审理后的一定期限内及时作出裁判结果。目前，法律对开庭后多长时间要作出裁判结果并没有具体的规定，只是对不同审判程序的审理期限作出了整体性的要求。笔者建议，最高人民法院可以通过制定内部程序规范来强化对法官审限内办案活动的规制。一方面，对已立案受理的案件，原则上应当在一个月之内安排开庭。同时在排庭时要严格遵循立案时间的先后顺序，避免选择性办案现象的发生。另一方面，对已开庭审理的案件，应当在一个月内作出裁判，但主持调解的时间可予以扣除。明确与细化审限内开庭和裁判的时间节点有利于保证司法效率，维护程序正义。

三、外部沟通程序机制的完善

法官在裁判案件中的外部沟通，主要包括法官与当事人及其代理律师的沟通，以及与当事人所在辖区的基层群众性自治组织、调解组织的沟通。在上述沟通对象中，当事人及其代理律师与法官的沟通处于主导性地位，在当事人委托律师代理的情况下，法官与律师的良性沟通对案件争议的实质性化解至关重要。

（一）法官与律师在沟通层面所面临的问题

在民事和行政诉讼案件的裁判过程中，法官进行外部沟通的对象主要是当事人及其代理人。随着律师队伍的不断扩大以及法律服务收费标准的普遍降低，[①]律师介入民事案件的代理率也有了很大提升。以河南省为例，2024年7月9日河南省司法厅发布的《2023年度全省律师行业发展报告》显示，截至2023年底，全省共有律师38699人（其中女律师13644人），年内增加4811人，增幅为14.2%，律师总数较上年相比，规模排名提升一个位次，位列全国第七。2023年，河南全省律师事务所办理各类法律事务763777件。其中，刑事案件辩护及代理77532件，占比10.2%；民事案件代理458005件，占比60%；行政案件代理13133件，占比1.7%。根据上述数据可以看出，民事案件代理已成为律师的主要业务。

法官在个案裁判中，最经常的沟通对象并不是当事人，而是其代理律师。然而，有关律师与法官良性沟通机制的问题，无论是理论界还是实务部门，均缺乏足够的关注。笔者于2024年7月22日在"中国知网"数据库中以"主题"为线索检索"律师与法官沟通"一词，仅得到相关文献25篇，其中直接涉及该主题的期刊文献不到10篇，且所发表的期刊层次水平相对较低。

在总结相关研究成果后，笔者发现，当前法官与律师在沟通层面所面临的问题可概括为如下四点：一是有的法官对律师存在一定的偏见，认为律师整体素养有待提升、律师介入会增加案件审理难度等。二是高压反腐态势下，法院系统形成了对律师职业的防御态度。随着

[①] 近年来，随着法律职业资格考试通过率的不断提升，律师队伍逐年壮大。律师服务市场竞争日益激烈，律师费也明显降低。

监察体制改革的深入推进,为了实施《监察法》第六条所确立的"三不腐"监察工作方针,司法机关普遍强化了自我监督。这导致律师在参加完庭审后,很难再与法官进行更为顺畅的沟通。在司法与监察双重监督模式下,有些法官为了避免争议,也不愿意与律师多进行沟通。司法腐败现象很难避免,但我们不能因噎废食,应当看到法官与律师积极沟通的优势,不能以高压反腐为由阻断律师和法官之间的良性互动。否则,很容易形成反腐败的形式主义。三是律师与法官可能因沟通技巧性不足,产生交流不畅的问题。四是律师与法官之间缺乏理解与认同。经调查,有46%的法官认为律师所追求的是自身利益的最大化,而非司法的公平正义。[1] 部分律师对法官也存在一定程度的误解。在一项调查中,37%的受访律师认为法官架子大,说话高高在上;28%的律师认为法官办案不够公开透明,与律师缺乏必要沟通;20%的律师认为部分法官法律素养不高,办事拖拖拉拉。[2] 这种局面不仅会减损司法公信力,也不利于诉讼案件的实质性解决。

(二) 良性沟通互动是实质性化解合法诉求的重要路径

从本质上看,实质性化解合法诉求的前提是,法官要以理服人,而非以权压人。如果法官能与律师保持良好的沟通,一针见血地指出其诉求及依据中存在的问题,也能引导律师全面审视案件,促成案件的调解与和解。

庭审中的沟通程序虽然是案件实质性化解的基础条件,但此时的沟通与交流通常以查明案件事实为目的。而庭审结束后裁判作出之前的沟通工作往往容易被忽略。事实上,此阶段的充分沟通对案件能否真正得到解决也有重要影响。

---

[1] 谭世贵、王建林:《法律职业互动:现状、困境与出路——以法官、检察官、律师为样本的分析》,载《杭州师范大学学报(社会科学版)》2013年第2期。
[2] 田源:《由"针锋相对"到"通力协作"——略论司法公信视野下法官和律师之间关系的冲突与融合》,载《山东审判》2014年第1期。

(三)外部沟通程序机制的完善路径

1. 从制度规范层面搭建法官与律师之间的"沟通桥"

充分沟通是保证法官与律师间良性互动的基石。现有规范法官和律师交往的制度文件,大多由法院或司法部门单独制定,主要用以约束各自系统内部的人员,[①]较少对法官与律师通过良性沟通、通力协作化解诉讼案件的内容加以规定。这说明法院对法官与律师关系的处理还是以防御为主,但这不利于双方沟通案情、交流观点和消除分歧。为此,法院系统应自上而下消除对律师职业的偏见,重新看待并重视律师在实质性化解当事人合法诉求中的积极作用。最高人民法院可考虑与司法部就建立法官与律师共同推进实质性化解当事人合法诉求的良性沟通机制问题,联合发布司法解释或司法文件。在地方层面,各省高级人民法院也可以和司法行政部门制定相关规范性文件。实际上,早在2014年,陕西省高级人民法院和陕西省司法厅就已经联合出台了《关于建立沟通协调机制规范法官与律师关系的意见》。该意见指出,法院和司法行政部门要共同努力化解矛盾纠纷,推动陕西省法官与律师建立良性互动机制,做好服判息诉工作。此类规范性文件的制定,除了具有规范功能外,还具有较强的宣誓意义,体现了人民法院对律师行业的尊重与重视。

2. 强化律师与法官之间的理解与认同

律师和法官两种具体的法律职业应当是平等的,法官不能以自己手握重权而轻蔑律师。在现代司法结构中,法官和律师均是不可或缺且必然会发生联系的重要元素,两者间存在互相理解和认同的强烈需求,但要真正实现,则是一个长期的、循序渐进的过程。在实现路径上,一方面法院系统内需要统一思想,强调法官对律师应保持尊重,发挥法官在法律行业中的表率作用。对此,法院可定期组织召开与律师的联席会议,共同研讨总结调解经验。同时,基于律师是法院各项服务职能的主要体验者,法院任何有关诉讼服务职能的改革举措或实践

---

① 钱锋:《论司法廉洁视野下的法官良知建设》,载《法律适用》2011年第4期。

探索,均可听取律师的建议和意见。另一方面,律师行业组织也要对律师提出新的要求,引导律师自觉履行社会责任。司法行政机关、律师协会及律师事务所要引导律师树立正确的执业观。

3. 将沟通作为裁判文书作出之前的必要程序

目前,在司法办案中,沟通程序未获得充分的重视。关于沟通的研究,主要涉及特定类型刑事案件的处置,如劫持人质案件谈判中的沟通。从法律层面看,有关沟通的规定主要体现在监察法规、司法解释及其他规范性文件当中,①主要用于规范司法与监察机关在职务刑事案件办理中的衔接协调问题。随着最高人民法院倡导"如我再诉"的司法办案理念,强化法官与当事人在案件办理中的沟通与换位思考一跃成了主流话语。有学者认为,当司法者把自己当作唯一的权力主体,那么他所办的,就是一个个处在客体位置的冰冷的案件;相反,当司法者以"如我在诉"的理念进行换位思考,把自己代入涉案各方的立场,去考虑各方主体的感受和利益,他才会真正体会到,所办的不是冰冷的案件。如果能有这样的认识,那么办案的过程就不再是一个主体对客体的认识和处置的过程,而是在司法者主导下,寻求"让各方主体感受到公平正义"的过程。

从本质上看,"让各方主体感受到公平正义"的过程,其实就是一个互相沟通的过程。这种沟通既包括法律工作者之间的法律性思维沟通,也包括法律工作者与社会民众中的具体当事人进行日常性思维沟通。法官提前沟通的目的,一方面是代表本院就案件的裁判情况表达初步性的意见,增强当事人对裁判结果的可接受性;另一方面也是与律师交换意见的过程,律师可在沟通中补充新的意见或者针对法官的意见作必要的解释与回应。庭后沟通有利于消除法官与律师在裁判结论认识上的分歧,之后再由律师与其委托人进行沟通。总之,作出裁判文书之前的沟通,一方面体现了法官对案件参与主体的尊重,

---

① 如《监察法实施条例》第 8 条明确规定,监察机关办理职务犯罪案件,应当与人民法院、人民检察院互相配合、互相制约,在案件管辖、证据审查、案件移送、涉案财物处置等方面加强沟通协调。

让当事人可以充分感受到法官的裁判结果是在慎重考虑下作出的;另一方面,也是对法院裁判结果的一种预先检测,有助于法官进一步确认和检查裁判结果是否正确与妥当。同时,对不利一方的当事人而言,这也算提供了一个重新考虑调解的机会。因为在裁判结果正式作出之前,一切仍在可变之中,当事人在这种不确定因素的影响下,更容易作出妥协与让步。因此,裁判文书作出之前的沟通过程,也是调解方案得以促成的关键。

第三节　完善法律适用统一的路径

法律适用的统一是司法公正、司法公信力的具体体现,也是社会衡量司法公正度和公信度的主要标准。因此,法律适用的统一是法院审判工作中的一项基本要求,尽管法律适用的不统一是一种客观存在的现实,但作为一种追求,法院在审判工作中应当尽量做到法律适用的统一。[①]

一、优化司法裁判的过程性说理机制

(一) 司法裁判说理的基本意涵

法律文书的价值不同于法律的价值或者司法的价值,法律文书的价值是指法律文书所彰显和展示出来的功能和作用。概括而言,法律文书的价值有二:一是法律文书是法律实践的最终载体和综合体现;二是法律文书代表着一个国家的司法文明水平。[②] 整体而言,法律文书的价值是通过裁判说理体现的。关于裁判文书说理的功能,学界已经进行了较为充分的研究。王利明教授基于裁判说理的必要性,将裁判说理的功能概括为六个方面,即强化裁判的可接受性、提升司法的权威性与公信力、实现司法的公开透明性、保障司法裁判的可预测性、

---

① 张卫平:《法律适用统一的路径和方法分析》,载《云南社会科学》2024年第2期。
② 刘作翔:《法律文书的价值及其他》,载《人民法院报》2024年4月19日第7版。

强化对司法的监督、规范法官的自由裁量权。① 还有学者认为,裁判说理具有展示裁判的正当性、回应当事人的诉求和塑造良好法治环境等共性价值。② 司法裁判说理,是司法机关对外公开沟通交流的一种方式,是通过说理的方式维系自己作为专责裁判机关的权威性和公信力。司法裁判说理的正确与否以及充分与否,直接涉及其裁判结论的正确性和合理性。如果裁判说理不当,出现诸如逻辑混乱、前言不搭后语、跳跃式叙事、回避争议焦点等问题,则所得出的裁判结果自然难以让人接受。

与行政行为相比,大多数的司法行为是要靠说理来维系其权威性的。其中较为典型的形式要件是,裁判文书的内容构成要件之一的"本院认为"部分,这是法院说理的主要场域,且所占据的篇幅通常较长。裁判理由是根据认定的案件事实和法律依据,对当事人的诉讼请求是否成立进行分析评述,阐明理由。③ 根据最高人民法院印发的《人民法院民事裁判文书制作规范》的要求,裁判说理要做到论理透彻、逻辑严密、精炼易懂、用语准确。

然而,如果基于阶级分析的立场,只将法院作为国家暴力机关就很容易忽视司法裁判的说理功能,这也是导致法官不愿或不善说理的一个因素。因此,笔者认为应当倡导法官像律师那样思考,暂时忘掉自己的权力,秉持"以理服人"的心态。在此情况下,法官所作出的裁判结果自然将是通过缜密、充分的说理方式推导出来的,这样的结果也更容易让当事人所接受。与其他公权力行使机关不同,法院审判更要讲清楚道理,始终做到以理服人,而非以权压人。

(二) 司法裁判说理有助于推动法律适用的统一

从司法实践上看,"同案不同判"现象一直是困扰司法公正的法治

---

① 王利明:《裁判说理论——以民事法为视角》,人民法院出版社2021年版,第17—26页。
② 刘行:《行政裁判文书说理》,人民法院出版社2022年版,第20—27页。
③ 陈辉:《人民法院依宪法说理的基本属性与适用范围》,载《行政法学研究》2023年第1期。

难题，①其背后的根源在于法律适用上的分歧。法律适用不统一也成为当前制约法院司法公信力提升的一个重要因素。早在2002年7月25日，郑州市中原区人民法院就制定了《关于实行先例判决制度的若干规定》，要求法院在审理同类案件时，应当参照本院生效的先例案件作出裁判。随后，其他一些法院也出台了类似的司法规范性文件。②

司法裁判说理在本质上是法官对法律的理解与适用，同时也涉及对法律条款的解释，只是这种解释以融入个案事实并作出个性化裁判结果的方式予以展现。但是，这种个性化的裁判结果，也具有一般性的特征。法官通过裁判说理的方式，在表达对法律规范意涵见解的同时，也不断受到其他法官的影响和影响着其他法官，这种影响主要是通过不同层级法院所公布的司法裁判文书实现的。如果裁判文书的说理充分透彻，能够说服其他法官，那么该裁判说理中所适用的解释方法与解释结论自然也能为其他法院所接受，进而逐步实现理解与适用上的统一。同时，通过裁判说理，也能够影响其他法律从业者的认知，增强社会民众对法律规范的可预期性，确保社会民众通过个案释法案例更深刻地理解法律规范的意涵，并为统一的司法解释或立法完善提供实践经验。

（三）司法裁判说理不局限于裁判文书说理

司法裁判说理通常被理解为司法裁判文书说理，即主要是法院在制作裁判文书时，通过文字的形式在判决书中告诉当事人和公众，最终的司法判决是什么，同时也说明为什么要作出这样的判断。③ 众所周知，判决书是司法机关最终的"产品"，是法官向社会交出的一份"考卷"，也是当事人所讨要的一个"说法"。因此，无论是理论界，还是实

---

① 周维栋：《同案同判的基本原理》，法律出版社2023年版，第2页。
② 如2003年12月，四川省高级人民法院发布了《关于案件指导制度的通知》，筛选法律适用方面具有典型意义的案例作为指导案例。2019年12月2日，北京市高级人民法院发布了《关于规范民事案件自由裁量权行使保障裁判尺度统一的工作意见（试行）》，对法官裁判案件提出了类似的要求。
③ 丁宇翔：《释法说理，让正义看得见讲得明》，载《人民日报》2019年4月9日第7版。

务部门,都非常重视裁判文书的说理问题。党的十八届三中全会通过的《关于全面深化改革若干重大问题的决定》强调,要"增强法律文书说理性,推动公开法院生效裁判文书"。最高人民法院在2018年6月1日发布了《关于加强和规范裁判文书释法说理的指导意见》,围绕事理、法理、情理等方面对裁判文书说理提出具体的要求,提出要阐明事理,说明裁判所认定的案件事实及其根据和理由,展示案件事实认定的客观性、公正性和准确性;要释明法理,说明裁判所依据的法律规范以及适用法律规范的理由;要讲明情理,体现法理情相协调,符合社会主流价值观;要讲究文理,语言规范,表达准确,逻辑清晰,合理运用说理技巧,增强说理效果。

我国法院裁判文书长期存在裁判说理不充分的问题,主要表现为有的法官在裁判中不愿说理、不善说理、不敢说理、说不好理。[①] 其实,除了司法裁判文书说理外,法官在裁判过程中的说理也很重要。例如,在当事人于庭审结束后提出要拍照复制庭审笔录时,如果法官或其助理、书记员不同意,应当向当事人说明具体的理由,尤其是要提供法律依据,不能只简单地说一句"有规定"。这种回绝方式显然是不能让当事人信服的。因此,法院要鼓励倡导讲道理之风,让法官在案件办理的每个环节都能做到讲明道理。

此外,基于立场上的局限性,法官直接抛开律师与当事人沟通,在结果上很可能是事倍功半的。因为当事人往往更愿意信任其聘请的律师。如果法官在诉讼过程中能够运用自己的专业能力与律师达成一致,那么这个案件很有可能调解结案。最高人民法院前院长王胜俊有关"调解优先、调判结合"的司法理念,所蕴含的一个中心思想就是强调法官说理,主张以理服人。一旦当事人或代理律师认可了法官的说理,那么大多数的案件就得到了调解的契机。

---

① 靳昊:《"胜得茫然、输得糊涂",裁判文书如何以理服人》,载《光明日报》2018年7月15日第7版。

(四）司法裁判说理的完善路径

目前,有关司法裁判说理的研究成果较为丰富。结合前文观点,笔者认为司法裁判说理的另一条路径即司法裁判的过程性说理。从实质性化解纠纷看,司法裁判过程中的说理更有利于较早地解决纠纷,从而将矛盾纠纷化解在未激化之前,同时降低当事人的维权成本。为此,本部分有关裁判说理的完善路径主要围绕过程性说理而展开。

1. 明确说理主体及其说理义务

与裁判文书说理相比,裁判过程中的说理主体范围较为宽泛,可包括所有与案件相关的法院工作人员。具体包括承办案件的法官、法官助理、书记员等所有有可能面对当事人的主体。① 这些说理主体在与当事人进行接触时,一言一行都关系到当事人对法院及法律的理解与认识。例如,法官在庭审中,向当事人解释一系列法律概念,将这些概念转化为当事人能够听得懂的语言,就是一种具体的说理方式。虽然现实生活中,法官有意或无意地进行着说理,但因这些说理并未被明确为法官的一项法定义务,故导致法官对是否说理及如何说理有充分的自由。因此,最高人民法院应通过规范性文件为法官在裁判过程中的说理提供依据,并将其设定为一项具体的义务。

2. 裁判过程说理的类型化建构

裁判过程中的说理类型可分为推进诉讼进展的程序性说理、案件实体处理的说理及处理结果的解释性说理。就程序性说理而言,既包括书面告知也包括口头告知,前者主要是以诉讼法律文书的方式送达给当事人阅读。就后者而言,具体包括对当事人提出的疑问进行解释答复,主动告知承办法官、诉讼权利义务、审理期限、救济方式等内容。案件实体处理的说理,主要集中体现在法官通过调解实质性化解诉求方面。对此,这种说理要建立在查明案件事实的基础上。如果案件事实尚未查明,则不具有调解的基础。其实,最可能达成调解的阶段是法院作出裁判之前,此时法官经过庭审和初步评议,对案件裁判结果

---

① 为便于表述,本部分下文将用"法官"代指这些说理主体。

已经有了充分的了解,如果法官与当事人及其代理律师能进行充分的沟通,将有利于促成双方达成调解方案。

关于处理结果的解释性说理,即法官应当在裁判文书生效之前主动接受当事人对裁判结果的质疑,也就是判后答疑。将判后答疑视为裁判过程的最后一个环节,具有重要的意义。判后答疑能够消除当事人的疑虑,引导当事人正确认识判决,理性行使上诉权或申请再审权。同时,在一审诉讼中,由于此阶段裁判文书尚未生效,法官可在答疑过程中再次主持双方当事人达成和解,进而实质性地化解纠纷,减少进入执行程序的案件数量。判后答疑作为司法体系中一个至关重要的环节,有助于消除疑虑、化解矛盾,让当事人更加清晰地理解判决的依据和意义。整体而言,判后答疑工作是法院延伸司法服务触手、最大限度推进案结事了的必要举措,不但体现了司法工作的高效性与主动性,更彰显了对当事人权利的充分尊重。这种直接而及时的交流,能够就地解决群众合理关切和正当疑问,促进矛盾纠纷的实质性化解,减少当事人诉累,让老百姓真正感受到公平正义。①

在判后答疑阶段,当事人有可能不满判决结果,此时法官应持有高度的包容性,耐心细致地进行答疑说理。在一起离婚诉讼案件中,一审法官将三个婚生子女全部判给被告男方抚养,而原告女方只需每月支付合计一千元的抚养费。此判决作出后,孩子的奶奶手持判决书去了十多个律所,所有看了该判决书的律师都认为此判决结果有问题。在此情况下,孩子的奶奶便带着孩子去找一审法官讨要说法,但由于该法官判后答疑处理不当,最终法官与孩子的奶奶发生争吵,奶奶一气之下丢下孩子离开法庭,并引发了一系列后果。通过该案例可以看出,妥善地进行判后答疑是十分重要的。一名优秀的法官,要在耐心细致地进行说理的同时,抚慰当事人的情绪,引导当事人进行自我反思,选择通过理性的方式维护自己的合法权益。

---

① 刘文岗:《镇平县法院:判后答疑解"法结"又解"心结"》,https://zpxfy.hncourt.gov.cn/public/detail.php? id=2275,2024年7月19日访问。

总之，不同类型的说理因所承载的具体功能不同，应当有加以区分的必要。这种类型化的建构，也有助于完善裁判过程中的说理机制，更好地释放裁判过程说理在实质性化解当事人合法诉求中的积极效果。

二、完善同案同判的法律保障机制

在司法实践中，同案不同判现象普遍存在。此处的"同案"系同类案件，更为确切的表述是类案，但基于使用"同案同判"更能强调类案在裁判标准上的统一性，笔者继续沿用"同案"这一概念进行表述。同案不同判是司法不公的具体表现形式，既违背了法律统一性的基本要求，也损害了人民群众对司法裁判的可期待性要求。案例指导制度已实施十余年，但运行效果并不理想，统一裁判尺度的司法愿景的实现任重而道远。

（一）同案同判法律保障机制的缺失

党的十八大以来，最高人民法院对解决法律适用分歧问题进行了积极探索，出台了一系列关于解决法律适用分歧的规范性文件。① 最高人民法院于 2019 年 9 月 9 日通过了《关于建立法律适用分歧解决机制的实施办法》，该规范性文件在解决最高人民法院不同业务庭室同案不同判问题上发挥了主要作用，但因在调整范围上无法涵盖地方各级人民法院，故其实施效果相当有限。同案不同判现象具有普遍性，民事、行政、刑事案件裁判中均有这一现象。已有学者对此进行了深入的实证分析。② 目前，同案不同判的成因主要有以下三点：

第一，同案的认定标准不统一，有待在规范层面予以明确。在实

---

① 2015 年，最高人民法院发布了"四五改革纲要"，明确提出要改革和完善指导性案例的筛选、评估和发布机制，健全、完善确保人民法院统一适用法律的工作机制。2015 年 9 月，最高人民法院发布了《关于完善人民法院司法责任制的若干意见》，分别就建立专业法官会议和完善审判委员会运行机制作出了具体规定。2019 年 9 月，最高人民法院发布了《关于健全完善人民法院审判委员会工作机制的意见》，对审判委员会的组成、职能以及运行机制作出了具体规定。

② 周维栋：《同案同判的基本原理》，法律出版社 2023 年版，第 69—124 页。

践中,经常有律师向法院提交同类案件的裁判文书,请求法院将已生效的裁判文书的观点作为本案的参考。但这通常会被法官以两个案件不属于同类案件为由而拒绝。关于如何认定两个案件是同案的问题,有观点主张案件的"基本事实"相似,①也有观点主张案件的"关键事实"相似。② 域外有观点认为,案件的形似性评价依赖于法律上的构成要件相似,即与法律对特定问题的评价有关的重要观点相似。③ 还有学者认为,规范目的对类案的认定发挥着决定性作用。④ 以上观点从不同视角对何为同类案件进行了把握。但学理层面上的相关讨论,仍然存在标准模糊、操作性不强、可行性不足等问题。例如,何为基本事实、何为关键事实,本身就存在一定的模糊性。目前,同类案件的认定标准尚缺乏法律规范。同时,现有的研究成果也难以有效指导立法与司法实践。

第二,同案同判的适用规则不完善。即便是认定本案与已生效裁判的案件具有相似性,两个案件系同类案件,已生效裁判案件对本案具有何种影响的问题也有待明确。在普通法系国家,在"遵循先例"原则的指导下,先例对以后的案件具有拘束效力,司法机关完全可以援引前案的裁判理由去支撑另一个案件的判决。同时,为了防止机械地遵循先例,导致个案裁判的不公正,普通法系国家还确立了区分先例的技术来回避不适宜的先例及发展新的先例。⑤ 相比之下,大陆法系国家的判例仅具有事实性的约束力。有些国家为了规范判例的参照适用问题,还确立了一系列的保障机制。如德国建立了偏离判例报告

---

① 王利明:《成文法传统中的创新——怎么看案例指导制度》,载《人民法院报》2012年2月20日第2版。
② 张骐:《再论类似案件的判断与指导性案例的使用——以当代中国法官对指导性案例的使用经验为契口》,载《法制与社会发展》2015年第5期。
③ 〔德〕卡尔·拉伦茨:《法学方法论》,陈爱娥译,商务印书馆2003年版,第258页。
④ 孙海波:《重新发现"同案":构建案件相似性的判断标准》,载《中国法学》2020年第6期。
⑤ 〔英〕鲁伯特·克罗斯、J.W.哈里斯:《英国法中的先例(第4版)》,苗文龙译,北京大学出版社2011年版,第44页。

制度,即附条件地允许下级法院不参照适用判例,但应当向上级法院报告并说明理由。① 相比之下,我国关于同案同判的制度尚处于建构和塑造阶段。有关同类案件的适用规则并不明确。有的法院仅对本院或上级法院同类案件的裁判观点予以参考适用,对其他同级法院的判决观点不作参考。此外,最高人民法院虽然先后推出指导性案例、公报案例和人民法院案例库案例,但目前仅就人民法院案例库的案例参照适用问题作出了明确的规定。② 目前,该库案例数量相当有限,其参照适用效果有待进一步观察。

第三,同案不同判的监督救济机制缺位。目前,对是否为同案、是否要参考案例以及参考到何种程度等问题的判断主要依赖法官的自由裁量。在实践中,有些当事人会给出参考案例材料,但法官往往并不接受。即便法官接收了当事人提供的参考案例,也经常不予回应。产生以上问题的根源是救济机制的缺位。《人民法院案例库建设运行工作规程》第 21 条第 2 款仅规定了法院的回应义务,即"公诉机关、当事人及其辩护人、诉讼代理人等提交入库案例作为控(诉)辩理由的,人民法院应当在裁判文书说理中予以回应",但未明确法院不予回应的责任问题。如果当事人认为他所提供的参考案例属于同类案例,而法院认为不是同类案例,或者不予回应,或者只是简单回应,称"案情与本案案情并不一致,本院……不予采纳",当事人并不能单独就此提起上诉,也无其他救济途径可选。

(二) 同案同判的法律保障机制

目前,同案同判的问题之所以难以通过立法的方式加以解决,一个主要的原因是同案同判的相关争议尚未在理论上达成共识,且源自实务部门的经验积累也不够充分。在此情况下,由全国人大常委会通过专门性立法或将之规定在三大诉讼法中的做法缺乏科学性和可行

---

① 高尚:《德国判例使用方法研究》,法律出版社 2019 年版,第 202 页。
② 《人民法院案例库建设运行工作规程》第 19 条规定:各级人民法院审理案件时,应当检索人民法院案例库,严格依照法律和司法解释、规范性文件,并参考入库类似案例作出裁判。

性。但最高人民法院可通过制定司法解释的方式对此进行规范,并在此基础上为未来的立法提供必要的经验支撑。从规范完善层面看,司法解释应围绕以下三个方面对同案同判问题加以明确。

1. 厘定同类案件的判定标准

关于何为同案,应以争议焦点问题作为判定标准。例如,一个案件与之前发生的另一个案件可能不是同一案由,但因争议焦点具有一致性,则前案关于争议焦点的判断逻辑对这一案便具有参照意义。但是,有些特定案件必须在案由上具有同质性。以债权人撤销权之诉案件为例,有关债权人撤销权的除斥期间或最长期限的起算时间问题,需要参考同一案由的其他案例。因为只有债权人撤销权之诉的裁判案例,才能作为本案的参照案例。

2. 明确前案对后案的约束效力

首先,应明确上级法院的生效裁判观点对本院后续案件的约束力。这种约束力源自上下级法院的监督与被监督关系。上级法院对下级法院判决的审查是全面深入的,下级法院的事实、法律适用和逻辑等方方面面都要受到上级法院的复审和纠正。[①] 因此,上级法院的裁判观点对下级法院应当具有参照适用的约束效力。其次,应明确本院裁判案例对后续同类案件的约束力。《宪法》第 33 条第 2 款明确规定,"中华人民共和国公民在法律面前一律平等"。该规定是从 1954 年《宪法》第 85 条演变而来的,现行宪法使用"在法律面前"的行文方式,旨在把平等权范围限制在法律实施上。[②] 蔡定剑教授对该条款进行了三重意义上的解读。他认为,国家行政机关、司法机关在适用法律时,对所有公民的合法权益应平等地予以保护,这种平等保护不是指立法上的平等,而是指实施意义上的平等。司法机关作为法律适用的主体之一,其平等实施法律的具体表现就是同案同判。至少在本法院系统内,前案的裁判观点应当对本案具有较强的约束效力。除非前

---

① 〔美〕米尔伊安·R.达玛什卡:《司法和国家权力的多种面孔》,郑戈译,中国政法大学出版社 2015 年版,第 64 页。

② 肖蔚云:《我国现行宪法的诞生》,北京大学出版社 1986 年版,第 132 页。

案存在明显瑕疵,或者因法律规范的修订而有必要予以改变,否则,这种约束力应当是一直存在的。如果本案决定排除前案的参照效力,应当充分说明理由。最后,对除上级法院以外的其他法院裁判案例的参照效力,也需要加以明确。一般认为,在类案体系的横向结构中,存在多个同级别法院类案的,优先适用同一区域内存在共同上一级法院管辖的同级别法院类案。① 此外,与本院无关联关系的高级法院的类案裁判也应参照适用。需要说明的是,前案对后案的约束力,与法律规范的司法适用效力还是存在本质性差异的,应当允许法院在参照适用时对前案裁判观点的合法性、适当性进行审查。若裁判法院认为同类裁判观点与现行法相违背或已过时,可在充分说明理由的基础上排除其适用。此外,当同类裁判观点已由其作出法院在后案中予以排除适用,并形成了新的裁判观点,则其他法院也不宜再参照旧的类案裁判观点。

3. 明确法官对同类案件裁判观点采纳与否的回应义务

法谚"有权利必有救济",旨在强调救济之于权利的重要性。也就是说,如果没有救济,那么权利将毫无意义。同案不同判问题之所以难以解决,一个重要的因素是监督救济机制的缺位。就当前而言,应当明确法官对同类案件裁判观点采纳与否的回应义务,并对未予以回应的情况作出否定性的评价。

司法机关对当事人的积极回应,是现代司法文明的重要内容。虽然同类裁判案例不属于《民事诉讼法》所列举的八种证据类型,但对当事人而言,它具有支撑法律如何适用的实际证明作用。因此,为了强化法官对同类案例的回应义务,应当将其作为一种准证据材料。笔者认为,应当规定当事人有权将其检索到的同类案件裁判案例②提交给法庭,并明确说明提供案例的证明目的。法官不得拒绝接受当事人提交的同类案例,同时,如果当事人系当庭提交,法官或合议庭要安排书

---

① 周维栋:《论司法类案的效力层级及其冲突协调规则》,载《中国法律评论》2022年第5期。

② 通常情况下,当事人所提交的同类裁判案例主要体现为类案检索报告。

记员如实将其记录在庭审笔录中。如果当事人于庭后将同类裁判案例通过邮政特快专递邮寄到法院，法官要及时签收，并注明日期，如实入卷，在装卷顺序上可将其置于当事人提交的证据材料之后。《人民法院案例库建设运行工作规程》仅明确要求法官对人民法院案例库的同类案例予以回应，涉及的范围显然过于狭窄。可考虑通过司法解释的方式扩大法院对同类裁判案例的回应范围，即原则上凡当事人提出的同类裁判案例，法院在裁判文书中均要作出回应。有关回应的内容主要包括当事人所提交的裁判案例与本案是否为同类案例，若系同类案例，则需要阐述该裁判观点能否在本案中参照适用，并充分说理。说理的内容可从同类裁判案例的法院层级、作出时间的先后及有无被后续案例修正等方面展开。上级法院在二审程序中如果发现一审法院对当事人所提出的同类裁判案例及其主张诉求不予以回应或者回应得不够充分，应当补充回应。即便是否回应不影响案件的裁判结果，二审裁判对一审法院消极履行回应义务的行为也要进行否定性评价。在法院的绩效考核中，可将对当事人提交类案检索报告后的处理和回应作为审判监督和绩效考核的内容之一，在评优评先和法官助理入额时作为优先考虑因素。[①] 对因未履行回应义务导致案件发改的，要给予承办法官相应的惩戒措施。

---

① 赵霏、李安国：《民事裁判回应类案检索报告的现状检视与程序构建》，载《山东法官培训学院学报》2022年第2期。

第六章

将实质性化解合法诉求融入执行环节

生效法律文书的执行,是实现司法公正的"最后一公里",事关司法权威和司法公信力。基于长期以来法院面临的"执行难"这一问题,党的十八届四中全会通过的《中共中央关于全面推进依法治国若干重大问题的决定》明确提出"切实解决执行难""依法保障胜诉当事人及时实现权益"的目标,将执行问题的解决上升到了依法治国的高度。2016年3月,最高人民法院在第十二届全国人民代表大会第四次会议上提出"用两到三年时间基本解决执行难问题"。在多举并用下,治理"执行难"取得了阶段性的胜利,但它与人民群众的司法需求间仍存在不小的差距。本章将对法院执行工作面临的问题和成因进行分析,梳理兰考法院"立审执"联动的实践探索,将实质性化解合法争议融入执行环节,并对创新"立审执"联动机制,强化申请人参与执行机制,完善执行调解、终结本次执行(以下简称终本执行)及交叉执行制度,激活拒执罪条款等进行讨论。

第一节 法院执行工作面临的主要问题及成因

一、法院执行工作面临的主要问题

当前法院执行工作所面临的问题,有些是长期存在的,比如被执行财产难找、被执行人难寻等;还有一些则是新的问题,比如执行案件数量增多,案多人少的矛盾在执行领域比较突出,因执行工作引发的信访案件量增加等。

(一)执行案件存量较大

法院执行案件是由旧存案件和新增案件两部分组成的,前者是在法定执行期限内未能执行完毕的案件,包含裁定终本执行的案件;后者则属于每年新收的案件。随着立案登记制的贯彻实施,法院民事案件受理量也大幅度增加,这些诉讼案件经审判终结后又将转化为执行案件。以开封示范区法院为例,其审判案件转化为执行案件的比例高达 67%。全国法院几十年里积累了大量未实际执结的案件,其中多数处于没有财产可供执行的状态。每年新收的 600 多万件案件中,40%—50%的案件属于无财产可供执行的状态。这些案件滞留在执行程序,每年积压,像滚雪球一样越滚越大,人民法院已经不堪重负。①

(二)执行财产难找

执行财产是执行的对象,没有执行财产,则再强力的执行措施也无能为力。

随着社会的发展与市场经济的不断完善,财产已经不再局限于传统的货币、实物及不动产,社会财产形式愈发多样且流通便捷。目前很多财产的身份性较弱,财产的所有者和使用者界限不明,且难以查找。例如,微信和支付宝是当前消费支出的主要平台,人们消费支出方式不再局限于实物货币。尽管微信和支付宝账号是实名注册的,但法律并未禁止转让或出借给其他人使用。因此,有些被执行人利用这一漏洞,将其存款转入其亲友的微信或支付宝账户,并长期借名使用。类似的情况进一步增加了执行财产的查找难度。据不完全统计,人民法院受理的执行案件中,60%—70%是没有财产保全的,当事人也无法提供有效的财产线索,需要人民法院依法查找财产。② 而在执行阶段查控财产时,被执行人极有可能早已将财产"合法"地转移出去,故在此情况下,执行案件将因对方无可供执行的财产而陷入无法执行的困境。

(三)被执行人难找

在信息社会,手机成为公民对外交流的必备工具。通常情况下,利用手机号码联系被执行人最为便捷。但在执行案件时,被执行人会对法院有较强的防备心理,经常以变更通信号码的方式"断绝"与法院

---

① 刘贵祥:《人民法院执行工作现状与分析》,载《中国应用法学》2018 年第 1 期。
② 同上。

执行工作人员的联系。同时，由于跨区域务工现象较为普遍，很多被执行人登记的户籍住址与实际的工作生活住址不一致，在此情况下，如何找到被执行人，成为法院执行工作所面临的普遍难题。为了解决被执行人难找的问题，最高人民法院、公安部联合发布了《关于建立快速查询信息共享及网络执行查控协作工作机制的意见》，明确规定了协助查找被执行人的问题，即"最高人民法院向公安部提供被决定司法拘留的当事人（自然人）信息，并推送对应的加盖电子签章的拘留决定书及协助执行通知书，提供执行法院信息、案件承办人姓名及联系电话；公安机关及派出机构在日常执法过程中发现上述人员时，应及时通知人民法院"。但因该规范性文件不属于司法解释，且其有关查找被执行人规定的门槛较高，因此该意见并未达到预期的实施效果。

（四）申请执行人参与性不足

与案件审理不同，案件的执行缺乏一系列外部性的参与程序。按照常规流程，申请人在提交执行申请后，案件会分流到法院执行部门承办人手中。法院会通过短信向被执行人送达财产申报告知书、执行裁定书等相关法律文书，并通过网络查控系统查询被执行人的银行存款、车辆、证券、网络资金、理财产品等相关财产信息，将被执行人列入法院系统失信被执行人名单。当上述措施用尽之后，法院通常会以裁定终本执行的方式结案。在整个执行过程中，申请执行人的参与性存在明显不足，有关网络查控的财产信息也不会对其公开。另外，对被执行人与其配偶、被执行人与关联企业之间的共同财产，在申请人不主动提出的情况下，法院一般也不会主动予以查控和执行。由于缺乏有效的参与机制，申请执行人往往无法充分了解法院为其案件执行所付出的努力，一旦法院裁定终本执行，申请人就容易产生怀疑和不满情绪。

（五）执行威慑力不强

目前，各级法院普遍采取的执行措施是网络查控冻结被执行人的银行账户等线上财产，限制被执行人进行高消费并将其纳入失信名单。这些措施对那些具有稳定工资收入来源或经常跨区域乘坐公共交通出行的人来讲,确实构成一定的威慑。但对有些没有固定职业或稳定收入的群体,影响并不显著。另外,有些地方还采取在公共场所电子屏幕公布"老赖"信息的措施,希望通过曝光方式给被执行人形成外在的压力,但此种措施在合法性方面面临质疑,且它仅对那些珍惜名誉或信誉的被执行主体有一定的效果。拒不执行判决、裁定罪(以下简称拒执罪)作为维护司法权威和公民诉讼利益的最后一道防线,其适用可以说是解决"执行难"问题最有力的刑事司法手段。然而,在司法实践中,该罪的威慑效果并不理想,具体表现为适用率较低和适用区域不均衡。在法院内部,执行部门与刑事审判部门对拒执罪的理解也存在分歧。究其原因,除了实体法层面罪状表述模糊,致使司法实践中入罪判断存在困难外,程序法层面追诉模式的职权异位与失调也导致了该罪启动程序的失灵。[1]

(六)恢复执行程序启动难

终本执行程序从根本上改变了我国法院对无财产可供执行案件的传统处理方式。从缘起、形成与发展的历程看,终本执行程序是出于消化执行积案而设,对当事人没有多少实质价值。[2] 目前,终本执行已成为大多数未在法定期限内执行完毕案件的最终归宿。法院裁定终本执行的主要理由是,"在本次执行程序中,本院穷尽财产调查措施,未发现被执行人有可供执行的财产,已发现的财产均已处置完毕,未发现被执行人有其他可供执行的财产,被执行人暂无财产可供执行,故本次执行程序应予终结。"[3]其所载明的恢复执行的条件则是"申请执行人发现被执行人有可供执行财产的,可以向本院申请恢复执行"。问题是,在法院借助查控手段都无法找到被执行人财产的情况下,申请执行人作为无任何强制措施的私主体,

---

[1] 杨慧妍:《拒不执行判决、裁定罪的追诉困境及其破解》,载《河南财经政法大学学报》2023年第5期。
[2] 谷佳杰:《终结本次执行程序废除论》,载《中国政法大学学报》2023年第2期。
[3] 见杞县人民法院(2022)豫0221执恢356号执行裁定书。

发现被执行人有可供执行财产的概率几乎为零。如果严格按照此标准的话,大量的终本执行案件会因难以启动恢复执行程序而变为终结执行案件。

(七) 执行和解机制的缺位

从宏观数据上看,执行和解在执行结案整体数量中占比不高。有执行一线人员研究表示:"Q 区法院 2016 年共执结 2211 件案件,其中执行和解 187 件,占全年结案数的 8.5%;2017 年共执结 2581 件案件,其中执行和解 308 件,占全年结案数的 11.9%;2018 年共执结 2751 件案件,其中执行和解 361 件,占全年结案数的 13.1%。"单从上述数据看,执行和解所占结案数的比例并不是很高。① 但有些地方法院执行和解案件的占比却高达 40%。② 各地法院有关执行和解结案比例的不均衡,与当地法院在执行过程中是否重视和解工作有很大的关系。2018 年,最高人民法院制定了《最高人民法院关于执行和解若干问题的规定》(2020 年修正),该规定对当事人在执行阶段的自愿和解的问题作出了规定,但全文只字未提法院能否通过调解等方式促成当事人达成和解协议的问题。

(八) 执行监督机制不健全

在执行阶段,囿于当事人参与机制不完善,因此他对执行工作的监督无法达到权利制约权力的效果。就外部监督而言,人民检察院对法院执行的监督向来较弱,人大的监督较为宏观,政协民主监督、舆论监督等在监督法院执行工作方面局限性更强。就法院系统的内部监督而言,现行执行程序虽然在不断完善,但从执行案件办理的角度来

---

① 陈宝军:《程序阻却还是纠纷解决——执行和解功能上的批判与反思》,载《南海法学》2020 年第 1 期。
② 2009—2013 年湖南省法院执行和解率从 25.33% 上升到 32.40%。而从更局部的情况看,有些地市法院的执行和解率甚至一度超过 40%。陈杭平:《论民事"执行和解"制度:以"复杂性"化简为视角》,载《中外法学》2018 年第 5 期。

说,并没有改变"一人包案"的办案模式。① 实践中,有些法院在案件裁定终本执行后,若要恢复执行仍由该承办人负责办理。这种固定搭配的分案模式存在承办人权力集中和权力滥用的问题。这种集中化的权力滥用可同时作用于申请执行人和被执行人两方主体,即由于对申请执行人不满而怠于或消极执行;由于对被执行人不满而滥用强制措施,或违法执行案外人财产。这容易造成执行案件出现人为控制、暗箱操作等问题,甚至发展成"关系案""人情案""金钱案"。②

二、法院执行工作完成困难的主要原因

法院"执行难"的产生,既有客观因素,也有主观因素,且有些因素可能是无法避免的。③ 上述因素的成因是多方面的,但从法院系统自身看,主要为法院及其执行人员执行理念上的偏差。

(一)传统单打独斗执行理念的桎梏

长期以来,法院执行工作的理念是执行局单打独斗,即一旦提及执行工作,那就是法院执行局的事情,由执行人员负责。在这种理念下,法院实施了审执分离模式,单独设立了执行局,统一负责审结案件的执行工作。当案件审结后,审判法官的工作已经完成,如果判决给付的内容得不到自动履行,当事人(原告)需要到立案窗口统一立执行案件,案件会分配至执行局不同的执行庭(组)。自此,执行工作正式启动。这种审执分离模式有利于分权制衡,防止法官权力过大。但是,审执分离绝不是审执隔离,执行权是法院的一项重要权力,是保障法院裁判给付内容得以实现的权力。一旦没有了执行权,法院的司法权威将大大降低。执行局单打独斗执行理念的不足在于:

---

① 孙一桢:《为什么偏好执行和解——以执行法官为分析视角》,载《法治现代化研究》2022年第1期。
② 高执办:《论执行机构内部的分权与制约》,载《人民司法》2001年第6期。
③ 例如,对那些确实已经丧失了履行能力的被执行人,法院的各项执行措施都是无效的。此类案件属于客观上无法执行的类型,对这种现象其实无法通过法治的方式予以解决,只能说是一个社会现象。

第一,会导致审判法官与执行人员在矛盾纠纷化解过程中互不沟通,让案件的判决内容无法执行,出现法院执行局裁定不予执行本院审判法官作出的生效判决内容的现象。这大大损害了司法公信力。

第二,会让法官不积极主动进行调解工作,把财产保全当成一种负担,也把自己当成出具判决书的"机器",认为执行完全是执行局的事情。

第三,不利于节约司法资源。在审理阶段,审判法官和书记员通过直接送达、保全、询问、调解和审判工作,能够了解和掌握被告的基本情况。然而,一旦案件审结后进入执行程序,对执行人员而言,这属于一个新的案件,他们需要重新了解和掌握被执行人相关信息。如果审判执行信息共享机制也不健全,将会大大增加执行人员了解被执行人信息的难度,这浪费了有限的司法资源。

综上,在执行局单打独斗的前提下,"执行难"问题难以从根源上被彻底解决。尽管全国法院在切实解决"执行难"上取得了阶段性的胜利,但彻底破解"执行难"尚需革新执行理念,强化审执联动,将法院工作聚焦到"案结事了"这一目标上来,从根源上减少进入执行程序的案件。

(二) 实质性化解合法诉求理念的缺位

按照传统的思维模式,一旦法院作出裁判,就终止了纷争,所以在执行阶段要严格按照裁判文书所确定的权利义务来履行。然而,现实告诉我们,这种模式仅是一种理想状态,在多数情况下,裁判文书的执行都会遇到阻力,只是在执行阶段争议的提出者大多是被执行人。

在执行阶段,双方都有可能存在和解的现实需求。有些在审判阶段多次调解未果的案件,在进入执行程序后,和解成功率反而更高。当事人之所以选择在执行阶段和解,主要有两个原因:一是判决生效后,由于双方的权利义务关系已经"尘埃落定",当事人出于面对现实、节约执行成本、维持友好关系等各种考虑,会有较强的和解意愿,这构成了法院主持和解的基础。二是有些当事人之所以不同意在审判阶段调解,是因为对裁判结果存在无法确定的心理预期,此时即使有调解的意向,但由于权利之有无及其数量尚未经判决予以最终确认,缺乏确定的权利和利益参照系,因此对和解方案的具体内容难以权衡,须待判决确定之后方能决定和解方案。① 然而判决生效后,即使双方均存在和解的意愿,但二者仍需一个促成和解的媒介。此时,承办执行案件的执行人员是最为合适的工作者。如果执行人员能够秉承实质性化解合法诉求的理念,重视执行和解工作,引导双方当事人在执行金额、期限、方式等内容上达成妥协和让步,并配合相关制度保障机制,将执行和解作为大多数案件执行结案的方式,不仅有利于巩固"基本解决执行难"的阶段性胜利果实,也有助于形成有效解决执行难的长效机制。

第二节 兰考法院立审执联动机制的实践探索

为了进一步明确人民法院内部分工协作的工作职责,促进立案、审判与执行工作的顺利衔接和高效运行,保障当事人及时实现合法权益,最高人民法院于2018年制定了《关于人民法院立案、审判与执行工作协调运行的意见》,对立案、审判、执行、财产保全等不同工作阶段之间的配合衔接作出了明确的规定,要求各级人民法院根据本院机构设置,明确负责立案、审判、执行衔接工作的部门,制定和细化与立案、审判、执行工作衔接有关的制度,并结合本院机构设置的特点,建立和完善本院立案、审判、执行工作衔接的长效机制。

在前述司法文件发布之前,兰考法院已着手探索立审执联动执行机制,根据业务庭类型的差异分别建立审判、执行相互对接的固定搭配关系,明确分工与协作事项,实现保全、送达、固定证据、审理、调解和执行等多个阶段之间的无缝对接。

---

① 雷运龙:《民事执行和解制度的理论基础》,载《政法论坛》2010年第6期。

一、打造立审执联动的团队化办案新格局

(一)建构全员参与执行的扁平化管理模式

兰考法院把抓好执行队伍建设作为基本解决"执行难"的第一要素,配齐配强执行力量,统一思想认识,从内激发执行干警的工作动力。首先,改变以往执行工作单打独斗的局面,要求全员参与执行,全员关注执行,形成执行工作合力。其次,运用扁平化模式管理执行队伍,提高执行人员素养,营造风清气正的执行环境,打造一支敢于担当、勇于担当的执行队伍。扁平化模式管理是相对于传统的等级结构管理模式而言的,指通过减少管理层次、压缩职能部门和机构、裁减人员,使决策层和操作层之间的中间管理层级尽可能减少,从而实现将决策信息及时传递至操作者。最后,减少执行局领导人员岗位,充实执行力量。兰考法院执行局仅配设局长一人,从宏观上负责全院的执行工作,每个执行团队设立负责人一名,具体负责案件的执行工作。在案件办理中,执行案件归入每个执行团队负责人名下,由该负责人领导和指挥本团队所有执行人员实施执行。通过周排名、月通报等方式强化考核,激励先进,批评落后。

(二)充实执行办案一线的司法力量,构建团队化办案模式

2017年3月,兰考法院开始探索发展执行工作。在团队组建方面,兰考法院从全院抽调3名30岁以下的审判庭副庭长到执行局工作,使具有法官资格的执行员由4人增加到7人,同时执行局人员达到52人,平均年龄不足35周岁。随着大批有能力、敢担当的优秀干警进入执行队伍,兰考法院的执行工作局面迅速打开。

2017年3月份前,执行局分为一个综合科负责执行协调,两个执行庭负责执行案件实施,实行庭长负责制。2017年4月份,改革后的执行局被划分为一个综合科负责执行协调(含执行指挥中心)、执行节点督办,一个执保组负责诉讼保全、集中送达及执行协助,六个组负责执行实施,实行组长(局长助理)负责制。改革后,案件的执行情况和

资源配备情况大有改善。为惩戒"老赖",严厉打击拒执犯罪,经院党组研究决定将刑庭副庭长调入执行局,再由执行局派驻刑庭,专门负责拒执刑事案件。经过一系列改革,各审判庭与执行局实现了信息互通,从先前的执行局单打独斗,变成全院执行,极大充实了执行力量。2018年1月1日后,执行局在架构改革的基础上,选派执行能力强、素质高的执行员进驻派出法庭进行工作,跟踪审判动态,同时赋予主审法官更大权力,帮助贴近基层群众,最大限度地实现当事人诉讼权益。

兰考法院的执行工作在改革后取得了一定的成绩。2017年度,兰考法院共受理执行案件3679件(其中新收3413件、旧存266件),执结3497件(包括实际执结2997件),未结182件,实际执结率为81.46%,总结案率为95.05%。

2019年1月,兰考法院在诉讼服务中心成立了三个速裁庭,开始下沉执行力量,将执行队伍全面分散在各个业务庭室,实现了审判团队和执行团队的相互对应,形成了互相配合和制约关系。法院执行综合科和执行指挥中心并入审判执行服务中心,其他执行力量全部分散到各审判庭,按照审执团队相互对应的模式设立执行保全团队,确保执行力量"遍地开花"。兰考法院在四个人民法庭、三个速裁庭和两个民事审判庭均派驻了执行员和法警,负责审判案件的执行工作,其工作安排服从审判庭管理指挥,案件绩效考核归属执行局。

通过下沉执行力量,实现审判与执行工作的"零距离、面对面、点对点,让当事人在审判阶段体验到执行的威严;让执行人员能够提前介入,第一时间掌握、锁定被执行人的信息与行踪,通过宣传、教育、警示、引导、规劝等方式,给抱有侥幸心理,怠于履行调解裁判义务的当事人"打预防针"。审判与执行的优势互补,真正推动法院形成了审执融合的内部凝聚力和外部威慑力,进而实现了综合执行能力的全面提升。

(三)实行团队化运作,形成办案合力

1. 速裁庭实行3+10速裁团队运作模式

兰考法院设立3个速裁庭,负责繁简分流、简案快审快执工作,每个速裁庭配设员额法官3人和书记员3人,并配备包括执行员、法官助理和法警在内的7人组成团队。原则上每名员额法官可指挥该7人组团队进行本庭各类法律文书送达、财产保全或证据保全、通知当事人、固定证据等工作。7人组团队通过协助法官办案,能够提前了解被告的财产状况、生活圈子及活动规律,为执行时及时找到被执行人和固定财产做准备。这样可以把员额法官从琐碎的事务中解放出来,为专心办案打下坚实基础。办案法官在案件履行期限临近届满时,负责及时提醒、督促被告自动履行,并告知不按期履行的法律后果。对于进入执行阶段的案件,办案法官负责判后答疑,协助执行人员做好案件的执行工作。

2. 人民法庭实行3+8团队运作模式

兰考法院下设4个人民法庭,每个法庭管辖3个乡镇的民事诉讼案件审判和执行工作。每个法庭配备3名员额法官及由执行员、法警、书记员组成的8人辅助团队。员额法官负责案件立案、审理和执行工作,8名辅助人员协助案件审判与执行工作,在案件审理阶段统一服从员额法官指挥。在执行阶段,员额法官协助本庭辅助人员组成的执行保全团队对执行案件进行调解。

3. 民事审判团队+执行组运行模式

兰考法院内设2个民事审判庭,负责繁案精审及繁案执行工作。审判庭内部分别设立由4名员额法官及4名书记员组成的审判团队和6名执行人员(含法警)组成的执行组,执行组在员额法官的指挥下协助对案件的送达、对前期财产保全工作的检查与完善,审判团队在执行阶段则协助执行人员做好案件的执行工作。

这种团队化运作模式一方面下沉了执行力量和法警警力,另一方面也强化了审判和执行的配合与制约,确保案件尽量化解在执行前,提高执行效率。此外,团队化协作模式能够形成化解矛盾纠纷的合力,聚焦解纷目标,强化办案效果。此外,执行团队参与案件的审理工作,也能对审判法官起到一定的约束作用,防止法官滥用自由裁量权。同时,为了防止裁判内容模糊或存有歧义,审判法官在作出裁判前,也需要就裁判内容和执行人员沟通交流,形成一致意见,增强裁判内容的明确性。

(四)明确审执团队分工,优化司法资源配置

兰考法院将员额法官和书记员归入审判团队,将执行人员、法警及其他辅助人员归入执行保全团队。在具体分工中,审判团队主要负责室内工作,具体包括案件的排期开庭、审理、记录、裁判、装卷、归档、调解等工作。执行保全团队主要负责室外的直接送达、现场勘验、调查取证、财产保全、固定证据、协助调解、案件执行等工作。将法院办案工作分为室内和室外是要打破传统"坐堂审案"的司法理念,由被动地通过排期开庭和依次出具判决文书的办案模式转向主动运用多种方式方法实质性化解矛盾纠纷上来。办案工作进行室内和室外的划分,也是一种专业化的探索。那些经常从事室外工作的执行人员,会不断积累送达、保全、收集和固定证据、协助调解等方面的经验,且基于执行工作的特殊性,他们在找寻当事人、查控财产等方面具有显著优势。通过室内、室外两种类型工作的配合,员额法官能够找准矛盾纠纷化解的突破口,有针对性地进行案件的调解工作。

在案件审理过程中,相对于员额法官而言,执行保全团队的职能定位是辅助和协助法官办案,员额法官可以指挥执行保全团队的成员进行文书送达、财产保全、证据固定、制作笔录等工作。接受员额法官指挥的执行保全团队成员在完成指派的事务后,应当及时主动向员额法官报告或反馈事务执行的情况。员额法官通过听取汇报,能够准确和全面了解双方当事人的基本情况、对案件处理的态度、争议焦点等信息,有助于及时掌握办案方向,灵活调整方案。

兰考法院还在执行保全团队中设置政委1名,由其作为负责人,管理和负责本团队的案件执行工作及协助员额法官进行辅助性工作。执行保全团队兼具案件执行和审判辅助工作,这是节约司法资源的有效方式。因为这两项工作是互相补充的,如团队成员在进行直接送达的过程中,可以根据路途远近同时进行其他案件的执行、财产保全、证据收集、事实核实等工作。这样才能达到节约司法资源和提高司法效率的目标。由于执行人员提前介入,在审理阶段就知悉被告的详细住址和案件的基本情况,甚至在审理阶段就开始协助员额法官做调解工作,故案件一旦进入执行程序,执行人员能够很快锁定被执行人及其相关财产,迅速采取强制措施,确保案件顺利执行。

二、优化诉讼文书送达机制

(一)由执行人员负责诉讼文书送达工作

诉讼文书送达难是制约案件审判及执行效率的关键问题,很多案件之所以处于久立未判、久拖未执的状态,一个重要因素是送达程序出现了问题。"当事人不好找"显然成了法院审执工作的通病。为此,在送达环节,审判和执行阶段的工作人员应相互配合完成送达工作。在审理阶段认真查控被告的财产情况较之在执行阶段查控被执行人的财产显然会容易许多。因此,应当将执行阶段的主要措施依法前置到立案和诉讼阶段。这些措施由执行人员负责完成,对案件的审理和执行均有好处,可以起到方便案件执行、节约司法资源、缓解案多人少矛盾的作用。在前期,主要通过执行人员派驻审判庭,并与审判员建立相互对接的固定搭配关系,明确各自分工及协作事项。执行人员负责所派驻的审判庭的各类法律文书的送达,了解被告的财产状况和被告的生活圈及活动规律,关注案件的审理状况,为执行做好准备。在改革后期,随着执行力量的全面下沉,兰考法院分别在3个速裁庭、2个民事审判庭和4个人民法庭成立审判团队和执行保全团队,执行保全团队负责配合审判团队进行文书送达、财产保全、证据固定等工作,并协助审判法官做好案件调解工作。

(二)强化现场直接送达机制,及时摸清被执行人财产状况

根据《民事诉讼法》第88条的规定,直接送达是应当优先选择适用的送达方式。但实践中,很多法院从自身便利的视角出发,经常使用电子送达。笔者认为,直接送达给当事人虽然可能会增加法院的工作量,但更有利于法院工作人员与当事人进行面对面交流,有利于法

院工作人员及时了解当事人的基本情况,倾听当事人陈述意见。送达人员在直接送达后,可将通过送达了解到的被告信息反馈给审理法官,便于审理法官结合具体案情和当事人的个性差异制定针对性的调解方案。

此外,执行人员在直接送达时,可根据案情要求被送达人填写财产状况预申报表,对其财产和生产生活状况进行初步了解,对拒不配合的当事人或被认为有故意规避执行等情形的当事人,应及时将相关信息告知原告并建议原告申请财产保全。如果申请保全的原告无法提供被告财产线索,执行人员可随时到被告的住所、工厂或承包的土地等地现场勘验其线下财产及预期收益情况,并制作调查、勘验、询问笔录,固定好有关财产状况的证据材料。

三、树立逆向思维,创新执行模式

(一)转变常规执行方式,创立错时执行模式

执行工作是国家通过强制性措施对财产利益进行再分配的活动,这种再分配主要是通过强制被执行人履行裁判文书所确定的给付义务实现的。常规执行方式的关键在于查控被执行人的财产,但有的被执行人由于涉及案件较多,在诉讼或执行前已经将自己的财产转移至亲属朋友名下,这为查控财产制造了困难。如果按照常规的执行模式,很难执行到位。为此,执行人员需要找到被执行人,通过询问或跟踪调查等形式查控其实际控制占有的财产。但被执行人往往具有较强的反执行能力,警惕性很高,如果法院执行人员按照正常的执行时间查控被执行人,大多数情况下会无功而返。

为此,兰考法院创立错时执行模式,与常规执行方式相比,错时执行模式的主要目的是找到被执行人。由于法院执行人员不能像公安机关那样运用科技定位找寻被执行人,且被执行人会刻意躲避执行人员,因此要想迅速找到被执行人,除了依靠申请人提供线索外,只能采取非常规的办法。错时执行模式就是一项非常规的方式。执行人员会错开正常的工作时间,在被执行人比较放松的节假日及凌晨、深夜

等时间段到被执行人的住所找寻被执行人。正常情况下,被执行人一旦被采取强制措施,再加上执行人员向其讲明利害关系,告知不履行裁判文书内容的后果,被执行人往往就会放弃幻想和侥幸心理,主动交代财产下落,竭力配合法院执行工作。由于错时执行牺牲和占用的是执行人员 8 小时工作外的休息时间,因此参与错时执行的执行人员可采取调休的方式保障其休息时间。在错时执行模式下,仅 2017 年春节放假期间,兰考法院就成功执结 67 起案件,拘留 13 名被执行人,移送公安机关 1 人,扣押 1 辆汽车,执行到位的标的款有 362.41 万元。

(二) 领导包案,带头执行

执行工作是兰考法院的"'一把手'工程",院长亲自抓执行工作,带头包办、督办执行案件,相关院领导协同配合,形成了执行工作的"头雁效应"。为了压实院领导的管理责任,兰考法院创设了领导包案执行模式,院领导每周对疑难案件进行审核、督导,每周固定一日(周四)为院领导包案执行日,即要求院领导随执行干警外出执行案件。领导带头执行有利于营造良好的执行氛围,鼓舞执行干警的士气。

同时,院领导包案执行也有助于及时发现执行工作中存在的问题,纠正和健全执行工作方式方法。领导所承办的执行案件一般是疑难复杂案件,对承办人的综合素质和业务能力有较高的要求。这些案件由院领导直接承办,有利于协调各方关系,解决执行问题。如徐某执行案,因各种原因二十年未能执结,成为兰考法院有名的"骨头案"。在张童院长的督办下,经过多方努力,穷尽一切手段,终于取得了较为圆满的结果。

(三) 内部提级执行,强化监督制约

内部提级执行主要针对的是疑难、复杂、有信访因素且超过四个半月仍未执结的案件。这些案件有可能是因为被执行人暂时无履行能力而未执结,也不排除有个别执行人员滥用职权,因收受被执行人的贿赂而消极执行。为了强化内部监督,兰考法院在改革初期,选择采取内部提级执行的方式,将超期限未结案件交由院领导执行,或者通过执行局长分至其他执行团队执行。执行局长或分管院领导应当综合评定和倒查案件没有执行到位的原因。如因案件疑难复杂或存在重大分歧,则可针对此类案件召开执行研判会议,集体讨论,群策群力;如有"三案"(人情案、关系案、金钱案)现象则依据规定,给予责任人处分,对不适合进行执行工作的执行人员,会及时将其调出执行局工作岗位。

此外,内部提级执行也有利于取得申请执行人的信任和配合,让申请人感受到法院的重视。2017年,院长亲自带头践行院内提级执行工作规定,执结了一大批久拖未执案件,执行效果显著。

(四)实行执行"110"和"公诉+自诉"模式,加大打击"老赖"力度

执行"110"模式旨在强调执行工作的机动性和灵活性,同时能够调动申请人主动配合执行工作的积极性和主动性。出于维护自己的合法权益的目的,申请人往往会更关注被执行人财产的下落,因此他们一旦获得信息,便会将之反馈给执行人员,之后执行人员需要赶赴现场查控被执行人。执行人员也不能做到全天时刻待命。为此,兰考法院设立了执行"110"模式,把法警队归入执行局进行管理,成立警务执行局,执行工作向警务化模式转变。法院要求执行局全体干警24小时待命,无论何时何地,一旦接到当事人举报或发现被执行人行踪、财产线索,就立即组织实施、果断行动。通过执行"110"模式,约75%的由申请人提供线索的执行案件得以顺利执结。对确属执行不能的案件,申请人也能表示理解与配合,有效减少了信访案件的发生,提高了司法公信力。

在具体操作过程中,执行人员向申请人公布团队负责人及执行局长的联系方式,包括申请人在内的任何人在任何时间和任何地点发现被执行人或其财产下落,均可拨打电话反馈信息,执行人员之后立即采取行动。

为加强打击拒执工作,提高打击拒执犯罪的精准度,兰考法院灵活运用"公诉+自诉"模式,让一名既懂执行又懂刑事的员额法官到刑庭任副庭长专职审理拒执案件,该人员归执行局管理。同时,为方便与公安、检察院等部门沟通协调,对构成拒执犯罪的,执行局会及时移送,依法协助检察院提起公诉,用公诉这把利器严打拒执犯罪,形成"公检法"外部联动机制。为了避免因涉及公职犯罪而增加惩治拒执罪的难度,兰考法院还会引导申请人通过到法院申请自诉的方式启动刑事惩戒措施。对这类案件,兰考法院会成立研讨组,详细讨论涉及的法律规定和业务知识,严格把关案件的事实认定、证据采信及罪与非罪等问题。仅在2018年,兰考法院以拒不执行判决、裁定罪移送公安机关659案、659人,提起公诉12案、12人,自诉结案483案、483人,司法拘留554人次,罚款469人。2018年度,兰考法院在"打击拒执犯罪"全省法院系统中排名第三。

在这种强力威慑下,自2018年以后,兰考法院处理的拒执犯罪案件逐渐减少,很多被执行人因惧怕刑罚惩戒而尽可能履行给付义务,即便一时无力履行,也往往会积极和申请人协商分期分批执行。

(五)建立执行例会制度,制定执行风险评估及预案

执行工作往往涉及面广、案情复杂、程序烦琐,需要考虑对被执行人及其财产的动态查控,对财产的评估、拍卖变现,对被执行人采取制裁措施的方法方式等。在非财产性案件中,如果涉及限期搬迁、拆除违章或侵权建筑物,情况会更加复杂。因此,应当考虑执行工作的特殊性,在分工执行的基础上定期开展执行例会研判,集中和优化执行资源配置。

兰考法院在探索解决执行难初期,为了统一思想,扭转传统执行理念,强化执行人员的业务能力,建立了执行例会制度。执行例会一般每周召开一次,由每个执行团队的负责人汇报例会日之前所办理案件的执行情况,提出在执行过程中遇到的新情况、新问题。参会人员对这些情况、问题积极讨论,提出解决问题的办法。主管执行的院领导要对执行工作进行点评,部署今后的执行重点、工作安排等。定期执行例会成为各位执行干警交流经验、集思广益的平台。会上会对重大疑难案件、涉法信访案件及可能发生群体抗法的案件,着重研究,进行执行风险评估,做好执行预案,减少执行的盲目性,及时应对执行中可能出现的各种意外。

随着解决"执行难"的各项举措日臻完善及执行工作的顺利开展,执行业务水平得到强化,执行例会召开的次数也逐年下降,执行例会制度取得显著成绩。

四、引导申请人配合和见证执行,强化外部监督和执行实效

(一)当事人对执行工作的误解及纠正

执行实践中,有相当一部分当事人认为,只要向法院申请执行,就可以高枕无忧,而等到法院确实无法执行时,便会认为法院执法不力。其实执行难、执行不能、执行不力之间并没有必然关系。执行不能是当事人在市场交易活动过程中普遍存在的一种风险。如果被执行人确无执行能力,法院即使穷尽一切强制措施也无济于事。因此,为强化申请人的风险意识,兰考法院成立了新媒体工作室,在告知申请人相应风险的同时,充分调动其参与执行过程的积极性。另外,兰考法院还邀请申请人、人大代表、政协委员及新闻媒体等充分参与执行监督,宣传"执行不能"的真正内涵,引导当事人认识并理性对待执行不能,支持与配合法院的执行工作。

(二)积极引导当事人配合执行工作

即便是案件进入执行程序,申请人也应当积极提供被执行人的财产线索,配合法院的执行工作。从某种意义上讲,案件进入执行程序后,国家强制力所惩戒的对象是有能力而拒不执行的主体。对那些暂无履行能力的被执行人,法院在用尽相应的强制措施后,如果仍然不能执行到位,这种执行不能的结果应当是申请人在民商事活动中自行承担的风险。从这个层面上讲,申请人在启动执行程序后,应当积极配合执行人员查控被执行人的财产。

引导申请人配合执行的意义在于,激活申请人在案件执行中的作用,调动申请人在提供线索、查控被执行人方面的积极性和主动性。

一般来说,申请人在与被执行人发生相关交易行为时,会对被执行人的经济实力有一定的了解,也可能掌握执行人员不了解的财产信息,如果申请人能提供相关线索,执行人员就可以对这些线索进行核实。例如,被执行人将车辆登记在其他人名下,但自己却长期使用和实际控制该车辆,这种情况法院执行人员通常是不容易发现的。若申请人能提供这类线索,执行人员就可以向被执行人调查核实,并根据核实结果采取相应的强制措施。

(三) 引导当事人见证执行

为进一步增强执行工作的透明度,强化申请人对执行工作的外部监督,增进申请人对法院执行工作的了解,兰考法院针对部分认为法院消极执行的申请人,创新工作方法,主动邀请他们见证法院执行行动。这既是对法院执行工作的一种监督,也能够增进申请人对法院执行工作的理解和支持。

对于因被执行人暂无执行能力而终本执行的案件,兰考法院明确要求执行人员邀请申请人见证执行过程,向申请人展示被执行人线上财产的详细情况及询问调查笔录。对终本执行的案件,申请人一旦发现新的财产线索,可第一时间向执行人员报告,由执行人员负责查实。对查证属实的,可引导申请人见证执行。

五、强化法院执行工作的宣传教育

(一) 宣传引导,营造执行工作好氛围

兰考法院把宣传工作也作为破解执行难的重要手段,运用各种措施,加大宣传力度,弘扬社会诚信,营造打击拒执犯罪的良好氛围。

一是明确方向,配强力量。法院成立了以院长为组长,以新媒体工作室为班底的执行宣传团队,并配备专职宣传人员5名。院长会和宣传组成员一起研究执行宣传工作考核细则,明确宣传工作的重点及方向。

二是灵活运用多种宣传途径。法院可以召开执行工作新闻发布

会,邀请人大代表、政协委员参与执行、见证执行,通过人大代表、政协委员的优势宣传执行工作;邀请《人民法院报》《河南法制报》、大河网、《开封日报》、兰考电视台等主流媒体参与、见证、报道执行工作,并依托法院"三微一体"平台、政务网站等新媒体,及时发布执行工作动态,震慑拒执失信被执行人,为执行工作营造良好的舆论环境。

截至2018年底,兰考法院开展集中宣传28次,在国家、省市级媒体上发表宣传稿件548篇,循环曝光"老赖"1700小时,210多名被执行人主动到院履行法定义务。

(二)注重多方资源参与,让社会公众理性认识执行难

执行难属于社会深层次问题,仅依靠法院是不够的,需要调动社会力量广泛参与。为了调动社会参与的积极性,兰考法院执行局根据院党组的决策部署,结合执行工作实际情况,制定了《悬赏暂行规定》。对那些穷尽现有执行措施仍无法执行到位或被执行人存在隐匿、转移财产嫌疑等情形的,在征求申请人同意后,制作悬赏公告,张贴于被执行人住所地或经常居住地。有关群众提供的线索一旦被查证属实,会根据规定给予举报人相应的奖励。同时,充分利用媒体网络向社会公示失信人员信息,以及成功打击拒执被执行人的典型案例,还广泛开展"基本解决执行难"的法治宣传工作,让"老赖"无处藏身。

为了解决执行难,法院应当注重宣传执行难的形成原因及解决执行难的措施,并积极引导当事人增强风险意识,避免执行不能案件的产生。在立案阶段,法院要依法前置财产保全措施,说明并主动告知当事人相关风险;除诉讼风险告知外,还要讲解财产转移、滥诉的风险及可以采取的防范措施。在审判阶段,审判法官要告知当事人并释明相应风险,同时在下达法律文书时注意可执行性。在执行阶段,法院要注重引导当事人及社会公众广泛参与。此外,法院还应当加强执行法治宣传,通过新闻媒体定期发布典型案例,让社会公众理性认识执行工作。同时注重各方参与,争取各方支持,形成解决执行问题的强大合力。

第三节　实质性执行目标下立审执联动机制的优化路径

实质性执行是实质性化解合法诉求在法院执行阶段的具体性要求,也是人民法院执行工作的基本目标。2016年,最高人民法院发布《关于落实"用两到三年时间基本解决执行难问题"的工作纲要》(以下简称《纲要》),决定向执行难"全面宣战"。整体上看,《纲要》中的"总体目标"①是围绕"实质性化解合法诉求"设定的,在执行体制机制创新方面值得肯定。但《纲要》提出的交叉执行制度、终本机制改革、反抗拒执行长效机制等基本解决执行难的主要措施在时隔八年后又有了进一步优化的空间。

一、交叉执行的问题及其优化路径

(一) 交叉执行的提出及其核心内涵

"交叉执行"又称"异地交叉执行",是上级法院强化执行工作统一管理体制的基本要求。《纲要》提出,要依托执行指挥系统,强化全国四级法院统一管理、统一指挥、统一协调的执行工作管理体制,规范指定执行、提级执行、异地交叉执行的提起和审批程序,提高执行实施效率。2023年10月,最高人民法院部署开展了交叉执行工作试点,试点及部分主动开展工作的法院共提级、交叉执行案件8782件,执行到位金额193.76亿元,攻克了一批大案、要案和"骨头案",激活了解决执行难的工作效能,为切实解决执行难提供了可供借鉴的成功经验。②

---

① 《纲要》规定,"解决执行难"的总体目标是:被执行人规避执行、抗拒执行和外界干预执行现象基本得到遏制;人民法院消极执行、选择性执行、乱执行的情形基本消除;无财产可供执行案件终结本次执行的程序标准和实质标准把握不严、恢复执行等相关配套机制应用不畅的问题基本解决;有财产可供执行案件在法定期限内基本执行完毕,人民群众对执行工作的满意度显著提升,人民法院执行权威有效树立,司法公信力进一步增强。

② 张智全:《激活交叉执行,化解执行难题》,载《人民法院报》2024年1月27日第2版。

《2024年最高人民法院工作报告》中说:"力推异地法院交叉执行,排除各种干扰,攻坚难案积案。"2024年1月15日,全国高级法院院长会议专题部署执行工作时,也提出了做实交叉执行、充分释放交叉执行效能的要求。

实践中,各地进行的异地交叉执行案件的实践探索,具体包括两种模式:一是批量化的案件交叉执行,即在中级人民法院执行局的统一部署下,采取推磨式的异地交叉执行模式。如A法院的批量化执行案件交由B法院执行,B法院的批量化执行案件交由C法院执行,以此类推。二是类型化的案件交叉执行。所谓类型化,是相对于批量化而言的,即仅将特定类型的案件进行异地交叉执行。河北省石家庄市两级法院异地交叉执行的案件主要有:无正当理由长期未结案件,对有可供执行财产而未穷尽财产调查措施或未有效采取强制措施的小标的额案件,群众反映的消极执行、选择执行、涉执信访等案件。①

探究执行难产生的原因,地方保护主义是一个绕不开的话题。镶嵌于权力关系网络中的法院,难免受到地方性权力因素的影响。不管是针对本地特殊主体的执行,还是异地执行,都可能遇到障碍。② 整体上看,推行异地交叉执行制度,旨在减少地方保护主义对法院执行工作的干扰。从相关新闻报道看,异地交叉执行机制取得了显著成效,在切实解决难啃"骨头案"方面表现得突出。③

(二)异地交叉执行制度存在的问题

目前,地区与地区之间、同一地区的不同法院之间的交叉执行,已经取得了一定效果。异地交叉执行在排除地方干预方面存在明显的

---

① 路银良、董焱:《换把"锤子"钉钉子,石家庄发力交叉执行》,载《人民法院报》2024年3月20日第5版。

② 赵继生、程刚:《吉林松原"政法委会议精神"成了裁定书依据?》,载《中国青年报》2004年5月28日第16版。该报道中,政法委的"会议纪要精神"被作为法律依据写入裁定书,执行程序因此被迫中止。

③ 李生晨、段连发:《内蒙古:执行"紧箍咒"大显神通》,载《人民法院报》2014年5月27日第7版。

制度优势,但是在推动过程中也发现了一些问题。具体可概括为以下三点:

一是执行成本增加。批量式异地交叉执行意味着本地法院将转移执行阵地,将执行力量下沉到交叉的区域。虽然随着行政装备资源的不断充实,法院执行部门的公务用车得到了保障,但跨区域的执行机制增加了执行成本。除时间成本外,交叉执行法院对异地变更执行辖区的人员和地理环境也不熟悉,这增加了执行的难度和风险。

二是与执行联动机制的实践需求相悖。新一轮司法改革的重点之一即推进司法独立化进程。然而,具体实践中,法院对外部的"干预"不仅不排斥,反而呈现出一种积极诉求的态度。[①] 在民事执行中,法院不仅需要与执行当事人接触,还需要借助金融机构、不动产登记部门、税务部门,甚至公安部门的力量。近年来,最高人民法院与相关权力部门联合下发各种文件,[②] 目的就在于强化执行威慑机制,实现与外部相关部门的执行联动。但是,采取批量化的异地交叉执行模式,则又回归到法院单打独斗的老路上来。因为在交叉区域,负责执行的法院与当地政府缺少直接的管理或支持配合关系,在需要当地党政机关配合执行案件时,交叉执行的法院在协调各方和争取支持方面就会有些力不从心。

三是交叉执行的配套机制不完善。具体而言,第一,交叉执行案件增加的执行成本由谁承担尚未规定。第二,交叉执行案件的考核机制不健全。在绩效考核指标体系未跟进修订的情况下,部分法院对交叉执行案件有应付心理,通常会优先办理自己法院的执行案件,导致交叉执行案件的办理效果不佳。第三,缺乏地方政府支持和配合交叉

---

① 郑涛:《中国民事执行难问题的再解读——法院权能的视角》,载《南大法学》2021年第1期。

② 例如,最高人民法院、司法部、中国银监会联合下发《关于充分发挥公证书的强制执行效力服务银行金融债权风险防控的通知》;最高人民法院、中国银监会联合发布《人民法院、银行业金融机构网络执行查控工作规范》;最高人民法院、最高人民检察院、公安部联合下发《关于依法严肃查处拒不执行判决裁定和暴力抗拒法院执行犯罪有关问题的通知》。

执行的制度规范。交叉执行需要执行地政府的积极支持与配合,但现行持续推动的"府院联动机制"政策文件主要针对的是本区域的政府与法院的配合,对交叉执行的异地法院并不适用。对于涉"保交楼""保民生""保企业"和社会稳定的案件,如果执行法院与执行地政府对接不顺畅,将影响执行效果。

(三) 交叉执行制度的优化路径

1. 以类型化案件的交叉执行取代批量化案件的交叉执行

上述交叉执行的诸多弊端,主要发生在批量化异地交叉执行过程中。

对特定类型的执行案件而言,交由异地法院执行,往往能排除地方的不当干预,突破固化思维,达到事半功倍的效果。因此,交叉执行制度的优化路径之一便是废止批量化案件的异地交叉执行制度。对已经批量化交叉执行的案件,可继续由该交叉执行的法院负责,在一定周期内慢慢消化。可将类型化交叉执行的案件范围限定为涉及地方党政机关的执行案件、长期执行不到位的积案、涉执信访案件,以及不适合在本地法院继续执行的其他案件等。

2. 构建以交叉执行法院为主、管辖法院执行为辅的联动执行机制

目前,大多数法院对符合交叉执行的案件,在将案件分配之后,就彻底不管不问。但实际上,管辖法院的积极配合仍然十分重要,尤其是在处理涉及党政部门的执行案件时。民事执行难问题的出现,表明法院在执行领域遭遇了组织目标无法实现的困顿,即法院无法通过自身的权力地位实现执行中债权人的利益。[1] 这一状况并不会因异地交叉执行而有所改变,甚至可能会因为交叉执行法院对异地乡土的不熟悉而加重。因此,有必要构建以交叉执行法院为主、管辖法院执行为辅的联动执行机制。这种院院联动,一方面能继续发挥异地法院在抵

---

[1] 郑涛:《中国民事执行难问题的再解读——法院权能的视角》,载《南大法学》2021年第1期。

御地方保护主义和人情干扰中的功能,另一方面也能有效弥补交叉法院与地方党政机关在沟通协调中的障碍,争取党政机关的支持与配合。

3. 对执行案件进行精准化分类,合理把握交叉执行的限度

法院要全面认识交叉执行的优势及弊端,充分发挥交叉执行的作用。例如,对当事人长期信访案件可开展属地交叉执行,上级法院跟踪指导并监督。若交叉执行结果与原执行结果相同,应向信访人释法明理;若原执行法院存在问题,则针对不同问题进行纠正和处理。此外,在实施交叉执行的过程中,不仅要化解积案难案,更重要的是激发法院内部潜力,整合战斗力,提升处理问题的能力,培养执行中的担当精神,但也要注意交叉执行面临的各种挑战和限制,确保交叉执行能够发挥最大的作用。

4. 将本地穷尽执行作为交叉执行的前置程序

异地交叉执行制度的核心是通过换执行法院的方式,防范地方保护主义对法院执行工作的干扰。其适用的假设条件是:本地存在地方保护主义的倾向,且本地法院无法防御地方的不当干预。然而,这一假设并非一直成立。因此笔者建议,在本地法院未穷尽执行之前,不宜将相关案件一律移交进行交叉执行,可将本地法院穷尽执行未果作为交叉执行的前置程序,即先由本地法院执行,在法定期限内穷尽执行措施未果时,再转入交叉执行程序。衡量执行法院在执行措施适用上是否穷尽的各项尺度,必须严格按照执行措施穷尽标准。比如,发送执行通知、穷尽调查措施等准备工作必须实施完毕,扣押、冻结等给付类执行完毕,对妨害执行或拒执行为给予了必要的排除或处罚,财产变价完毕等。对穷尽执行措施后仍然执行不到位的案件,经主管领导批准,并征求申请人的意见后,可依照相关规定将案件转入交叉法院进行异地执行,同时将原执行法院穷尽执行措施的相关材料附卷移送异地法院。这种程序设计既能够督促本地法院强化责任担当,防止其随意推诿案件,推卸自身责任,也有助于异地法院对本地法院执行工作进行监督。

(四)开封示范区法院构建体系化交叉执行机制的实践探索

为贯彻落实最高人民法院关于全面推进交叉执行,破解执行工作受到各种因素制约干扰的问题,开封示范区法院以内部交叉执行为主、外部交叉执行为辅,搭配配套执行制度,积极探索执行机制。重点发挥外部交叉执行的示范引领作用,用足用活内部交叉执行的提质增效作用,发掘交叉执行制度的潜力,发挥两类交叉执行方式的优势,精准解决受干涉的执行案件。

1. 交叉执行的梯度化机制

交叉执行依托当事人对执行工作不满而产生,目的是降低执行干警被干扰的风险,提升执行办案能力。基于上述目标,开封示范区法院积极探索内部交叉执行的路径。

(1)执行信访督办执行

开封示范区法院信访办负责接待所有来院咨询、反映问题的当事人,并进行初次登记。对相关问题进行筛选甄别,问题简单明了的,当场进行答复和化解,或通知相关工作人员及时处理,努力使当事人满意,将问题消灭在萌芽状态。无法及时处理或当事人对处理不满意的,信访办根据反映的内容进行分类并填写《审判、执行案件信访交办单》进行督办。

(2)内部交叉执行

对督办后不能化解或当事人仍有意见的执行案件,为防止权力滥用、执行人员不作为等因素,在本院执行局内部实施交叉执行程序。信访办需填写《内部交叉执行案件审批表》,所填信息需包括反映诉求、交叉后办理情况等内容,由院长签字同意后转到审管办进行跟踪处理。自2024年以来,开封示范区法院对4件符合条件的案件,采取内部交叉执行的方式进行监管纠正。

(3)内部提级执行

对内部交叉执行后不能化解或当事人仍有意见的执行案件,开封示范区法院会在内部实施提级执行程序。信访办需填写《内部提级执行案件审批表》,所填信息需包括案件基本情况、提级执行原因、提级后案件承办人意见等内容。审批表经院长签字同意后报审管办进行跟踪处理。提级执行案件原则上由执行局长、主管院领导执行，必要时由院长直接执行。

（4）内部监督执行

对当事人反映有廉洁问题、"三案"现象或重大风险的执行案件，法院要及时调查核实情况是否属实，无论当事人的诉求是否合法合理，均要给予答复。同时，对经核查不属实的，要为被反映的执行人员消除影响。经核查，对认为有必要启动院内监督执行程序的，信访办需要填写《内部监督执行案件审批表》，填写内容包括反映情况、案件基本情况、主管院长反馈等，经院长签字同意后报审管办进行跟踪处理，相关科室要进行监督调查并将情况汇报院长。

（5）执行会商

为提高执行干警的执行能力，培养其担当精神，从2023年起，示范区法院固定在每周六上午开展执行会商。由院长、主管院长主持，要求全院执行干警参加，主要研究当前阶段执行办案中遇到的疑难复杂案件。会后形成会议简报予以下发，为疑难案件的处理找出法律依据、执行思路和方法。

（6）外部交叉执行

对经过督办、内部交叉执行、内部提级执行、内部监督执行、执行会商后仍不能妥善解决的执行案件，开封示范区法院会实施外部交叉执行程序。外部交叉执行案件由院执行局报中院执行局指定交叉法院。2016—2018年，外部交叉执行在解决执行难问题上发挥了一定作用，尤其在克服地方保护主义、化解执行积案难案上有一定成效，但近几年开封示范区法院适用外部交叉执行的案件较少。

2. 定期调整执行人员

开封示范区法院执行局共有13名执行员，分为7个执行团队，辅助人员共62人。其中12名执行员为正式办案人员，有3名是法官，其中1名法官负责办理执行异议等工作，其余正式办案人员多为法官助理。开封示范区法院采取定期调整执行人员、重置人员分配的方式，有效避免了因执行人员不流动引起的执行不公问题。具体而言，有以下举措：

一是定期对执行队伍进行大调整。以2023年末的队伍调整为例，利用所有执行案件已基本结案的时间节点，法院7个执行团队之间进行人员大调整。

二是"案不随人走"。队伍调整之后，团队原有的案件由调整后的执行人员接管，以监督原承办人的办案质量，防止因一人包案到底可能引发的利益输送和权力寻租。为防止辅助人员与执行员长期"搭班"导致的风险，开封示范区法院规定调整执行法官或执行员时，辅助人员不能全部跟随，只允许执行法官或执行官选择一名辅助人员跟随调整。

三是优化执行人员组成。开封示范区法院整合全院资源，将部分法官、法官助理吸收到执行队伍中，并对所有执行人员进行绩效考核。对于员额法官，进入执行队伍既能积累执行经验，破解执行难题，又能牢固树立"立审执"一体化的理念。对于法官助理，可以通过规定以执行成绩作为法官入额的重要考核指标，倒逼其重视执行工作。入额后，让适合执行工作的继续留在执行队伍，让适合审判工作的转入审判队伍，真正实现精准用人。

3. "问题案件"院内交叉执行

对于涉执信访案件，或者是人大代表、政协委员反映的问题案件，要采取院内交叉执行的方式进行监管纠正。

一是明确"问题案件"院内交叉执行流程。对于此类案件，要报主管领导汇报情况，由院长指定其他执行员执行，原承办人需填写执行案件变更承办人审批表，由三级领导签字同意后转到审管办进行线上变更。2024年以来，开封示范区法院已出现4件院内交叉执行的案件。

二是跟踪案件办理结果。审管办要持续跟踪案件办理情况并进行考核。变更承办人后，若案件顺利执行完毕，当事人也并无不满，说明前一个承办人的执行过程可能存在问题，此时要启动倒查追究机制，严格把关是否存在"人情案""关系案""金钱案"的情况，或执行行为是否存在瑕疵，根据调查结果严格追究承办人责任。如果变更承办人后,案件仍然执行不能,可以再次变更承办人,一个案件最多可变更三次,若仍然执行不能,可以采取异地交叉执行的办法。

三是严禁内部私自调换案件。明令禁止执行人员内部私自调换案件。凡交换案件的,一律向主管院领导汇报,对其重点督办,并准确落实阅核制,强化院庭长对执行权运行的监督制约。

推广院内交叉执行工作模式,既是提升法院执行工作质效的必然选择,也是创新执行工作机制的重要路径,其意义自不待言。

二、终结本次执行机制的完善路径

(一) 终结本次执行机制存在的问题

终结本次执行(以下简称"终本")程序是指,在强制执行程序中被执行人没有财产可供执行时,暂时予以结案,从而结束本次执行程序,待以后发现被执行人有可供执行的财产时再恢复执行的一种结案方式。[1] 调研发现,近几年全国每年的终本结案数均占首次执行结案数的40%以上。[2] 终本执行已经成为法院执行案件的主流结案方式。正因如此,终本案件始终被当作重要的考核对象,其合格率被作为四个基本核心指标之一。[3] 从目的论视角看,终本程序的产生只是出于法院提高执结率与化解执行积案的考量,对法院而言具有解决"库存"的作用,但对当事人却没有多少实质价值。如果频繁使用终本程序,积累的弊端与沉淀的问题可能会越来越多,在一定程度上动摇人民法院的司法权威。[4] 仅仅从法院工作手段的角度来设计程序与制定规则,终本程序自产生伊始就存在先天不足的弊端,[5]其作为一项制度存

---

[1] 范加庆:《适用终结本次执行程序的基本点》,载《人民司法》2015年第7期。
[2] 邵长茂:《构建与高水平社会主义市场经济体制相适应的民事强制执行制度体系》,载《湖湘法学评论》2022年第4期。
[3] 谷佳杰:《中国民事执行年度观察报告(2017)》,载《当代法学》2018年第5期。
[4] 王亚新、百晓锋:《无财产可供执行案件的退出机制及相关争议的处理》,载《法律适用》2011年第12期。
[5] 曹波:《无财产可供执行案件退出机制的重设与运行》,载《人民司法》2015年第15期。

在的正当性也面临缺失的危机。

终本机制之所以面临诸多质疑,主要是它作为一项执行案件的结案方式,无法满足和实现申请执行人的合法诉求,且在适用过程中的随意性较大,容易被滥用,进而严重损害当事人的合法权益。有观点甚至认为,终本程序实质上是以终结本次执行程序之名行终结执行之实。① 当终本执行成为最为主要的执行结案方式时,法院的权威性和公信力自然随之下降。关于终本执行机制在实施中存在的问题,可归纳为如下几点:

1. 终本执行适用范围的扩大化

2016年,最高人民法院出台了《关于严格规范终结本次执行程序的规定(试行)》(以下简称《终本规定》)。《终本规定》第1条明确了终本结案的程序要件和实质要件,②且两个要件需要同时满足。其中,对于实质要件的规定更加严格,仅限已穷尽财产调查措施且未发现被执行人有可供执行的财产,或者发现的财产不能处置两种情形。从"中国裁判文书网"上查阅2019年以后的终本裁定可以发现,以"案外人异议正在审查中"等类似理由而终本的情形并不鲜见。但案外人针对执行标的提出异议,依法不得处分财产,并不属于《终本规定》关于有财产不能处置的情形,因此不应当适用终本结案。③ 有法院把终本程序当成无所不容的案件"收纳包",导致终本案件比例畸高。如中国社会科学院在为深圳市中院做出的第三方评估报告中指出:该院近4年新收民商事执行案件中,以终本程序结案的比例均超过当年结案总数

---

① 谢渊:《论自然人破产制度的构建——对〈民事诉讼法〉第235条的探讨》,载《西南政法大学学报》2006年第3期。

② 《终本规定》第1条规定,人民法院终结本次执行程序,应当同时符合下列条件:(一)已向被执行人发出执行通知、责令被执行人报告财产;(二)已向被执行人发出限制消费令,并将符合条件的被执行人纳入失信被执行人名单;(三)已穷尽财产调查措施,未发现被执行人有可供执行的财产或者发现的财产不能处置;(四)自执行案件立案之日起已超过三个月;(五)被执行人下落不明的,已依法予以查找;被执行人或者其他人妨害执行的,已依法采取罚款、拘留等强制措施,构成犯罪的,已依法启动刑事责任追究程序。

③ 谷佳杰:《终结本次执行程序废除论》,载《中国政法大学学报》2023年第2期。

的 50%。①

2. 终本执行适用程序不透明

《终本规定》第 5 条规定,终结本次执行程序前,人民法院应当将案件执行情况、采取的财产调查措施、被执行人的财产情况、终结本次执行程序的依据及法律后果等信息告知申请人,听取其对终结本次执行程序的意见,并将申请人的意见记录入卷。该规定旨在充分保障申请人对执行案件的参与权和知情权。但在实践中,很多法院告知申请人的内容信息较为笼统。如果申请人质疑并要求法院执行人员出示相关证明,通常会被法院以没有义务为由而拒绝。笔者认为,此种做法欠妥。虽然《终本规定》未对此加以明确,但法院在告知当事人时,除了口头说明外,还应当充分提供其办案过程中采取相关措施的证据材料,以证明自己确实履行了穷尽执行措施的法定义务,这样才能取得申请人的理解与信任。此外,对申请人提出的质疑或意见,执行法院除了要如实记录在案外,还应当对提出的财产线索或其他有利于案件执行的相关意见予以调查核实,同时要做好说明解释工作。

3. 终本恢复执行难

《终本规定》第 9 条规定,实施终本后申请人发现被执行人有可供执行财产的,可以向执行法院申请恢复执行。但实际上,执行案件一旦终本,当事人再申请恢复执行,困难重重。一方面,"发现可供执行财产"的恢复执行条件过高,且法院基于办案压力和对绩效考核的考虑,对恢复执行申请会采取严格审查标准,因此很多申请人都因不符合条件而无法恢复执行程序。另一方面,恢复执行程序的具体规则缺失。《终本规定》仅笼统地规定符合恢复执行条件的,执行法院应当及时恢复执行。但因程序规则缺失,申请人即便是向法院递交了恢复执行申请书,也会因无明确的受理部门而遭受拒绝,导致申请失败。此外,即便是法院接收了申请人的恢复执行申请,如果经审查认为不符

---

① 中国社会科学院法学研究所、深圳市律师协会联合课题组:《基本解决执行难评估报告——以深圳市中级人民法院为样本》,中国社会科学出版社 2016 年版,第 119 页。

合条件,也不会以书面的形式作出反馈,而是通过口头方式告知,且未给申请人设定救济程序。

(二) 终结本次执行机制的革新方案

整体而言,终本机制不但难以促进案件的实质性执行,反而很容易被滥用,进而成为阻却实质性化解申请人合法诉求的障碍。对此,有学者主张废除终本执行程序。但诸多学者主张对终本机制进行法治化改进,通过"穷尽执行"和"公开执行",尽量实现申请人的实体权利。① 从实质性化解合法诉求的最终目标看,对终本程序的改造,要围绕如下两个方面进行:

1. 充分尊重申请执行人的意见

终本执行是法院在法定期限内因无法执行到案而采取的权宜之计。通过此种结案方式将案件暂时终结,法院才能腾出时间和精力执行新收案件。然而,终本程序在满足消解法院执行办案压力的同时,也很容易被滥用。在此情况下,申请人的合法诉求不但未得到实质性化解,反而还增加了新的矛盾,即申请人迫切的执行需求与人民法院无法及时满足之间的矛盾。申请人可能会因此全盘否定人民法院的艰辛努力。为此,在终本程序的改进上,应当建构法院与申请人的沟通协调机制,尊重和保障申请人的主体地位。

同时,对申请人提出的各种质疑,法院应当及时作出回应,如果有相关财产线索的,应当及时调查核实。法院执行人员还应当将其所掌握的关于被执行人的财产线索适时向申请人公布。对申请人提出的要求查封被执行人夫妻共同财产等合理诉求,也要及时予以满足,而不能动辄以侵害被执行人隐私为由予以拒绝。如果申请人提出不同意终本执行,从充分保障申请人合法权益的视角看,法院不宜裁定终本结案,可在申请人的明确要求下延缓三个月或更长的时间。对裁定终本的案件,在申请人提出恢复执行申请后,应当及时恢复执行,而不

---

① 刘静:《终结本次执行程序的反思》,载《首都师范大学学报(社会科学版)》2016 年第 6 期。

能设置实质性门槛为恢复执行设定障碍。为此,建议取消恢复执行的实质要件,同时也要设置法院主动恢复执行的程序规则,防止终本执行变为终结执行。

2. 引入执行调解机制,寻求终本执行的中间方案

《终本规定》第 1 条规定,已穷尽财产调查措施,未发现被执行人有可供执行的财产或者发现的财产不能处置,是构成终本执行的实质要件之一。但实践中对多数被执行人而言,他可能没有充足的财产来完全满足申请人的执行诉求,但并非没有能力部分履行或分期履行。因此,与其通过终本执行将执行案件暂时终结出去,不如强化执行调解机制,引导申请人与被执行人通过分期履行等方式达成调解协议。

与诉讼阶段的调解不同,各类法律文本均刻意回避了"执行调解"的提法。[①] 查阅 20 世纪 80 年代前期出版的民诉法教材,屡见"在执行工作中,不得进行调解""执行员在执行阶段,无权进行调解"之类的观点。[②] 然而,现行的执行和解协议,却也是在执行人员主持下达成并载入案卷材料的,同样具有阻却强制执行的效力。此外,根据最高人民法院《关于执行和解若干问题的规定》,担保人向法院"承诺在被执行人不履行执行和解协议时自愿接受直接强制执行"的,法院可依申请直接裁定执行担保财产或者保证人的财产(第 18 条)。这表明,在案件执行过程中达成的和解协议与其他和解协议存在本质上的区别,它既可以成为执行案件结案的具体方式,也能够产生一定的强制执行性效力;在这一点上,与诉讼调解具有较强的相似性。之所以刻意回避"调解"概念,学界主要认为是基于对生效裁判结果的充分尊重。因为法院依据生效法律文书执行仅在实现实体权利,而无权变更权利的内容并重新作出安排;如果通过调解,即出具调解书的方式结案,相当于

---

① 最高人民法院专门制定《关于执行和解若干问题的规定》,可兹为证。
② 周道鸾等编:《民事诉讼法问题解答》,法律出版社 1984 年版,第 218 页;程延陵等:《中华人民共和国民事诉讼法(试行)释义》,吉林人民出版社 1984 年版,第 172 页;李瑛编:《民事诉讼法要义》,辽宁大学出版社 1985 年版,第 228 页;常怡主编:《民事诉讼法》,四川省社会科学院出版社 1987 年版,第 279 页。

以调解书替代生效且未通过审判监督程序撤销的法律文书。①

但从当事人合法诉求实质性化解的立场看,上述理由显然不太充分。因为在民事案件中,意思自治原则始终具有统领性地位,除非违反了法律的强制性规定或者违背公序良俗,当事人有权自由处分自己的合法权益。对申请人而言,他通过生效裁判文书获得了寻求法院以强制力执行其债权的权利,同时他也可基于执行周期过长等因素,对其受法律和司法机关保障的权利进行处置,比如减少执行款金额、变更履行期间等。在此情况下,申请人与被执行人通过法院所达成的协议,应当构成对其生效判决强制执行效力的限制。这在原理上,犹如担保物权、用益物权或租赁等合同债权对标的物所有权的限制。

据此理解,在执行中达成的和解协议,其实是由法院执行人员积极主动促成的,而非当事双方自行磋商的结果,且该协议的效力以当事双方自愿履行为主导,除担保人加入外,当被执行人不履行该协议时,申请人有权恢复对原判决的执行。但是,以和解替代事实性的调解淡化了法院执行人员作为中间人或组织人的角色定位,也不利于强化执行人员运用调解方式实质性化解当事人合法诉求。因此,笔者认为应当以调解取代和解,强调和发挥执行人员的调解职能,将执行调解作为终本执行的中间方案。对大多数申请人而言,哪怕每个月能如期收到数百元的执行款,也好过终本执行后执行款全部石沉大海。引入执行调解机制,对申请人而言是在法院执行人员的主持下与被执行人就执行金额、履行方式、履行期限等达成一致,舒缓二者之间的对立关系。对被执行人而言,相当于拥有了一个较为宽松的履行机会。

3. 建立终本出清机制

最高人民法院在 2023 年 1 月举行的第 22 次全国法院工作会议上提出,深化执行体制机制改革,努力实现到 2035 年"切实解决执

---

① 陈杭平:《论民事"执行和解"制度以"复杂性"化简为视角》,载《中外法学》2018 年第 5 期。

难"的目标。① 而要实现这一目标,仅仅依靠终本执行,美化执行数据是不行的。各级法院应当将终本执行定位为暂时结案的一种无奈选择,而不能将其作为追求结案率的常用工具。对已经终本的案件,要建立终本出清机制,即定期审查案件是否符合恢复执行的条件,该恢复执行的一定要主动恢复,不能给申请人设置种种障碍,让申请人既拿不到执行款,又饱受执行法院的推诿敷衍之苦。

终本出清的目的在于想方设法让人民法院判决落地,兑现人民群众的胜诉权益。开封示范区法院在统一安排部署下,充分认识到恢复执行的重要意义,并采取了以下做法:

一是积极构建终本案件单独管理机制,对旧案恢复统一立案,统一办理。具体来说包括:全面梳理积案,摸清旧存终本,终结案件底数,建立案件清理台账,认真分析未结原因,逐案制订实施方案。经统计,2014年至2022年,开封示范区法院共有终本、终结案件13206件,经对所有案件当事人进行电话联系发现,2255件可以恢复立案,由于各种原因不能恢复立案的有10951件。在未恢复立案的案件中,涉问题楼盘的共1593件,系列案件(或银行清收)共3068件,经核实已履行完毕的案件有832件,由于申请人暂不要求恢复、未能联系上申请人、验证不通过或涉信访户而未立案的有585件,被执行人无财产、公司破产的有1206件,结案未到一年或已恢复正在执行中的有3635件,销案的有32件。

二是成立旧案恢复团队。开封示范区法院以执行组为单位,将恢复执行案件平均分配给了7个执行组,各执行组组长为负责人,各组分别设立联络员,每个执行组每月需要完成30件恢复执行案件,并由审管办汇总考核执行情况。

三是拓宽执行线索来源渠道。对未履行的终本案件,加大执行力度,通过"线上""线下"财产查询,摸清被执行人财产情况,及时予以查

---

① 倪弋:《新时代十年审判质效指标稳中向好——力争到二〇三五年切实解决执行难》,载《人民日报》2023年1月9日第11版。

封、扣押、冻结，积极推进资产评估和财产处置，提高财产变现率。对恢复执行时仍没有财产可供执行的情形，开封示范区法院采取了委托被执行人所在地的人民调解员协助执行的方法。人民调解员一方面可以起到监督作用，观察被执行人是否有执行能力，并提供财产线索；另一方面可以发挥调解优势，给被执行人做思想工作，督促其履行义务。案件终本后，申请人因需要调查财产线索而提交律师调查令申请的，办案团队应及时接收，草拟律师调查令并报承办人审批后向当事人出具正式公文。

四是建立恢复执行长效机制。对于终本案件，开封示范区法院每半年查控一次被执行人的财产情况，若有财产或财产线索就及时恢复执行。这种做法可以对被执行人形成长效监管，利用被执行人放松警惕的时间进行突击查控，同时也能提高申请人的信心，让申请人感受到法院保障其合法权益的决心，真正以"如我在执"的理念和态度办好每一起执行案件。总之，案件"终本"并不代表案件将无人关注，开封示范区法院明确提出，将进一步强化执行力度，加大对"终本"案件的梳理，常态化开展专项执行行动，依法严厉惩治躲避执行的被执行人，彻底打通通往公平正义的"最后一公里"。

三、适用拒执罪治理执行难的实现路径

（一）适用拒执罪治理执行难所面临的困境

拒执罪作为维护司法权威和公民诉讼利益的最后一道防线，可以说是解决"执行难"问题最有力的刑事司法手段。然而，经调研发现，拒执罪的适用率普遍偏低，且存在年份和地域分布不均衡的问题。不均衡的原因具有复合性，但该罪的追诉政策和相关制度因素是主要原因，即当前拒执罪的适用率与地方司法文件的支持力度、地方司法职权机关的配合程度以及司法机关内部的绩效考核制度密切相关。[1] 整

---

[1] 杨慧妍：《拒不执行判决、裁定罪的追诉困境及其破解》，载《河南财经政法大学学报》2023年第5期。

体而言,作为治理执行难的杀手锏,拒执罪应有的功能作用尚未充分发挥出来。

1. 启动程序上过度依赖公安机关

1998年发布的《关于刑事诉讼法实施中若干问题的规定》在其第4条中明确规定:"伪证罪、拒不执行判决裁定罪由公安机关立案侦查。"自此,拒执罪的法定追诉模式由法院自诉自查自审转变为法院与公安机关之间职权配合。虽然该法已经被修改,但由公安机关负责启动对拒执罪的追诉模式并未改变。2007年最高人民法院、最高人民检察院、公安部联合下发《关于依法严肃查处拒不执行判决裁定和暴力抗拒法院执行犯罪行为有关问题的通知》,明确了公检法分权制约的追诉格局。在具体的实践中,法院无立案管辖权、逮捕权和径行判决权,须经公安机关同意立案、检察机关同意批捕和起诉,方能进入审判程序。这种分权制衡的追诉格局虽然有利于强化公检法在办理拒执犯罪案件中的分工、配合与制约关系,但基于"侦查中心主义"倾向的根深蒂固,公安机关在案件启动程序中始终处于主导性地位。这导致法院执行局在用拒执罪治理执行难时,不得不依赖公安机关的支持与配合。

当前,拒执罪适用率的高低与地方司法文件的力度、地方司法职权机关的配合程度,以及司法机关内部的绩效考核制度密切相关。如河南省高级人民法院、河南省人民检察院、河南省公安厅印发的《关于办理拒不执行判决、裁定刑事案件若干问题的暂行规定》对公、检、法三机关在办理拒执罪案件时的分工进行了细化,并进一步明确了拒执罪的立案、侦查、审理程序。值得注意的是,该规定明确法院向公安机关移送拒执罪案件线索的期限为5日,公安机关立案和回复法院的期限为3日,与其他刑事案件相比有明显的缩短,侧面突出了河南省对拒不执行判决、裁定行为的严厉打击的决心。此外,河南省将拒执罪的追诉纳入公安机关的绩效考核,在很大程度上调动了公安办案人员的积极性。在上述政策推动下,2022年河南法院的拒执罪适用率以压倒性的优势位列全国榜首。① 然而，政策性文件的支持具有明显的运动式效果，难以形成长效机制。在实践操作中，面对法院执行局移送的案件线索，有的公安机关并不乐意接受，通常以不符合立案标准为由不启动侦查程序；还有的公安机关在受理案件时提出附加条件，要求法院执行局取得刑事审判庭的"背书"方能立案。② 一旦公安机关拒绝接收法院执行局移送的案件材料，法院执行局将显得比较尴尬，因此"以拘代执"成了司法实践中的常态。而基于司法拘留的短期性和不能连续适用性，法院在惩治"老赖"方面的威慑力也大打折扣。

2. 申请人自诉追控困难重重

《刑事诉讼法》第 210 条规定，自诉案件包括告诉才处理的案件；被害人有证据证明的轻微刑事案件；被害人有证据证明对被告人侵犯自己人身、财产权利的行为应当依法追究刑事责任，而公安机关或者人民检察院不予追究被告人刑事责任的案件。前两种自诉案件类型具有明确的内涵外延，拒执罪则属于第三种类型的自诉案件。此类自诉案件本身不属于自诉类的案件，只是在公安、检察机关不追诉时才成为自诉案件，作为为受害人设置的补救机制。这意味着，申请人认为被执行人构成拒执罪时，应向公安机关报案，对公安机关不受理的，可依法申请检察机关进行立案监督，只有在检察机关认同公安机关的不受理行为后，申请执行人方可到法院申请自诉立案。然而，实践中存在公安机关既不受案也不立案，或者受案不立案，或者立案后长期不破案等现象，而检察机关的立案监督期限也有待明确，这些都加剧了前置程序运转周期的不确定性。

为此，最高人民法院专门发布了《关于拒不执行判决、裁定罪自诉案件受理工作有关问题的通知》，其第 1 条指出，申请人向公安机关控

---

① 从地域分布看，以"拒不执行判决、裁定罪"为关键词在中国裁判文书网上进行检索，截至 2022 年 10 月 29 日，检索出刑事文书共计 76641 份，其中文书数量占比最高的省份是河南，共计 54613 份文书，占比 71.26%，浙江、安徽、河北次之，而文书占比最低的是西藏，仅有 4 份文书。

② 杨慧妍：《拒不执行判决、裁定罪的追诉困境及其破解》，载《河南财经政法大学学报》2023 年第 5 期。

告负有执行义务的人涉嫌拒不执行判决、裁定罪,公安机关不予接受控告材料或者在接受控告材料后 60 日内不予书面答复,申请人有证据证明该拒不执行判决、裁定行为侵犯了其人身、财产权利,应当依法追究刑事责任的,人民法院可以以自诉案件立案审理。然而,该通知虽然解决了自诉立案前置程序的期限问题,但规定的自诉立案的实质性要件是"有证据证明该拒不执行判决、裁定行为侵犯了其人身、财产权利,应当依法追究刑事责任的",该标准可进一步简化为申请自诉立案者应当提供证明被执行人构成拒执罪的证据。对于这种高标准的举证责任分配,在缺少法院执行局的协助下,申请人很难独立完成。然而,现行法律仅规定了法院执行局向公安机关移送拒执罪案件线索,未明确法院有义务向自诉立案的申请人提供或移送案件线索。在此情况下即便是启动了自诉立案程序,申请人也因无法从法院执行局获得证明被执行人构成拒执罪的证据材料,本身又缺乏对案件进行侦查的权能,被驳回申请。

最高人民法院《关于适用〈中华人民共和国刑事诉讼法〉的解释》第 325 条规定了法院对自诉案件的取证协助。该条指出:"自诉案件当事人因客观原因不能取得的证据,申请人民法院调取的,应当说明理由,并提供相关线索或者材料。人民法院认为有必要的,应当及时调取。对通过信息网络实施的侮辱、诽谤行为,被害人向人民法院告诉,但提供证据确有困难的,人民法院可以要求公安机关提供协助。"据此,自诉案件的取证协助问题,司法解释设定了"客观原因+应当说明理由+提供相关线索或者材料+法院认为有必要"这一较高的门槛,这导致拒执罪自诉案件办理程序十分烦琐。此外,人民法院还缺少侦查权能,其协助自诉人取证主要表现为要求公安机关协助提供。但在目前公检法三机关分工、配合与制约的关系格局中,法院和公安机关的关系并不紧密,公安机关并不一定会接收法院移送的拒执犯罪案件线索,①对法院的协作要求也可以置之不理。

　　由于拒执罪在适用中存在诸多困难,且极其容易引发涉诉信访案件,因此法院也深谙办理自诉型拒执罪案件的难度。故最高人民法院《关于拒不执行判决、裁定罪自诉案件受理工作有关问题的通知》在对自诉案件受理的规定中,用了"可以以自诉案件立案审理"的表述,仅赋予法院对拒执罪自诉立案一定的裁量权。尽管从法释义学的解释立场看,针对国家机关"可以"规定的解释方案,能够达到与"应当"类似的效果,但这至少反映出最高人民法院对拒执罪自诉案件存在一定程度上不鼓励的态度。这在一定程度上也成了拒执犯罪自诉案件立案道路上的阻碍,主要体现为法院对此类自诉案件立案标准的严格审查。

　　3. 拒执罪出罪机制不畅通

　　拒执罪规定于刑法妨害社会管理秩序罪一章中,但本质上看,拒不执行判决、裁定行为是个人冲突演变为个人与国家之间的冲突,由一般违法行为转化为犯罪行为。随着行为性质的变化,侵犯的法益也由私人权益变为国家公益。② 基于拒执罪所侵犯的客体主要是申请执行人可期待的、经司法确认保护的财产权益,故才有了将其作为自诉案件进行追诉的法理基础。同时,与其他犯罪相比,拒执罪的出罪机制也较为宽松。最高人民法院《关于审理拒不执行判决、裁定刑事案件适用法律若干问题的解释》(以下简称《拒执罪司法解释》)第 4 条规定了拒执罪案件自诉人可以和解与撤诉。③ 拒执罪其实更像悬在被执

---

① 如四川省德阳市中级人民法院 2015 年度向公安机关共移送 29 件案件,公安拒收线索或接收线索后不予回应的案件有 10 件,比例高达 34.48%。李勤:《拒不执行判决、裁定罪的现实困境及其应对》,载《人民司法》2019 年第 28 期。

② 田文军:《拒不执行判决、裁定罪追究难问题研究》,载《人民司法(应用)》2018 年第 31 期。

③ 此条主要是指引性规定,强调要注意《刑事诉讼法》第 212 条的相关规定的适用。《刑事诉讼法》第 212 条第 1 款规定:"人民法院对自诉案件,可以进行调解;自诉人在宣告判决前,可以同被告人自行和解或者撤回自诉。本法第二百一十条第三项规定的案件不适用调解。"

行人头上的一把利剑,起到的是威慑和强制执行的作用。如果在法院判决作出之前,经过批评教育,被执行人认识到了不履行后果的严重性,通常就会竭尽全力履行执行义务。从实质性化解当事人合法诉求的视角看,应允许被执行人在拒执罪诉讼过程中与申请人调解或和解,并将其作为出罪的基本条件。总之,借助刑罚的严厉性督促被执行人及时履行义务,能够取得双赢的结果。

然而,当前较为宽松的出罪机制的适用范围主要限于自诉类拒执罪案件。对非自诉类的拒执罪,即便是被执行人在判决作出前履行了全部的执行义务,根据《拒执罪司法解释》第6条的规定,在量刑情节上也仅体现为"酌情从宽处罚"。这种全部履行完毕的结果,因公诉与自诉模式的不同,而产生了罪与非罪之结局,其实是缺乏充分法理基础的。根据前文分析,自诉拒执罪案件并非当前的主流模式,大多数拒执罪的适用,主要是基于法院在党委领导统筹下,主动取得公检机关的配合所展开的类似于"运动式"的打击拒执犯罪专项行动。

根据现行法律规定与拒执罪适用的司法现状,拒执罪的追诉主渠道仍然是传统的公诉模式。一旦法院执行局移送的拒执犯罪案件线索获得了公安机关的接受,申请人在该追诉格局中仅居于受害人的地位,不具有太大的话语权。在拒执罪公诉模式下,公安机关的工作重心主要在侦查、收集和固定犯罪嫌疑人(被执行人)涉嫌拒执罪的证据材料上,并不关注犯罪嫌疑人主动履行执行义务的意向,对主持受害人与犯罪嫌疑人达成和解更是缺乏积极性。而案件转入法院刑事审判部门后,由于缺乏相应的绩效考核指标体系,刑事法官并不会主动主持对执行案件的调解工作;而法院执行人员又缺乏介入拒执罪裁判、引导被执行人与申请人达成和解的正当性机制。这导致的结果是,执行人因构成拒执罪而被判处刑罚,而申请人因其执行诉求未得到满足,继续等待执行程序的推进。但事实证明,被执行人一旦被判处拒执罪,其执行义务虽然未被合法豁免,但执行程序基本上无法推进。

无论是申请人,还是法院执行人员,其主张采取拒执罪治理执行难的根本目的,并非为了将被执行人绳之以法;他们所期待的是借助刑罚的威严给被执行人形成巨大的心理压力,从而督促被执行人履行裁判义务。但现实是,自诉案件难以启动,且即使跨越了种种困难启动了追诉程序,也可能因调解制度的缺乏[①]、法院执行局与刑事审判庭协调机制不畅等因素而难以实现拒执罪自诉的原本目的。而在拒执罪的公诉模式中,即便被执行人履行了全部裁判义务,也难以逃脱刑罚的制裁。此外,现行立法有关拒执罪案件的出罪机制,并未因该罪名侵害法益的特殊性和追诉模式的双重性而给予特殊规定。总之,在以上诸多因素的综合作用下,拒执罪在治理执行难中所发挥的功能严重受限。

(二)适用拒执罪治理执行难的实现路径

根据本书的核心观点,法院作为定分止争的专责机关,以满足人民群众对司法工作的多元化需求为己任,具体而言以围绕实质性化解当事人的合法诉求为逻辑起点和根本归宿。那么,适用拒执罪治理执行难的实现路径,应当围绕是否合理解决申请人的执行诉求而展开。在追求实质正义的价值取向下,有必要对拒执罪的适用及其追诉模式进行改造,重构拒执罪的"司法主动型"追诉模式。

在1996年《刑事诉讼法》修改之前,拒执罪的法定追诉模式可概括为一种"司法主动型"的追诉模式。在这种追诉模式下,法院对拒执罪案件的办理享有完整的管辖权。法院可主动启动该罪的刑事诉讼

[①] 根据最高人民法院实务专家的观点,在拒执犯罪自诉案件诉讼过程中,法院受理后应积极予以审查处理,作出法律评判,而不必再进行调解。刘贵祥、刘慧卓:《〈关于审理拒不执行判决、裁定刑事案件适用法律若干问题的解释〉的理解与适用》,载《人民司法》2015年第23期。该观点的法律依据是《刑事诉讼法》(2018年修正)第212条的规定,即公诉转自诉案件,不适用调解。

程序,刑事立案、调查和审判均由法院进行。① 此种模式虽然有悖于法院中立性、被动性裁判的形式正义理念,并被1996年之后的立法所否定,但并非一无是处。域外也有类似制度,如英美国家蔑视法庭罪的追诉模式就与之有相似之处。对此,有学者认为,应当在我国增设拒执罪的即审程序,赋予法官直接对行为人施加惩罚的审判权。我们认为,由法院主导拒执罪的追诉模式,既存在制度上的合理性和自洽性,也具有现实必要性,且更能发挥拒执罪在解决执行难问题上的作用。

"司法主动型"追诉模式所占用的司法资源较少,且符合功能适当的权力配置原则。此模式运行中,参与主体主要是申请人、法院执行人员、刑事审判法官及被执行人,其中法院执行人员和刑事审判法官因处于同一法院系统,可视为一个主体。上述参与主体的共同点是,对被执行人是否构成拒执行为及其情节轻重均较为熟悉。被执行人自己作为行为人,对其履行能力及其在执行案件中的各种表现,自是心知肚明;执行法院对被执行人的基本情况及其财产状况等也比较熟悉,且至少已经掌握被执行人涉嫌拒执犯罪的案件线索或证据材料;申请人同时兼具受害人身份,对犯罪嫌疑人的拒执行为及其所产生的危害同样存在较高的认知度。

相比之下,公安机关对被执行人及其是否构成拒执罪的问题,在法院移送相关线索之前,是完全不知的,且其办案模式及绩效考核内容与法院执行部门不同。在此情况下,如果严格按照传统方式,法院不得不将自己熟悉的案件移送给公安机关,再由公安机关移交检察机关,然后再回到法院。这不仅增加了办案程序,也投入了更多的司法资源。投入更多司法资源有助于推动程序正义之实现,但对解决实质

---

① 这种追诉模式的法定依据最早可追溯至1979年,该年发布的《最高人民法院、最高人民检察院、公安部关于执行刑事诉讼法规定的案件管辖范围的通知》将拒不执行法院生效判决、裁定行为的管辖权归属于法院。此后,1992年印发的《最高人民法院关于适用〈中华人民共和国民事诉讼法〉若干问题的意见》第126条规定:"依照民事诉讼法第一百零二条第一款第(六)项的规定,应当追究有关人员刑事责任的,由人民法院刑事审判庭直接受理并予以判决。"其中,"民事诉讼法第一百零二条第一款第(六)项的规定"就是关于拒执罪罪状的表述。

性的问题意义不大。因为对申请人而言,他可能并不期望被执行人被真正判处刑罚,因为一旦被执行人被判处刑罚,其履行能力将更弱,案件执行到位的概率也将会更低。对被执行人而言,他在被以拒执罪抓捕到案后,通常会有与申请人和解与积极履行义务的强烈意愿。然而,在公检法共同参与办案的模式下,法院在裁判活动中的话语权要受制于公安与检察机关。因此,即便是被执行人表示愿意全部履行执行义务,其期待的不起诉或判处免刑之结果也难以实现。而实务中对拒执罪的量刑又相对较轻,在竭尽全力也无法争取到最好的结果时,被执行人可能会基于利益权衡,选择认罪而不履行判决。从这个视角看,即便是公安机关立案侦查,检察机关依法起诉并监督法院审判活动,而法院又做到了被动和中立,这种结果也不是申请人与被执行人所期待的。

上述推断结果,听起来有些不可思议,但确实是如此。之所以会造成这种尴尬结果,根本原因在于拒执罪的特殊性。拒执罪启动适用的精髓在于"威慑",即通过刑罚的威慑性,给被执行人造成心理压力,敦促其履行判决。如此,拒执罪的立法及适用目的就已经达到了。当然,要想用好这个"撒手锏",关键是要把握好分寸,同时还要灵活处理。从功能适当性的视角看,公检法三机关,唯有法院能够胜任该项需要"高超技艺"的任务。为此,应当将拒执罪的追诉职能完整地配置给法院,并给予法院较大的自由裁量权,确保其能够用足用活拒执罪。

在"司法主动型"追诉模式的重构中,可由法院执行局与刑事审判庭形成联合办案机制,同时引入拒执罪的自诉机制。具体而言,当法院执行人员发现被执行人涉嫌拒执犯罪时,可将该情形告知申请人,由其决定是否对被执行人提起刑事自诉。如果申请人提起拒执罪自诉,可直接向法院执行局递交立案申请,再由执行局将立案申请及拒执罪的相关证据材料转到法院立案庭予以立案登记。立案登记之后,由法院刑事审判庭负责对被执行人是否构成拒执罪进行审理。同时,允许法院执行人员介入拒执自诉案件的审理过程。执行人员可在案件审理过程中,主持申请人与被执行人进行调解或和解。对达成调解、和解方案，或全部、部分履行裁判义务的被执行人，申请人可自愿撤回自诉申请，法院应当予以准许。此外，要健全拒执罪的出罪机制，对全部履行裁判义务的被执行人，即便其未获得申请人的谅解，法院也可以根据情节轻重、认罪悔罪态度等作出免罚、减轻或从轻处罚的裁判结果。如此规定，能充分调动被执行人的积极性，鼓励其通过及时充分履行裁判义务获得减轻或免予刑事处罚的机会。

第七章

将实质性化解合法
诉求融入信访治理

第一节 当前法院涉诉信访的现状及成因

当前,司法领域的信访引发广泛关注。涉诉信访即当事人针对法院,在行使正常诉讼权利之外进行的各类投诉、申诉、抗议等活动。[①] 关于"涉诉信访"这个概念,长期以来理论上并无特别清晰的界定。2014年,最高人民法院印发了《关于进一步推进涉诉信访工作机制改革的若干意见》,该意见提出了"诉访分离",明确界定了"诉"与"访"的概念。其中,"诉"是指符合法律规定的条件、可以按照诉讼程序解决的诉求,一般包括起诉、上诉、申请再审、申诉等。"访"是指信访人诉讼权利已经丧失或者充分行使完毕,仍通过来信来访等形式向人民法院表达意愿,反映与诉讼有关但不能通过诉讼程序解决的问题和事项,或者违反诉讼程序越级向人民法院反映诉求。[②] 但无论是信访人员还是法院信访工作部门,在实践中对"诉"与"访"的问题并未作出明确区分,也未真正建立起诉访分离的信访化解机制。

一、法院涉诉信访的现状

(一)涉诉信访几乎贯穿司法诉讼的全过程

2015年以来,随着立案登记制改革的深入推进,社会转型发展所引发的大量经济纠纷和其他各种社会矛盾进入诉讼轨道。从动因上看,立案登记制是法院对人民群众司法需求的积极回应,彰显了人民群众法治意识的提高和国家治理法治化水平的提升。但这也导致涉诉信访案件越来越多。就现实情况看,涉诉信访几乎贯穿司法诉讼的

[①] 李红勃:《到人民法院去:当代中国涉诉信访的法社会学分析》,载《中国法律评论》2017年第2期。

[②] 张景义:《依法扎实推进涉诉信访改革》,载《人民法院报》2014年3月20日第1版。

全部过程:在审判之前,由于起诉不被受理或不予立案,当事人可能会去上访;在审判之时,为了表达对审理过程的不满或者争取对自己有利的裁判结果,当事人可能会去上访;在审判之后,如果判决得不到有效执行或不满意已经生效的裁判,当事人也可能会去上访。从最高人民法院到基层人民法院,上访屡屡出现。信访与诉讼相伴相随,已经成为当前中国司法最突出的特征之一。当立案的"闸门"有所松动时,长期积累的大批量案件涌入了法院,加重了法院案件办理过程中的信访压力。

相关数据显示,河南省三级法院的信访量近五年间持续增长比例为30%,占全省公、检、法、司的信访总量的80%。仅2024年的1月至4月,全省法院信访总量就达到了2万件次,去重后走访接近1万件次,集体访、重复访、越级访还在大幅增加。另外,三级法院接到的信访数量也不平衡。河南省高级人民法院每年有2万多件次信访案件,其中三分之二是申请再审案件;每天接待的信访人数为300人左右。相比之下,河南法院系统的中基层法院信访量相对较小。据统计,多数中院接访量不多,全年平均接待量在1000件次左右,而164个基层法院接待信访量的总和还没有高级人民法院多。这意味着中基层法院在案结事了、服判息诉方面的工作效果还有待提升。① 此外,个别中基层法院还存在接访时不记录、没人管、没人问、没人认真处理和答复等一系列问题,这进一步把当事人推向了高级人民法院,甚至是最高人民法院,推向了国家信访局,最终形成了上级法院信访量多、下级法院信访量少的"高多低少"信访格局。从成因上看,这些信访案件主要产生于中基层法院,由于上级法院对下级法院有监督的权力,因此当事人对基层法院的不满只能向上级法院表达。故信访问题的真正解决,需要从提升中基层法院办案质效上着手。

---

① 当事人信访的基本逻辑是避开本级法院的上级访,即如果他对某一层级法院的裁判不服,就容易对该法院产生整体性的不信任,于是会选择向上级法院信访。在二审终审制下,大多数的案件需要经过中级人民法院处理。当事人对中级人民法院的裁判不服,通常会将省高院作为信访的目标法院。

（二）涉诉信访在某种程度上成为"最后一道防线"

法学理论上，一般将司法救济定位为"社会公正的最后一道防线"。而在我国司法实践中，涉诉信访却在某种程度上成为"最后一道防线"。涉诉信访与司法救济最大的悖反在于：法院本身就是最专业的法律纠纷解决机关，诉讼程序已为实现公正提供了最充分的保障制度，而涉诉信访却另辟蹊径，企图绕过正常的司法救济途径或打破司法制度固有的基本原则与体系，对整个法院的司法行为与裁判结果进行再次审查。这不仅耗费了大量司法资源，还严重损害了司法的公信力与司法机关的独立性。愈演愈烈的各类涉诉信访导致大量终审裁判难以终结，甚至办理了信访终结程序的案件也无法终结，缠访、闹访、重复访、越级访等非正常信访让纠纷的解决变成了一场无休无止的哄闹。①

尽管2022年国务院发布了《信访工作条例》，使信访工作有了制度规范，但长期遗留的不良信访思想和习惯仍未消失。作为解决社会矛盾纠纷"最后一道防线"的法院，仍旧受到这种信访环境的强烈影响。双方当事人在法庭上互相"厮杀"之余，有时还以信访这种手段威胁法官，以引起关注。尽管个别案件确实因为信访受到了关注，并得到妥善解决，但这种方式往往会对法官依法裁判案件造成干预。有的法官为了避免出现信访，在裁判案件时，会在自己的权限内做出让步，但这种让步其实是以牺牲另一方当事人合法利益为代价的。

（三）涉诉信访案件的化解难度较大

涉诉信访案件化解难度较大主要表现为，单纯用法律手段难让当事人满意，无法达到当事人的预想。原因在于，很多案件涉及的不只是法律问题，因此单靠法院系统无法解决。立案登记制让大量本应裁定不予立案的案件进入实体审理程序，一方面当事人为了实现自己的诉求，会不惜重金聘请律师，这增加了诉讼成本，另一方面一旦实体审理被驳回或败诉，当事人会产生心理落差，这两方面的影响会促使他

---

① 王次宝：《涉诉信访法治化：类型、规范与程序》，载《西部法学评论》2017年第4期。

选择申诉、信访等方式。在此情况下,如果法院仅仅依靠劝说等方式让当事人息诉罢访并不现实。

(四) 接访成为应对信访案件的常态化方式

针对涉诉信访案件,各级法院采取了常态化接访的方式,要求院长定期亲自接访、院领导值班接访,不断加强信访部门的人员配备。同样,"全国检察机关已全面推开领导干部包案制度,建立了各级院领导带头办理信访案件、领办重大疑难复杂信访案件机制。对首次信访的案件,责任单位院领导全部包案办理;对最高检交办的重复信访案件,省级院院领导全部包案办理。"①

二、涉诉信访案件产生及增多的原因分析

总体而言,产生涉诉信访案件的原因是多方面的,内部原因与外部原因都有,但鉴于外部原因的形成很复杂,涉及国家的信访体制和信访政策及其落实情况,依靠法院自身无法改变。因此,从务实的视角看,我们应重点分析法院信访案件的内部成因,提出针对性的解决方案。

(一) 多数涉诉信访案件源自法院的工作瑕疵

调研发现,涉诉信访案件产生的最主要原因是法院办案过程中存在瑕疵。因此,即使案件裁判结果尚未作出,也可能已经为日后的信访埋下了伏笔。当事人一旦发现案件的结果可能对自己不利,很容易就会放大法院或法官工作中的瑕疵,进而放弃正常的上诉或再审申请程序选择信访。通过对信访案件成因的分析,我们发现,很多信访案件的原因并不复杂,主要源于法官的办案瑕疵,以及在裁判作出后未能及时做好判后答疑等工作。

例如,有一起信访案件的起因仅是 50 元的加油费。② 大概的情况

---

① 《最高检持续推动治理重复信访、化解信访积案工作》,https://www.spp.gov.cn/zdgz/202110/t20211020_532800.shtml,2024 年 9 月 28 日访问。

② 此信访案例大概发生于 2010 年前后,历经数年才得以解决。

是,当事人向法官申请调取一份证据,法官在调取过程中让当事人为其办案的公务车加了50元的汽油,而在这之后法官拒绝收取一份当事人提供的改动过的病历,并告诉当事人该病历不能作为证据使用。于是,当法官作出对该当事人不利的判决之后,他就以法官强制其为公务车辆加油为主要理由向上级法院及有关部门反映,此案最终成为长期信访案件。在该案例中,法官确实存在一些问题。安排当事人为公务车辆加油,以及在司法办案中乱收费等都属于低级性错误。这些现象随着司法体制改革的深入推进已基本消失。此外,该案中,法官不接受证据材料,显然也是不符合程序正义的。即便当事人提出的证据存在瑕疵,或者该证据系事后提交,法官也可基于正当理由对该证据不予采信,或者对无正当理由逾期提交的证据在采信后对相关当事人作出司法惩戒。这都属于法官裁判权的基本形态。但法官直接拒绝接受当事人提供的证据材料,显然是不恰当的行为。

因此,法院系统内部需要进行整体性的自我反思,法院及其工作人员要尽可能地避免工作中出现瑕疵,避免让当事人产生误会。法官在工作中出现瑕疵的原因是多样的:有的是办案能力不足或性格等问题造成的;有的则确实因为存在违法违纪行为;有的司法工作人员虽然不存在廉洁性问题,但仍存在一些其他影响司法公信力的问题,如群众观念淡薄、摆错主仆位置、脱离人民群众、对当事人态度冷漠、缺乏大局意识、机械司法等。另外,法官、执行人员、书记员等法院工作人员的综合业务水平与人民日益增长的司法需求之间也存在一些不匹配。例如,有的法官不会使用通俗的语言解释法律术语,导致一些当事人听不明白或产生误解。整体上看,当事人对法官的要求是比较高的,认同法官职业的神圣性,但实践中,法官在司法为民方面提升的空间还很大。

(二)缺乏涉诉信访案件的预防机制

当事人信访的主要原因是认为法院的裁判结果有误,当然这种错误主要体现为违反法律的规定。根据上述分析,多数信访案件源自法院的工作瑕疵。因此,如果这种瑕疵能在涉诉信访案件形成之前得到及时纠正，那么就能够达到预防涉诉信访案件发生的效果。目前来看，涉诉信访案件之所以数量不断攀升，一个重要的因素就是信访案件预防机制的缺位。如果各级法院能够建立健全涉诉信访案件的预警提醒和防范机制，就可以从源头上减少信访案件的产生。一般情况下，当事人对法院的工作或者裁判结果不认可时，首先会通过正常的诉讼程序来表达自己的不满。只有这些法定诉讼程序全部终结但诉求仍然未获得满足或回应时，当事人才会选择信访进行维权。从这个意义上说，信访案件其实是由诉讼案件演变而来的。

从预防信访的视角看，法院要将每一起上诉案件视为潜在的信访案件慎重处理，不能简单粗暴地作出驳回上诉的裁判结果。二审法院对上诉人所提出的诉求与事实理由，应当认真审查、逐一回应，即便认为一审裁判是正确的，也应与当事人沟通释明，建议当事人撤回上诉或达成和解。如果二审法院发现一审裁判确有错误，应当毫不犹豫地予以纠正，或者通过调解等方式化解。在案件进入再审后，再审法官也应当如此操作，慎重对待。此外，一审法院也要严格落实判后答疑制度，在作出裁判后，对当事人提出的质疑要予以回应，作出解释说明。如果法官在答疑过程中，发现一审裁判确有问题，也可以提请审判委员会决定进入再审程序，这实际上属于法院系统的自我纠错。对一些不影响案件裁判结果的程序瑕疵，法院也要作出回应；对涉嫌违法或不当履职的法官，可视情况予以通报批评、谈话提醒等。

第二节　涉诉信访案件化解存在的问题

在全面依法治国的时代背景下，涉诉信访案件的化解应当纳入法治化轨道。通过观察现行涉诉信访案件的化解工作，笔者发现涉诉信访案件的化解存在以下问题：

一、实质性化解涉诉信访案件的理念缺失

目前，尽管各级人民法院对涉诉信访均给予高度重视，但从综合治理的层面看,不少法院对涉诉信访案件的认识和应对理念存在一定的偏差。有的法院忽视了自身在处理涉诉信访案件中存在的过错,不敢大胆触碰实质性问题,仅花费大量时间进行心理疏导、耐心规劝。对当事人所反映的问题是否存在,以及如何加以解决等实质性内容,避而不谈。在这种信访处理模式下,尽管法院投入了大量的人力、物力,也只是取得了拖延的效果,并不能实质性解决信访人的问题,还可能导致信访人长期上访,且上访的法院层级越来越高。从根本上说,因缺乏实质性解决信访的理念及运作模式,信访案件无法从源头上得到处理,只能越积越多。旧的信访案件不能及时化解,新的信访案件又持续产生,日积月累,涉诉信访案件只增不减,法院的信访压力自然会不断增加。

二、信访登记制度难以落实

为落实中共中央、国务院发布的《信访工作条例》,2022年4月,最高人民法院印发了《关于加强新时代人民法院涉诉信访工作的意见》(以下简称《意见》),这是新时代涉诉信访治理的重要指导和规范。[①]《意见》强调,打造网上申诉主渠道,全面应用人民法院网上申诉信访平台,打通网上申诉与现场接访、来信办理、视频接访、12368"一号通办"等应用系统信息壁垒和数据互认通道,提供申诉申请、进展查询、法律咨询、第三方化解、结果反馈、满意度评价、投诉建议等服务,实现申诉信访"一网通办",全面提升网上信访整体效能,做到"有访必录、有信必录、有录必全"。河南省高级人民法院在"三有"机制的基础上进一步规范信访案件的办理程序,提出根据信访内容设置阅信、约见信访人、阅卷、听证、组织评查、依法纠错、督查问责等环节,实现涉诉信访的实质性化解。然而,即使最高人民法院发布了制度规范要求,但各级法院的信访工作仍然相对浮于表面。

---

① 景汉朝:《涉诉信访治理的演进与新时代现代化方向》,载《清华法学》2023年第6期。

在信访所嵌入的法院系统内部,不同层级法院的信访工作定位不尽相同。如上级法院的目的是让信访息服在当地,不向上级法院信访,因为这会使得下级法院在实质上失去治理信访的功能和作用;而下级法院则将阻访和劝访作为治理目标。在层层压实的情况下,省级法院为了应对接访的压力,就会要求基层法院到省高院现场值班,接待来自基层法院的信访案件。但即使是在省高院的强力监督下,信访人员的统计数据仍不够准确,这导致最高人民法院的登记信访量与实际信访量相差悬殊,案访比没有办法统计。在此情况下,最高人民法院只能要求各省高院上报数据予以参考。最高人民法院要求案访比的数据上报虽然旨在强化对下级法院信访工作的监督,却导致下级法院将精力和资源转移到了消解案访比数据的表面化工作上。

三、领导接访机制不完善

(一)领导接访工作浮于表面

在现行的涉诉信访化解模式中,为了提高领导对信访工作的重视程度,上级法院通常会要求下级法院的领导干部在法院的主要办公场所接访。但由于法院领导还要兼顾行政事务和部分审判工作,因此他们在客观上无法亲自处理每件信访案件。因此,基本的信访接待模式是较为基础的,然而这种简单化的处理模式只是一种应急措施,无法让诉求得到实质性化解。

(二)领导接访的保障机制不健全

根据《信访工作条例》第18条第2款的规定,[1]领导干部接访已成为法院化解信访的重要方式。然而法院领导接访的保障机制却不健全,这在一定程度上影响了该规定的运行效果。领导接访保障机制不健全主要表现在以下几点:一是《信访工作条例》第18条第2款中的"定期"不明确,各地法院自设的标准也不尽相同;二是接访与其他工

---

[1] 《信访工作条例》第18条第2款规定:"各级机关、单位领导干部应当阅办群众来信和网上信访、定期接待群众来访、定期下访、包案化解群众反映强烈的突出问题。"

作发生冲突时,如何处理也没有明确规定;三是领导不按规定的时间接访或者随意缩短接访时间如何处理,亦缺乏明确的责任追究机制。

四、信访处理程序机制不完善

一般认为,程序是人们遵循法定的时限和时序并按照法定的方式和关系进行法律行为的普遍形态。① 程序主要表现为按照一定的顺序、方式和手续作出决定的过程,通过程序所预设的过程性装置,自然能够得出一个可预期的结果。目前,社会关系中的程序问题主要是由法律进行调整的,故有关程序的规定通常被称为程序法治。在目前的实践层面,有关信访工作的法律位阶较低,立法层次不高,②缺乏相关程序规则与运行机制。从调整内容上看,现有的信访程序规范主要偏向于对信访工作内部流程的调整,且这种程序规则较为粗糙。程序机制不完善是涉诉信访案件不断增多的主要原因之一。

(一) 信访案件立案及受理机制不完善

与诉讼案件相比,涉诉信访案件缺乏立案受理程序。《信访工作条例》作为规范信访工作的基本法律规范,未确立信访案件的立案登记制度。虽然该条例规定了登记制度,但登记与立案、受理是不同的概念。所谓立案,即将信访案件作为一种案件类型导入特定的处理程序,涉及接收当事人的信访材料、审查信访请求是否合法正当、告知信访案件的处理结果等内容;同时,应当参照诉讼案件赋予当事人一系列权利。但登记仅仅是一种行政化的手续,登记并不意味着信访案件就导入了流程化的处理机制,有关是否处理、如何处理、何时处理、是否进行调查核实、是否反馈处理结果等内容均没有规定。虽然根据

---

① 孙笑侠:《程序的法理》,商务印书馆 2005 年版,第 15 页。
② 目前,有关信访工作的主要法律规范是《信访工作条例》,该条例系党中央和国务院联合制定,其在属性上属于党内法规和行政法规。宋协娜:《再制度化与格局建构:信访治理的创新路径——基于〈信访工作条例〉的考察》,载《中共中央党校(国家行政学院)学报》2023年第 1 期。

《信访工作条例》第34条的规定,有些信访案件"应当自受理之日起60日内办结;情况复杂的,经本机关、单位负责人批准,可以适当延长办理期限,但延长期限不得超过30日,并告知信访人延期理由",但涉诉信访案件并不适用该规定。①

(二)信访案件化解主体的缺位

与诉讼及执行案件相比,信访案件的处理过程所涉及的部门较多,缺乏一个明确的责任主体,这也是导致信访案件久拖不决的重要因素。一些基层法院的信访工作流程大致如下:首先,法院信访办负责接待来院的信访当事人,通过制作笔录的方式将反映的问题进行登记,根据反映的内容进行分类并交办。其次,如果案件涉及违法违纪,收到的材件将转交给法院督查室展开调查并形成调查报告。如果案件涉及程序或判决错误,则将收到的材料转交院评查办对案件进行评查并形成评查报告。再次,调查部门将结果向主管院领导汇报,由主管院领导进行处理;疑难复杂的问题则会在周例会上专门汇报,由院长和院党组做出处理意见。最后,最终处理结果由信访办公室通过电话或见面的方式反馈给当事人,并将反馈结果进行登记。

上述流程涉及的部门及人员是比较多的,既包括法院信访室、督查室、评查办等具体处理意见的草拟主体,也包括主管院领导、院长、院党组等研究决定主体,但缺乏信访案件化解全过程的参与主体。这是导致信访案件处理时间较长的一个重要因素。而信访长期得不到反馈,可能会激化当事人与法院之间的矛盾,造成更严重的后果。

(三)信访案件化解工作的封闭性

所谓封闭性,是指涉诉信访案件从登记到处理的过程均发生在法院内部,信访案件的当事人缺少参与机会。这会造成以下不良影响:一是信访当事人可能因缺乏参与感而认为自己未能获得重视,从而质

---

① 《信访工作条例》第31条第1项规定:"应当通过审判机关诉讼程序或者复议程序、检察机关刑事立案程序或者法律监督程序、公安机关执法律程序处理的,涉法涉诉信访事项未依法终结的,按照法律法规规定的程序处理"。

疑法院的决策;二是未能发挥信访当事人的监督制约功能;三是工作人员在缺乏与信访当事人沟通的基础上作出的处理意见,可能难以准确、全面地回应或满足信访人员的真实诉求。

第三节 涉诉信访案件化解的法治路径

涉诉信访治理现代化是具有中国特色的原创性概念,应当是中国式现代化的组成成分之一。[①] 新时代的信访工作法治化,要求每个环节都严格依法,做到预防法治化、受理法治化、办理法治化、监督追责法治化、维护秩序法治化这"五个法治化",并形成制度化、规范化的"信访渠道汇集问题、依法分流处理、兜底解决剩余问题"的信访工作法治化模式。[②] 涉诉信访工作的出路就在于用法治思维和法治方式解决信访问题。在路径选择上,涉诉信访治理应当在全面依法治国的时代背景和目标之下,坚持走法治化的涉诉信访治理道路。在方法运用上,要采取源头治理机制,优化信访登记与接访机制,形成信访案件化解的准司法程序,将信访案件纳入案件化的处理机制。

一、涉诉信访工作的预防法治化路径

由于涉诉信访是三大审判和执行衍生出来的问题,因此预防涉诉信访案件的产生最重要的是做好审判执行工作。法院的案件就是对涉诉信访案件进行预防性治理的逻辑起点。法官在办案时,要坚持系统性的思维,时刻树立群众观念,切实回应当事人的合法诉求,确保案件办理经得起检验,增强司法裁判的可接受性。

(一)在司法办案中树立群众观念

人民法院的审判权是党的领导权和执政权的重要组成部分。坚

[①] 景汉朝:《涉诉信访治理的演进与新时代现代化方向》,载《清华法学》2023 年第 6 期。
[②] 陈柏峰:《论新时代信访工作法治化模式》,载《政治与法律》2024 年第 7 期。

持群众观念,既是执政党的合法性来源,也是人民法院的司法裁决要真正获得人民群众普遍认可的必由之路。① 法院一判了之的司法传统,在新时期已经不符合我国的国情,它背离了群众路线,忽视了人民群众的司法需求。在这种不当裁判理念的主导下,法官只是机械办案、就案办案,俨然成了制造裁判文书的工具,进而引发了当事人对裁判结果的不满,并导致了一系列信访案件的产生。

坚持群众观念,对法院而言,就是要以当事人为中心。法官应当充分利用法律赋予的审判权,围绕当事人的诉求开展工作,而不是机械地理解和适用法律。此外,在办案中时刻树立群众观念,还要求司法者用足用活相关法律、公序良俗以及伦理道德,实质性地化解当事人之间的矛盾纠纷。

(二) 确保案件办理经得起法律的检验

作为解决矛盾纠纷的中坚力量和维护社会公平正义的"最后一道防线",法院化解矛盾纠纷的依据是法律,具体到实践中则体现为法官依法裁判个案的活动。法官的本职工作就是用足用活法律手段有效化解矛盾,具体包括查明案件事实、正确适用法律、厘清法律关系、作出公正的裁判等。在此基础上,如果当事人质疑裁判结果或有异议,法官还应做好判后答疑工作。针对当事人提出的质疑,法官要从证据采信、事实认定及法律适用等方面加以说明,确保案件经得起法律的检验,预防信访案件的产生。

(三) 切实回应和解决当事人的合法诉求

确保案件办理经得起法律的检验,是对法官的基本要求,也是最低的要求。人民群众到法院起诉的真正目的,并不是为了获得一纸判决,而是要求法院满足其合法诉求,解决其无法自行解决的问题。因此,法官在办案中必须明确一个目标,那就是当事人的诉求是什么,以及如何解决当事人的诉求。这实际上涉及司法办案的社会效果问题。习近平总书记强调,司法裁判应当"以法为据、以理服人、以情感人,努

---

① 胡道才:《人民法院群众工作方法论》,载《人民司法》2011年第23期。

力实现最佳的法律效果、政治效果、社会效果"①。"三个效果"的有机统一,是人民法院最重要的司法理念和司法目标。目前,理论和实务的主流观点都认同将"效果取向"纳入裁判考量和裁判结构当中,以防止产生脱离国情、"不食人间烟火"的机械司法。②然而,在"三个效果"有机统一的实现程度、实现方式以及判断标准上,学界仍存在分歧。即便如此我们也认为,"三个效果"有机统一应当是以当事人的合法诉求是否得到实质性化解为基本标准的。如果当事人的合法诉求得到了切实的回应,那么就可以说这一司法案件的办理达到了"三个效果"的有机统一。

换句话说,如果当事人的合法诉求没有得到实质性的解决,即便是法院按照正常的司法程序办理了结案手续,也只是形式意义上的结案,很难说法院的司法裁判结果实现了法律效果与社会效果的统一。实践中有一种观念误区,认为如果过于强调社会效果,将导致法律外因素成为判断的标准,规范作用被减弱,法律的地位被矮化。③该观点实质上是将办案的法律效果和社会效果对立起来,实不可取。我们认为,法律效果与社会效果应该是统一的,它们分别从合法性和合理性两个方面对司法办案提出了要求。其中,社会效果更强调具体个案的实效性及当事人的主观评价。

因此,从具象化的视角看,所谓"三个效果"的统一,即作为一种结果性的评价,要求法官在裁判个案时,不能以依法作出裁判为目标,而应当以实质性化解当事人的合法诉求为办案宗旨。一方面,法官在办案中要通过对当事人进行针对性的回应,让当事人理性地提出诉求;另一方面,法官应尽可能运用调解手段,努力做到案结事了。如果当事人的合法诉求得到了实质性的解决,那么信访案件的数量自然将得到有效控制。

---

① 习近平:《论坚持全面依法治国》,中央文献出版社 2020 年版,第 259—260 页。
② 顾培东:《当代中国法治共识的形成及法治再启蒙》,载《法学研究》2017 年第 1 期。
③ 陈金钊:《法律人思维中的规范隐退》,载《中国法学》2012 年第 1 期。

二、涉诉信访工作的受理法治化路径

受理法治化是《信访工作条例》对处理信访的部门提出的基本要求,它要求受理部门对信访事项分清性质,明确管辖,及时转办、交办,督办到位。就法院涉诉信访工作的化解而言,受理是信访案件能否得以规范化、法治化解决的逻辑起点和关键环节。

(一)明确涉诉信访案件的受理部门

目前,尽管各级法院均设立了信访办公室,但长期以来,这一内设机构并没有完善的信访案件登记立案受理机制,它作为联系信访当事人和涉案法院纽带的功能并未被充分激活。对此,应明确赋予法院信访部门依法受理信访案件的基本职责。法院信访部门对案件的受理,可以参照诉讼类案件的立案受理机制,改革现行的信访登记制度。前文已经分析了信访登记的弊端,因为这种登记只是法院信访部门自行建立的"台账"。实践证明,法院仅仅通过建立信访登记台账的方式登记,难以满足信访当事人程序性参与的现实需求。改革后的信访登记制度,要求任何当事人到法院信访,信访部门都要对信访事项予以审查。在排除信访终结、重复信访或正在办理中的信访等几种不予受理的类型之后,对其他类型的信访,原则上法院均应当予以登记,并向信访当事人送达受理通知书,告知受理期限以及相应的权利义务。此外,对信访当事人递交的信访反映材料,法院信访部门也应当予以接收并附卷移送相关部门处理。

(二)确立不当受理信访申请的投诉救济机制

按照有权利必有救济的法治要求,涉诉信访工作受理方面的法治化意味着不但要赋予当事人信访的权利,明确信访部门负有接受信访材料和予以登记受理的基本职责,还要在当事人的信访权利被侵犯时为其设定监督救济渠道。根据《信访工作条例》第44条、第45条的规定,上级机关有权监督下级机关的信访工作,发现下级机关在信访工作中存在对收到的信访事项不按照规定登记,对属于其职权范围的信访事项不予受理,推诿、敷衍、拖延信访事项办理或者未在规定期限内办结信访事项等违法行为时,可责令其改正;造成严重后果的,对直接负责的主管人员和其他直接责任人员依规依纪依法严肃处理。然而,这一监督机制的充分运行,主要依赖于一套系统完备的投诉救济程序。确立不当受理信访申请的投诉救济机制,能充分保障当事人的信访权利,有助于上级法院有效监督下级法院的信访受理工作。

(三)完善涉诉信访案件的分流交办机制

根据当事人信访事项的差异,可将涉诉信访分为不同的类型。如根据产生时间可将涉诉信访分为诉讼中的信访、判决生效后的信访和执行中的信访。① 根据所反映的内容性质,可将涉诉信访分为违法裁判类、非法执行类、涉案司法人员违法违纪类三种类型。其中,有关司法办案人员的违法违纪问题通常是嵌在前两种案件类型之中,并作为说明或论证裁判与执行案件错误的一种理由而呈现的。这也充分说明了涉诉信访具有明确的指向性。法院信访部门作为案件受理主体和督办主体,在受理信访案件后,需要根据信访事项的类型将案件分流给不同的部门进行处理。由于信访部门在法院系统中属于相对较弱的部门,因此有必要在分类交办程序中增设领导审批机制,即信访部门作出分流交办的处理意见后,报请主管信访工作的院领导签发或提请院党组研究决定并由院长审批签发,以法院党组名义分流交办。这样操作可以提高各部门在处理信访案件时的执行力。

(四)将领导接访定位为非强制性的信访受理筛选程序

前文已经分析了领导接访机制存在的诸多弊端,如果要对这一机制进行改进,可将领导接访作为信访案件登记受理的非强制性的分流筛选程序。之所以强调"非强制性",是为了防止将其与信访登记受理

---

① 有观点认为,由于诉讼中的信访既冲击了司法制度,也影响了司法独立,应当废止;而执行中的信访主要涉及的是法院执行生效法律文书时的工作态度和作风问题,以及当事人的履行态度和能力问题,而不涉及法律适用问题,因此可以通过完善执行制度来解决;只有判决生效后的信访才可以作为涉诉信访来处理。张文国:《试论涉诉信访的制度困境及其出路》,载《华东师范大学学报(哲学社会科学版)》2007年第2期。

机制捆绑,变相成为信访案件受理的前置性条件。有的当事人信访,是因为办案过程中存在的瑕疵引起了他的不满。此类信访案件,属于可当场化解的案件,如果由法院领导进行接访,并及时采取补救措施,很可能在案件发生早期就得以化解。

三、涉诉信访工作的办理法治化路径

涉诉信访工作的办理是实质性解决信访案件的关键环节。这一环节要注意三点:一是要做到有人办理,二是要明确按照法定程序办理,三是要进行实质性的办理。

(一)建立主管领导办理信访案件的工作机制

涉诉信访工作首先要解决谁来负责办理的问题。实践中,有些法院采取信访案件分包制,即哪个法官办理的案件引发了信访,仍由该法官负责处理该案的信访问题。然而这一机制并不合理,因为在已经引发信访的前提下,当事人对法官已失去信任,且可以认为这种分配将违背"任何人不得做自己的法官"这一正当程序原则。此外,有的法院会将所有信访案件交由案件评查部门进行评审,该做法同样不具有科学性。目前,法院案件评查部门实际进行的评查往往只停留在校对文书、查阅卷宗规范性等方面,对实体问题的评查不够深入。[①] 同时,因评查人力严重匮乏且该部门在法院系统中的边缘地位,所以他们可能缺乏对案件实体内容的瑕疵甄别与协调化解能力。因此,案件评查部门在涉诉信访工作中,只能是一个参与性的主体,发挥协助化解信访的辅助性功能。

在排除原审法官和评查部门后,笔者主张由信访反映事项的法院主管领导[②]作为信访案件的具体承办主体。主管领导办理信访案件的优势体现在两个方面:第一,主管领导对其主管庭室的业务较为熟悉,

---

① 赵丽娜:《数字赋能案件质量评查的路径与机制构建》,载《智慧法治》2023 年第 3 卷。

② 主管领导主要包括副院长、副书记、政治部主任、专职审判委员会委员等。

这便于调查落实信访人所反映的问题,也强化了主管领导的责任;第二,主管领导的身份有利于取得信访当事人的信任。在具体流程上,由法院信访部门在诉讼服务中心设置信访窗口,统一对信访案件予以登记受理,并通过审批或研究处理程序将案件分配给相应的主管领导,主管领导在接受信访案件后,针对信访事项进行调查核实,并及时向信访人反馈,必要时可以召开听证会,听取信访人和办案法官各自的意见。如果审判过程中的瑕疵足以影响案件裁判结果,主管领导可以建议院长提请院审判委员会启动再审程序;同时,对承办法官予以相应的惩罚。

(二)健全信访处理过程的正当程序机制

一般认为,《宪法》第 41 条是信访权利与信访制度在宪法上的依据。由于该条款采取了具体列举的立法技术,因此造成了各项权利[①]驳杂交织的一种样态,这也导致信访形成了权利边界模糊和开放的结构。信访权是一种兼具权利救济与政治参与和监督双重属性的法律权利。[②] 作为一项程序性权利,信访权的行使与诉权具有相似性,均是当事人发动的、要求国家机关启动相关调查程序,对其所反映的信访事项进行调查核实并作出反馈的一种对实体权利的救济机制。目前,随着程序法治建设的深入推进,正当程序即"自己不做自己的法官"、说明理由与听取陈述和申辩原则,不仅被视为宪法原则,也化为现代社会治理的核心制度,信访事项的受理和办理也必须遵循正当的法律程序。[③] 正当程序旨在向信访人员呈现一种"看得见的正义",即要建构一种过程正当性,向当事人提供结果合理的间接依据。贝勒斯曾说:"倘若当事人觉得用来作出判决的程序是不公正的,那么无论是在

---

① 《宪法》第 41 条分别规定了批评权、建议权、申诉权、控告权、检举权、获得国家赔偿权等。
② 林来梵、余净植:《论信访权利与信访制度——从比较法视角的一种考察》,载《浙江大学学报(人文社会科学版)》2008 年第 3 期。
③ 马红安:《从信访受理制度看"信访权"的边界》,载《广东社会科学》2018 年第 4 期。

心理上还是在行动上,他们都不太可能接受解决其争执的判决。"①长期以来,信访处理机制受制于封闭性的程序构造,忽视了当事人在信访事项处理决定过程中的参与性权利,其知情权、陈述申辩权也无法得到保障。这种缺乏足够正当性的信访处理过程,所得出的结果也难以令人信服。

涉诉信访治理的对象是当事人所反映的信访案件,该类案件的争议焦点主要在原审裁判或执行活动(结果)是否合法适当上。因此,涉诉信访可参照诉讼程序加以处理。具体流程如下:

第一,作为信访案件承办主体的法院领导,在收到信访部门分流交办的信访案件后,要联系信访当事人,告知其案件的承办人信息、联系方式,并征求当事人是否回避;之后要听取当事人陈述申辩意见,询问当事人真实的信访诉求及理由,并制作询问笔录。这种面见当事人并听取其陈述的做法,既能增强信访承办人对信访当事人及其信访诉求的了解,也体现了信访处理机关对信访的高度重视。

第二,信访案件的承办人应当将当事人的信访材料及其询问笔录复制件转交原案件承办主体,由其对信访事实理由及诉求作出针对性回应,这便于信访承办人全面掌握信访案件的信息,在充分审查的基础上作出切实可行的处理意见。为提高信访工作效率,有关转交和回应的时间以七日为宜,即信访承办人接到交办信访案件之日起七日内转交给被反映人,被反映人在收到交办材料后七日内作出回复意见。

第三,为了增强信访案件处理的公正性和透明度,原则上所有的信访案件在作出处理意见之前均应当进行听证。在听证中,不仅需要听取信访当事人和被信访人的意见,必要时还可听取利害关系人、人民陪审员、人民监督员及有关专家学者的意见。听证过程应当制作笔录,交由当事人签字后存入信访案件卷宗。

---

① Michael Bayles,Principles for Legal Procedure,*Law and Philosophy*,Vol. 5,1986,pp. 54-55.

第四，完善信访处理意见的说理机制。"说理"是中国哲学中的概念，基本含义是"把事物中、语言中、叙事中显示的道理明说出来"①。对当事人的信访诉求，信访承办人员要通过说理进行回应，以支撑起信访处理意见中的结论。

第五，在后续的集体讨论等程序中，各方参与表决的主体也应围绕处理意见的说理是否充分、是否适当等问题展开，并按照少数服从多数的方式表决，进而增强信访处理结果的民主性和正当性。

(三) 强化对信访案件的实质性处理

实质性处理是指在信访案件的处理中，虽然要通过启动程序机制并将信访问题视为一个案件加以处理，但法院要采取实质性化解的基本理念，防止信访处理再次出现"案结事不了"的问题。具体而言，法院要切实回应当事人的真实诉求。有些当事人的信访诉求可能与其真实的诉求并不相符，在此情况下，信访承办人员应当充分了解当事人的实际诉求，这也是在处理程序中信访承办人员一定要面见信访当事人的原因。整体而言，信访案件的实质性处理主要围绕如下几个方面进行：

第一，不回避关键性问题。实践中，当事人反映的诉求及理由有可能是不准确的。在此情况下，承办人不能像处理诉讼案件那样遵循"不告不理""谁主张谁举证"的裁判逻辑，而是要充分发挥主观能动性，敢于直接面对案件反映的问题，分析影响信访当事人合法利益的相关因素，为实质性处理信访案件奠定基础。

第二，对司法裁判的错误进行彻底的纠正。如果信访承办人发现涉诉信访的对象即法院的裁判或执行活动存在一定的问题，那么信访承办人要及时督促纠正。如果原案件需要提请再审，承办人要积极促使案件导入再审程序进行纠正；如果原案件的承办法官存在态度问题或有过不当做法，要对其进行批评，责令其向当事人沟通道歉，如果存在违法行为，要移交相关部门依法处理。

---

① 陈嘉映：《说理》，华夏出版社2011年版，第12页。

第三,加强与相关部门的协调衔接机制。涉诉信访案件与诉讼案件的区别在于,当事人的信访诉求中可能会掺杂法外因素。这时,仅依靠法院往往难以有效解决问题,或者说可能无法只通过司法方式进行处理,有时还需要基层政府、居委会(村委会)的协调调解。

四、涉诉信访工作监督追责法治化

信访工作是国家机关运用公权力对信访事项予以处理的过程。涉诉信访的办理权也属于国家权力的一种表现形态,既存在消极不作为的问题,也有被滥用的可能性,因此要接受必要的监督。此外,涉诉信访案件所反映的公职人员滥用职权、玩忽职守等违法违纪行为也应当受到追责。这些问题的解决均需要被纳入法治化轨道。

(一)对信访处理中发现的违法违纪问题追责到位

通常情况下,信访作为最后的救济机制,是备而不用的。对当事人而言,除了信访外,他还享有诸多其他救济程序权利,这些程序权利的行使,应当足以保障其实体权利和合法权益。因此,从维权的视角看,信访属于当事人穷尽其他权利救济途径仍无法实现诉求之后的无奈之举。正是因为很多问题在法律设定的轨道中没有得到解决,才引发了后续的信访问题。因此,在信访案件的处理中,除了要纠正违法裁判或执行行为,还要对引发信访的公职人员依法追责。"动员千遍,不如问责一次。要用好问责这个利器,以强有力问责唤醒责任意识。"①监督追责法治化不到位是当前法院信访工作存在的重要问题,没有监督追责的落实就没有工作措施的落实。对引发信访的人追责不到位,对办理信访不力而引发"重复访""越级访""缠闹访"和"集体访"的人追责不到位,是目前信访形势严峻的主要原因之一。需要指出的是,对引发信访的公职人员进行追责处理时,要以信访所反映的问题是否存在,以及承办案件的司法工作人员有无违法违纪行为作为

---

① 中国纪检监察报社评论部编:《党的十九大以来全面从严治党新观察》,人民出版社2019年版,第54页。

归责要件。当事人对司法裁判不服而信访这一行为本身并不足以认定司法工作人员存在办案瑕疵,只有在信访案件处理中发现信访事项属实(即有理信访),才能认定司法工作人员的行为违法,进而启动追责程序。强化对引发信访案件的司法工作人员的责任追究机制,能增加其违法办案的成本。在问责的威慑下,司法工作人员在进行案件裁判或执行等活动时能够更加严格遵守法律规定,依法行使手中的权力,尽可能保证司法办案"三个效果"的统一,从而在源头上避免涉诉信访案件的产生。

(二)强化对办理信访不力人员的追责机制

监督追责的法治化,既要追究引发信访的办案法官的责任,也要追究办理信访不力的办理人员的责任。目前,信访追责的对象主要是引发信访的办案法官;对在办理信访过程中,该办不办、在规定期限内该办结不办结,或者仅程序性办理而不实质性化解的办访责任追究得甚少。而缺少监督追责机制,办理涉诉信访案件的工作人员就极易产生玩忽职守、滥用职权、权力寻租等违法违纪行为。为此,最高人民法院应当出台司法解释或者司法解释性质文件,就信访部门及信访案件办理人员的办案程序及其法律责任作出明确的规定,问责方式可以包括扣除绩效考核分值、停发绩效奖、批评教育、约谈、责令检查、诫勉谈话等。

随着《监察法》明确赋予监察机关问责权,问责被正式赋予新的法定意义。监察问责既是实现监察全覆盖目标的必要路径和匹配党内问责的制度安排,也是恪守监察违法事由前提下的必要延伸。[①] 因此,对办理信访不力人员及其主管领导的问责,应当与监察问责机制衔接起来,通过派驻法院的纪检监察强化对信访办理公职人员的监察监督。

---

① 陈辉:《监察问责制度的功能定位与路径优化》,载《法学前沿》2023年第3卷。

五、维护信访秩序法治化

《信访工作条例》第 5 条明确规定,要坚持依法按政策解决问题,将信访纳入法治化轨道,规范信访秩序。第 26 条则进一步强调,信访当事人在信访过程中应当遵守法律、法规,不得损害国家、社会、集体的利益和其他公民的合法权利,自觉维护社会公共秩序和信访秩序。维护信访秩序的法治化,要求法院在处理信访过程中,对违反《信访工作条例》的信访人员,依法用好司法惩戒措施,依法打击处理到位。

(一)完善涉诉信访案件的分类处理机制

信访案件的分类处理,是以信访案件存在有理信访与无理信访为假设前提的。法院信访部门在接到信访案件时,应推定当事人的信访均属于有理信访,并在此基础上进行审查。对有理的信访案件,应当依法登记受理,并及时作出处理决定,纠正信访反映的违法行为。对经初步审查认为属于无理信访的案件,应谨慎处理,进行严格复审程序,必要时可举行听证会,从不同视角进行审查,并回应信访当事人的质疑,尽可能在此环节劝说信访当事人撤回信访诉求。对经复审程序确定为无理信访的,应当制作《不予受理决定书》或《驳回信访决定书》,并载明具体原因。对已经办结的重复信访案件,应当告知信访当事人具体理由,并建议其撤回信访,对坚持重复信访的,应作出不予受理决定。对属于正在办理中的二次信访案件,可告知信访当事人已受理信访案件的办理进程,劝说其耐心等待,并督促承办部门或人员按照法定程序和期限及时作出信访处理决定。如果信访人就超期办理信访案件或者久拖不决、不实质性办理等事由提出信访申请,因该信访案件是对本级法院的信访案件处理过程或结果不满,故不宜由原信访处理机关受理,应转交或建议信访当事人到其上级法院信访部门反映。信访案件的分类处理,能确保整合有限的资源,集中解决信访案件,切实维护当事人的合法权益。

(二)依法打击扰乱信访秩序的违法信访行为

信访权作为公民的一项基本权利,应在宪法规定的框架内行使。

《宪法》第51条对公民行使基本权利进行了总括性的规定。① 信访权利的行使过程中,比较常见的违法行为包括缠访、闹访、以访施压牟取非法利益等情形。如果对这些违法行为不予打击的话,信访秩序势必将受到严重冲击。《信访工作条例》明确了治理信访权利滥用行为的手段,即依据情节严重程度依次采取劝阻、批评、教育、警告、训诫、制止、行政处罚直至追究刑事责任。最高人民法院、最高人民检察院、公安部《关于依法处理信访活动中违法犯罪行为的指导意见》明确了对扰乱信访秩序的行为,公安机关有权依法实施现场处置并给予治安管理处罚。

此外,最高人民法院《关于依法维护人民法院申诉信访秩序的意见》第9条规定,信访当事人阻碍司法工作人员执行职务的,人民法院可以依照《民事诉讼法》第111条或者《行政诉讼法》第49条的规定,予以罚款、拘留,构成犯罪的,依法追究刑事责任,并列举了7项具体阻碍行为。最高人民法院《关于人民法院司法警察依法履行职权的规定》《关于人民法院司法警察依法提请罚款、拘留诉讼强制措施操作规程》也为法院办理司法惩戒案件提供了充足的依据和明确的程序。

---

① 《宪法》第51条规定:"中华人民共和国公民在行使自由和权利的时候,不得损害国家的、社会的、集体的利益和其他公民的合法的自由和权利。"

附　录

基层法院规范性
文件摘录

开封城乡一体化示范区人民法院涉诉涉执信访工作办理规范

为规范本院涉诉涉执信访工作程序和秩序,推动信访工作法治化、规范化建设,促进信访案件实质性化解,同时积极探索和实施访源治理的途径,以彻底解决人民群众合法合理的诉讼请求为目的,在维护人民群众的合法权益和社会稳定上达到政治效果、法律效果、社会效果的有机统一,结合本院工作实际,制定本工作规程。

一、信访工作目的

构建"责任明确、全员参与、纵横联动、依法处理"的涉诉涉执信访工作新机制、新格局。合力实现信访化解的"三个境界",将"树理想,杜绝信访产生"第一个境界作为信访工作的最高追求;全院上下高度重视并及时解决在审判执行程序中出现的问题,达到"治微病,把问题解决在萌芽状态"的第二个境界,并将以上两种境界作为信访工作的首要目标;对已发生的信访案件,努力达到"综合施策,将信访实质性化解"的第三个境界。通过"三个境界"理念的确立,从根本上减少信访发生,营造齐抓共管的信访工作格局。

二、信访工作基本规范

(一)坚持人本信访

始终以维护和保障信访人合法权益为依归,畅通信访渠道,做到有访必接、有诉必理;积极引导信访人尊重司法程序,依法维护自身权利,理性对待裁判结果,发挥信访工作教育疏导、息诉息访的作用。

(二）坚持法治信访

始终以法治思维和法治方式开展涉诉信访工作，完善信访办理流程，规范信访件卷宗管理；实行信访终结退出机制，及时终结已穷尽司法程序和信访流程的涉诉信访；法警队全程参与信访维护信访工作秩序，依法惩处违法行为。

（三）坚持责任信访

在程序中的案件来访的，责任主体是承办法官和执行人员，分管院领导起指导和监督作用；结案后的信访案件，责任主体是分管院领导，原承办法官或执行人员配合、协助解决。

（四）坚持联动信访

设置信访联络员，压实信访办理责任，做到有疑必释、有瑕必补、有错必纠；已发生的信访案件，院领导、信访办、审执团队、法警队、政治部、审管办、监察室、评查办等各个部门相互配合，综合施策，共同化解。

三、信访办工作职责

1. 做好本院涉诉信访的日常工作，包括接受来访咨询、初次接待信访人、制作接待笔录、对接信访联络员、安排信访接待、整理信访案件卷宗等。

2. 发挥"枢纽"作用，信访办具体了解来访人的情况和诉求，通过全面准确登记、认真分析甄别实现精准分流、精准转办；能及时处理的事务让联络员及时办理；必须见法官和执行人员的，由联络员与承办人沟通，定好约见时间和地点后反馈给信访办，由信访办通知来访人。

3. 协助审管办进行信访工作考核，协助督查室进行信访责任追究。

4. 与党委、人大、政府和上级法院、政法各机关就信访工作沟通联系、通报情况。

5. 做好与涉诉涉执信访相关的其他工作。

四、建立健全信访联络员机制

1. 每位审判法官配备一名信访联络员（梁苑法庭审判团队配备一名信访联络员），每个执行团队配备一名信访联络员。

2. 信访联络员负责所在团队的信访工作，包括对接信访办、转交承办人、答复信访人等。

3. 制作并在院内公开信访联络员通讯录，信访联络员保持电话畅通，及时处理信访工作。

五、信访受理

（一）初次接待

信访办负责接待来院办事、反映问题的当事人，进行初次登记，收取证据材料，发放并让信访人签收《规范信访行为告知书》，并制作初次接待笔录。初次登记应载明来院人员姓名、联系方式、反映情况等事项。

（二）分类交办

信访办对来访问题进行初步筛选甄别，问题简单明了的，当场进行化解和处理。无法当场处理的，根据反映的问题分类交办。

交办时由主管院领导签发交办函，被交办部门或人员应按照交办要求、期限及时处理。

信访办负责交办后的跟踪督办工作，对接待、回复等环节进行跟踪督办，有效保障限期回复和一次性处结。

（三）一般性信访处置办法

信访事由属于案件办理中产生的一般性问题的，信访办将信访件交由对应的信访联络员，信访联络员第一时间向案件承办人汇报信访情况，承办人确定信访化解方案，并在接到信访件起 7 日内接待信访人，单次接待时长控制在半小时至一小时之间。

接访期间法警队全程参与，使用执法记录仪全程录音录像，不允许当事人使用录音、录像等设备，以维护信访秩序。信访联络员全程跟踪，及时向信访办及信访人反馈信访工作进度，确保信访化解实效。

（四）涉案件质量信访处置办法

信访事由属于案件质量问题的，信访办及时向主管院领导汇报，经审核认为确有必要的，主管院领导签发评查转办函。

信访办将信访件交至评查办对案件进行评查，形成评查报告，被评查案件的承办人以及信访人应积极配合提供相关案件材料。评查期限为自评查办接到信访件起1个月，疑难复杂案件经申请可延长评查期限1个月。

评查结束后，评查办将评查结果及时反馈给主管院领导处理。主管院领导无法直接处理的，召开周例会时进行专门汇报，由院长和院党组决定处理结果。

（五）涉廉洁纪律信访处置办法

信访事由属于廉洁纪律问题的，信访办经初步筛查甄别，对有廉洁纪律隐患的信访件及时向主管院领导汇报，经审核认为确有必要的，主管院领导签发督查转办函。

信访办将信访件交由督查室调查，秉持实事求是的原则，形成调查报告，调查期限为自督查室接到信访件起1个月。

调查结束后，督查室将调查结果反馈给主管院领导处理。主管院领导无法直接处理的，召开周例会时进行专门汇报，由院长和院党组决定处理结果。

（六）建立信访听证制度

对重大、复杂、疑难的信访案件，或者经评查办评查认为没有问题的信访案件，应当根据需要召开信访听证会，集中社会力量共同研判信访人诉求的合理性。

召开信访听证会的，应当邀请信访人的亲属、人大代表、政协委员、法律工作者或社区代表等人员参加听证，以求群策群力解决问题。

（七）鼓励当事人申诉申请再审

将信访纳入法治轨道，鼓励并引导对生效裁判不满意的信访人申诉申请再审，将信访案件息服在本院，以此给信访人又一次申诉救济的机会，从根本上化解信访案件。同时配强评查办人员，坚持依法改判，防止受到信访人的干扰。

（八）优化信访反馈机制

信访办应将当事人反映问题的最终处理结果，通过电话、网络或见面的方式及时反馈给当事人，并将反馈结果进行登记。相关部门及责任人需配合信访办做好结果反馈及释法明理工作，争取当事人的满意，将信访风险化解在源头。

（九）规范信访件卷宗管理

由信访办负责整理信访件卷宗，卷宗内容涵盖初次接待笔录、信访人提交的证据材料、《规范信访行为告知书》、承办人接待笔录、信访报告、评查报告或调查报告等，做到"一案一卷"。

六、信访考核

（一）发挥审管办监督管理作用

审管办负责督导信访案件的办理、协调解决信访突出问题、考核信访工作成效等事项，通过运用"四类案件"监管机制、落实阅核制等多种途径，进一步强化对信访案件办理的监督管理。

（二）严格信访责任追究

当事人反映问题经评查或调查后属实的，被反映的工作人员确实存在问题的，信访办将相关处理结果汇总到审管办和政治部。

审管办联合信访办将存在问题的工作人员名单向主管院领导汇报，根据个案情况精准纳入绩效考核。政治部将信访办汇总存在问题的工作人员名单留存标注，作为后续人事任用的重要依据进行综合考量。

（三）推行信访悬赏制度

由审管办筛选重大、疑难、复杂的信访案件，在院内发布悬赏通告，鼓励具备化解能力的承办人积极主动承接，若成功化解此类案件，给予适当的绩效加分奖励。

七、信访秩序维护

（一）激活法警作用

法警队负责维护审判执行秩序，保障庭审有序进行，开展常态化巡逻，对进入审判区域人员进行安全检查，协助信访应急处置，预防、制止、处置妨害审判执行秩序的行为。

法警队固定4人专门保障信访工作，其中1人为联络员，对维护信访秩序负总责，日常对接信访办及各业务团队，随时保持电话畅通，迅速做好应急处置。

（二）采取预约接访制

经信访联络员协调确定接访时间后，向信访办报备。信访办提前通知法警队接访时间及人数，接访前，法警队对信访人进行安全检查，由法警带领来访人到指定的地点会见法官、执行人员或分管院领导。将信访人接至指定地点后，通知接访人到场。接访时，须有两名法警在场进行全程取证，接访期间不允许当事人携带录音、录像等设备。

（三）强化信访秩序

法警队接到信访办通知或发现异常情况，应1分钟响应，3分钟到位，立即采取措施，及时妥善处理。对妨碍信访秩序的违法行为，法警队应及时固定证据，根据其行为违法程度采取不同的处罚措施，以此转变法官和执行人员不想见、不敢见来访人的思想，保障接访人的人身安全，维护接访工作的正常秩序。

本办理规范自2024年1月1日起施行。

开封城乡一体化示范区人民法院访源治理及交叉、提级执行等实施细则

为最大限度减少信访案件的产生,加强对立审执程序中的案件的规范性管理,提高审判、执行质效,树立"如我在诉"的理念,实质性保障当事人的合法诉讼请求,结合本院工作实际,制定本实施细则。

一、信访办负责接待所有来院咨询、反映问题的当事人,进行初次登记。初次登记应载明来院人员姓名、联系方式、反映情况。对相关问题进行筛选甄别,问题简单明了的,当场进行答复和化解,或通知相关工作人员立即处理,达到当事人满意。无法及时处理或反映人对处理结果不满意的,应当向信访当事人出具受理信访通知书,受理通知书应当载明信访案件办理的期限,办理进度查询方式、并告知在办理期限内不得重复信访或越级信访。

二、信访办在出具受理信访通知书后,根据反映的内容进行分类并填写信访督办单进行督办。信访督办单应当载明被督办的部门或相关人员、督办事项要求,督办案件处理期限等内容。

三、被督办部门或人员应按照督办要求、期限及时处理信访诉求,并在督办要求的期限内将处理结果反馈给信访办。被督办部门在办理期间,应加强与信访当事人的沟通,对其信访事项逐一落实,以实质性化解纠纷为原则,依法化解信访事项,避免形成重复访、越级访。

四、信访办负责督办案件的跟踪督办工作,对接待、回复等环节进行跟踪督办,有效保障期限内回复和一次性办结。

审管办负责跟踪督办案件的办理结果并纳入绩效考核。

五、对督办后不能化解或反映人仍有意见的执行案件,为防止权

力滥用、执行人员不作为等因素,在征求申请执行人意见后,在本院执行局内部实施交叉执行程序,并将交叉执行的承办执行人姓名和联系方式告知申请执行人。

六、内部交叉执行案件审批表由审管办根据信访督办单的跟踪办理结果制作报批,交叉执行人员由主管院领导报院长审批,并将执行案件的情况汇报给院长。禁止执行人员内部自行交换,避免产生"三案"现象。

七、因信访问题交叉执行的案件,根据反映人诉求是否合理、属实,进行调查核实,经核查属实的,对原执行人员进行扣分,具体分值根据情况确定。

交叉执行案件办理结果由审管办进行跟踪并纳入绩效考核。

八、对交叉执行后不能化解或反映人仍有意见的执行案件,为实质性化解矛盾纠纷,达到反映人满意,在本院内部实施提级执行程序。

提级执行案件原则上由执行局长、主管院领导直接办理,必要时由院长亲自带队执行。

提级执行案件办理结果由审管办进行跟踪并纳入绩效考核。

九、对反映人反映执行人员有廉洁情况、"三案"现象或重大风险、消极懈怠的执行案件,在本院内部实施监督执行程序。由督查室负责调查是否属实。

十、对查证属实的,应依法处理执行人员,并将处理结果告知反映人,及时消除不良影响;对经查证不属实的,在院内予以通告,还执行人员一个清白。

内部监督执行案件办理结果由审管办进行跟踪并纳入绩效考核,由督查室进行监督并将监督情况汇报院长。

十一、对疑难复杂、存在重大风险等执行案件,实施执行案件会商程序。在定期会商程序启动之前,各执行团队或执行人员可将其承办的认为需要会商的重大、疑难、复杂案件报请本部门负责人审批进入会商程序。

十二、执行案件会商审批表由审管办制作报批,会商案件由各执行团队或执行人员筛选报送。案件会商时由院长、主管院领导、员额法官、执行局全体执行员参加。

案件会商坚持民主集中制、集体讨论、群力群策的基本原则，从民事、刑事、执行角度综合研判，以实质性化解合法诉求为根本目的，用足、用活法律程序，找出解决问题的最佳办法，形成类案执行思路。会商情况形成内部简报，供所有执行人员学习参考。

十三、对经过督办、内部交叉执行、内部提级执行、内部监督执行、执行会商后仍不能妥善解决的执行案件，为有效推动案件进展，实施外部交叉执行程序。

十四、外部交叉执行案件由院执行局报中院执行局指定交叉法院。外部交叉程序实施前必须穷尽前述各种内部措施后方可启动。

十五、信访督办单及内部交叉执行、内部提级执行、内部监督执行、外部交叉执行案件审批单均报政治部备份留存，作为后续人事任用的重要依据进行综合考量。

十六、本实施细则自 2023 年 12 月 1 日起施行。

开封城乡一体化示范区人民法院
体系化交叉执行工作机制

体系化交叉执行工作机制,是指为破解执行工作受到各种因素制约干扰的问题,在人民法院内部,建立以内部交叉执行为主,外部交叉执行为辅的体系化交叉执行模式,最大限度激活交叉执行效能。对个案严格按照执行信访案件、内部交叉执行案件、内部提级执行案件、内部监督执行案件、外部交叉执行案件五种案件类型启动顺序进行,配套执行会商制度,努力将案件化解在前端。对经过以上程序仍不能妥善解决的执行案件,启动外部交叉执行,合力化解"骨头案"。

一、背景介绍

执行效果是体现司法公信力的关键,为克服地方保护主义,化解执行积案难案,最高人民法院在全国范围内有序推进交叉执行工作。交叉执行制度的重点是对长期未化解信访案件、存在不当干预案件、特殊主体案件等,采取法院之间指定交叉执行或跨域异地执行的方式进行化解。然而司法实践证明,大量执行案件主要依靠法院内部执行人员进行化解,外部交叉执行虽然可以起到破解积案难案的引领作用,但是难以从根本上提升执行队伍的战斗力。因此,为更好发挥这一制度的效能,开封城乡一体化示范区人民法院(以下简称示范区人民法院)在推进外部交叉执行的基础上,积极探索内部交叉执行的工作模式。以内部交叉执行为主,外部交叉执行为辅,重点发挥外部交叉执行的示范引领作用,把握外部交叉执行的"度",用足用活内部交叉执行的提质增效作用,从而发掘交叉执行制度的潜力,发挥两类交叉执行方式的各自优势,精准解决受干涉的执行案件。

二、主要做法

（一）严格适用条件,明确启动顺序。1. 审判、执行信访督办案件。信访办对来院咨询、反映问题的当事人,进行初次登记并筛选甄别。对无法及时处理或反映人对处理结果不满意的案件,填写《审判、执行案件信访交办单》进行督办。2. 内部交叉执行案件。对督办后不能化解或反映人仍有意见的执行案件,填写《内部交叉执行案件审批表》,实施内部交叉执行程序。3. 内部提级执行案件。对交叉执行后不能化解或反映人仍有意见的执行案件,填写《内部提级执行案件审批表》,在本院内部实施提级执行程序。提级执行案件原则上由执行局长、主管院领导执行,必要时由院长直接执行。4. 内部监督执行案件。对反映人反映有"三案"现象或重大风险的执行案件,及时调查核实情况是否属实并给予答复。对经核查认为有必要的,填写《内部监督执行案件审批表》,由督查室进行监督调查并将情况汇报院长。5. 外部交叉执行。对经过以上程序仍不能妥善解决的执行案件,报上级执行局指定交叉法院实施外部交叉执行程序。

（二）定期调整执行队伍,加强内部监督。一是配齐配优执行队伍。整合全院资源,选派政治过硬、敢抓善管的业务骨干担任执行局负责人;配优员额法官,配强法官助理和法警,配足书记员。探索新任法官、法官助理先到执行部门工作锻炼的机制,克服执行办案力量不足、不精等体制机制性问题。二是落实执行人员定期轮岗制度。执行干警长期在一个岗位,难免面临来自地方的人情请托、利益输送等情况,这些外部诱惑客观上增加了违纪违法的概率。因此通过执行人员定期轮岗,实现内部案件的交叉执行,有效杜绝此类现象。三是细化执行人员轮岗规定。一方面,明确规定队伍调整之后,团队原有的案件由调整后的执行人员接管,从而有效监督原承办人的办案质量。另一方面,为防止辅助人员与执行员长期"搭班"引发的风险隐患,规定调整执行法官或执行员时,只允许选择一名辅助人员跟随调整。

（三）建立配套制度，强化监督考核。一是每周固定时间进行执行会商，重点讨论执行疑难复杂案件的化解思路及办法，会后形成会议简报予以下发，旨在规范执行行为，统一案件办理思路，提高执行干警的执行能力，培养担当精神。二是将交叉执行纳入绩效考核，由审管办负责对交叉执行案件进行全过程的监督管理，根据办理情况折合为绩效考核分数，对问题案件倒查追究责任，有效规范执行行为。三是将交叉执行成效作为政治部选拔任用、督查室监督管理的重要参考，倒逼执行干警重视交叉执行工作，同时通过执行效果发现人才，实现精准管人用人。

三、工作成效

示范区人民法院制定了《访源治理及交叉、提级执行等实施细则》，分类设置了《审判、执行案件信访交办单》《内部交叉执行案件审批表》《内部提级执行案件审批表》《内部监督执行案件审批表》《执行会商案件审批表》《外部交叉执行案件审批表》六类案件审批表，以规范交叉执行工作。自2024年推动体系化交叉执行工作模式以来，示范区人民法院对16件案件采取内部交叉执行的方式进行监管纠正，化解执行信访21件，确保交叉执行工作稳步有序推进，不断提高人民群众对执行工作的满意度。

四、注意事项

（一）注意明确体系化交叉执行中各类案件的适用范围。内部交叉执行范围是对信访督办后不能化解或反映人仍有意见的执行案件。外部交叉执行范围是对经过督办、内部交叉执行、内部提级执行、内部监督执行、执行会商后仍不能妥善解决的执行案件。

（二）注意把握外部交叉执行的"度"。在实施交叉执行的过程中，不仅要化解积案难案，也要注意外部交叉执行面临的挑战和限制，把握外部交叉执行的"度"，起到外部交叉示范引领的作用。对于涉营商环境、重大风险等案件，更多地通过府院联动有效化解，实现政治效果、法律效果和社会效果的有机统一。

（三）注意把握执行人员轮岗的频率和比例。对于定期调整执行人员的做法，实施初期不乏质疑的声音，认为此种做法会影响执行效率。示范区人民法院的实践证明，在对执行队伍进行整体调整后，执行人员能够快速进入状态，迅速开展新案件的执行工作，并从源头防止执行队伍被"围猎"，使瑕疵案件无处藏身。因此，要根据执行案件的多少以及队伍建设情况，调整执行人员轮岗的频率和比例，发挥制度的最大效用。

开封城乡一体化示范区人民法院
2023 年 12 月 1 日

兰考县人民法院
关于立案、审判与执行工作协调运行暂行规定

兰法〔2018〕47号

为进一步促进立案、审判与执行工作无缝对接衔接和高效运行，合理利用司法资源，促进"案结事了、定分止争"，及时高效保障当事人合法权益，根据《最高人民法院关于人民法院立案、审判与执行工作协调运行的意见》，结合本院实践，制定本规定。

一、保全工作

1. 执行局下设执行保全组（下称"执保组"），从事保全裁定制作、查控、送达、固定证据等工作。

2. 在诉讼立案时，及时详细告知当事人诉讼和执行不能风险，特别就申请保全作必要的说明，告知当事人申请保全的好处、具体流程、担保方式及风险承担等信息，引导当事人及时向法院申请保全。

3. 为了便于审判、执行，执保组在立、审、执部门间共享信息，做好以下信息采集工作：

（1）当事人信息收集及送达地址确认书确认工作；

（2）保全信息，包括财产线索、裁定、查控、证据固定等情况。

执保组应充分采集当事人的前款信息，告知申请人或原告尽可能提供被申请人（被执行人）或被告的前款信息。

4. 保全立案时，做好充分调查准备，依法扩大被申请人主体查控范围。

5. 保全过程中，应依规进行网上查控的同时，根据当事人提供的

信息或依职权调查的信息及时进行实地查控,对查控过程和结果进行固定。

6. 执保组应持续关注保全案件动态,特别是部分保全和未被保全的案件,并及时与相关部门保持信息互通,确保后续保全工作顺利推进。

7. 送达过程中,做好相应的勘验、调查、询问等笔录,及时固定"第一手"证据材料。

8. 执保组每月底前做好反担保、解除保全及未进入诉讼程序案件的数据统计工作。采取保全措施的案件,进入诉讼程序后调解、撤诉及当庭清结、自动履行的,由业务部门每月底前报送至执保组做好数据统计工作;进入执行程序的案件,每月底前由执行局综合科报送至执保组做好数据统计工作。

9. 采取保全措施后,执保组应及时向当事人反馈保全信息,并告知其在法定期限内提起诉讼;对诉中保全案件,应将保全情况、勘验调查等情况制作保全清单随卷移送。

10. 下列财产保全案件由执保组进行审查并作出裁定:

(1) 利害关系人在提起诉讼或者申请仲裁前申请财产保全案件;

(2) 当事人在仲裁过程中通过仲裁机构向人民法院提交申请的财产保全案件;

(3) 当事人在法律文书生效后进入执行程序前申请财产保全的案件;

(4) 当事人在诉讼中申请财产保全的案件,沿用诉讼案号进行审查并作出裁定;

(5) 当事人在上诉后二审法院立案受理前申请财产保全的案件;

(6) 二审期间,一审案件承办人发现或当事人向其提供财产线索的,应及时反馈至二审案件审判法官后,二审法院委托一审法院保全的;

(7) 上级法院将财产保全裁定指定兰考法院执行的。

11. 财产保全案件的下列事项,由执保组负责审查:

(1) 驳回保全申请；

(2) 准予撤回申请、按撤回申请处理；

(3) 变更保全担保；

(4) 续行保全、解除保全；

(5) 准许被保全人根据《最高人民法院关于人民法院办理财产保全案件若干问题的规定》第二十条第一款规定申请自行处分被保全财产；

(6) 首先采取查封、扣押、冻结措施的保全法院将被保全财产移送给在先轮候查封、扣押、冻结的执行法院；

(7) 对保全内容或者措施需要处理的其他事项。

12. 执保组负责执行财产保全案件的下列事项：

(1) 实施、续行、解除查封、扣押、冻结措施；

(2) 监督被保全人根据《最高人民法院关于人民法院办理财产保全案件若干问题的规定》第二十条第一款规定自行处分被保全财产，并控制相应价款；

(3) 其他需要实施的保全措施。

13. 当事人对财产保全裁定不服申请复议的、当事人或者利害关系人对执行行为不服提出异议的、案外人基于实体权利对保全裁定或者执行行为不服提出异议的，未进入诉讼程序的案件，由执行局综合科负责审查，进入诉讼程序的案件，由案件承办部门负责审查。

人民法庭的上述案件，由执行局综合科负责审查。

14. 证据保全、行为保全工作参照财产保全流程办理。

二、立案工作

15. 立案庭在收取当事人起诉材料时，对需要保全的，应引导至执保组先行接待。

16. 立案庭在收取起诉材料时，应当发放诉讼风险提示书，告知当事人诉讼风险，对未申请保全的案件当事人，就申请财产保全再次作必要的说明，告知当事人申请保全的具体流程、担保方式及风险承担等信息,引导当事人及时申请保全。

立案庭在收取申请执行材料时,应发放执行风险提示书,告知申请执行人向法院提供财产线索的义务,以及无财产可供执行导致执行不能的风险。

17. 立案庭应主动审查以下信息是否完备,并做好采集工作:
（1）立案时间;
（2）当事人姓名、性别、民族、出生日期、身份证件号码;
（3）当事人名称、法定代表人或者主要负责人、统一社会信用代码或者组织机构代码;
（4）送达地址;
（5）保全信息;
（6）当事人电话及其他联系方式;
（7）其他应当采集的信息。

立案庭在立案时应充分采集原告或者申请执行人的前款信息,提示原告或者申请执行人尽可能提供被告或者被执行人的前款信息。

18. 立案庭在对刑事裁判涉财产部分移送执行立案审查时,重点审查移送执行表载明的以下内容:
（1）被执行人、被害人的基本信息;
（2）已查明的财产状况或者财产线索;
（3）随案移送的财产和已经处置财产的情况;
（4）查封、扣押、冻结财产的情况;
（5）移送执行的时间;
（6）其他需要说明的情况。

移送执行表信息存在缺漏的,应要求刑事案件承办庭及时补充完整。

19. 立案庭在受理申请撤销仲裁裁决、执行异议之诉、变更追加执行当事人异议之诉、参与分配异议之诉、履行执行和解协议之诉等涉及执行的案件后,应提示当事人及时向执行案件承办人告知有关情况。

三、审判工作

20. 审判法官在审理案件时，应先行核实是否进行保全。未保全的案件，在审判过程中发现财产线索，及时告知当事人申请保全，确有必要的，可依职权保全。

审判过程中，当事人申请保全或依职权保全的案件，承办人应及时收集相关材料，移交给执保组。

21. 民事案件审判过程中，承办人应贯彻"能调则调、当判则判"的办案原则，强化判前释法、判后答疑工作，促使当事人服判息诉，案结事了。

审判法官注重当庭清结、自动履行工作，采取多种方式督促当事人主动履行义务，提高案件"当庭清结率"和"自动履行率"；送达结案裁判文书时，应采用告知书等方式明确告知当事人不按期履行义务的法律后果。

审判法官应在每月底前按要求向审管办报送当庭清结、自动履行案件情况及相关材料。

22. 案件承办人在审理确权诉讼时，应当查询所要确权的财产权属状况。需要确权的财产已经被法院查封、扣押、冻结的，应当裁定驳回起诉，并告知当事人可以依照规定主张权利。

23. 案件承办人在审理涉及交付特定物、恢复原状、排除妨碍等案件时，应当查明标的物的状态。特定标的物已经灭失或者不易恢复原状、排除妨碍的，应告知当事人变更诉讼请求，做好相应笔录，对拒不变更诉讼请求的，告知其相应风险。

24. 案件承办人在审理发回重审或撤销原判的案件时，应当注意审查诉讼标的物是否存在灭失或者发生变化致使原诉讼请求无法实现的情形。存在该情形的，应告知当事人可申请变更诉讼请求。

25. 法律文书主文应当明确具体：

（1）给付金钱的，应当明确数额。需要计算利息、违约金数额的，应当有明确的计算基数、标准、起止时间等；

（2）交付特定标的物的，应当明确特定物的名称、数量、具体特征等特定信息，以及交付时间、方式等；

（3）确定继承的，应当明确遗产的名称、数量、数额等；

（4）离婚案件分割财产的，应当明确财产名称、数量、数额等；

（5）继续履行合同的，应当明确当事人继续履行合同的内容、方式等；

（6）排除妨碍、恢复原状的，应当明确排除妨碍、恢复原状的标准、时间等；

（7）停止侵害的，应当明确停止侵害行为的具体方式，以及被侵害权利的具体内容或者范围等；

（8）确定子女探视权的，应当明确探视的方式、具体时间和地点，以及交接办法等；

（9）当事人之间互负给付义务的，应当明确履行顺序。

对前款规定中数量较多的，可以在法律文书后另附清单。

案件承办人应将地址确认书地址和保全信息写入判决书内容。

26．刑事裁判涉财产部分的裁判内容，应当明确、具体。涉案财物或者被害人人数较多，不宜在判决主文中详细列明的，可以概括说明并另附清单。判处没收部分财产的，应当明确没收的具体财物或者金额。判处追缴或者责令退赔的，应当明确追缴或者退赔的金额或财物的名称、数量等有关情况。

四、执行工作

27．执行过程中，执行实施组认为确有必要的，执保组、案件审判法官应协助做好执行工作。

28．执行标的物为特定物的，应当执行原物。原物已经毁损或者灭失的，经双方当事人同意，可以折价赔偿。双方对折价赔偿不能协商一致的，按照下列方法处理：

（1）原物毁损或者灭失发生在最后一次法庭辩论结束前的，执行实施组应当告知当事人可通过审判监督程序救济；

(2)原物毁损或者灭失发生在最后一次法庭辩论结束后的,执行实施组应当终结执行程序并告知申请执行人可另行起诉。

无法确定原物在最后一次法庭辩论结束前还是结束后毁损或者灭失的,按照前款第二项规定处理。

29. 执行实施组发现本院作出的生效法律文书执行内容不明确的,应书面征询审判部门的意见。审判部门应在15日内作出书面答复或者裁定予以补正。审判部门未及时答复或者不予答复的,可层报院长督促审判部门答复。

执行内容不明确的生效法律文书是其他法院作出的,本院综合科可以向作出生效法律文书的法院执行机构发函,由该法院执行局向审判部门征询意见。审判部门应在15日内作出书面答复或者裁定予以补正。审判部门未及时答复或者不予答复的,作出生效法律文书的法院执行机构层报院长督促审判部门答复。

五、附则

30. 人民法庭的立案、审判与执行工作,按照本规定执行。
31. 本规定自下发之日起执行。

兰考县人民法院
2018年7月6日

以财产保全为主线，打造“立审执”联动模式

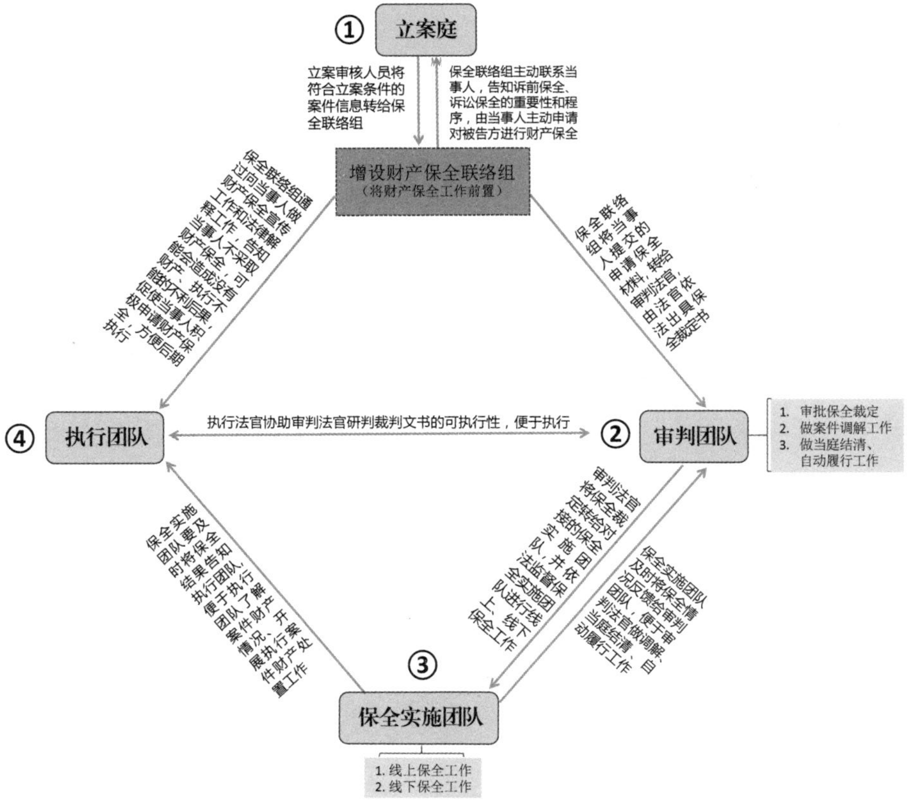
①
立案庭
立案审核人员将符合立案条件的案件信息转给保全联络组
保全联络组主动联系当事人，告知诉前保全、诉讼保全的重要性和程序，由当事人主动申请对被告方进行财产保全
增设财产保全联络组
（将财产保全工作前置）
保全联络组通过向当事人做财产保全宣传工作和法律解释工作，告知当事人不采取财产保全，可能会造成没有财产、执行不能的不利后果，促使当事人积极申请财产保全，方便后期执行
保全联络组将当事人提交的申请保全材料，转给审判法官，由法官依法出具保全裁定书
④
执行团队
执行法官协助审判法官研判裁判文书的可执行性，便于执行
②
审判团队
1. 审批保全裁定
2. 做案件调解工作
3. 做当庭结清、自动履行工作
审判法官将保全裁定转给对接的保全实施团队，并依法监督保全实施团队进行线上、线下保全工作
保全实施团队及时将保全情况反馈给审判团队，便于审判法官做调解、当庭结清、自动履行工作
保全实施团队要及时将保全结果告知执行团队，便于执行团队了解案件财产情况、开展执行案件财产处置工作
③
保全实施团队
1. 线上保全工作
2. 线下保全工作

以财产保全为主线的“立审执”联动模式的特点：

1.纲领性：财产保全工作贯穿法院工作全过程，像一根线，将立案、审判、执行这三个核心环节紧密地串联在一起。财产保全工作如同一把利剑，助推矛盾纠纷得到实质性化解。

2.系统性：该联动工作机制通过构建“立案庭（含保全联络组）+审判团队+保全实施团队+执行团队”的工作闭环，确保各部门之间紧密连接、协同作战，防止单打独斗，体现了系统思维

3.可操作性：原来保全工作都由审判法官进行，现在增设财产保全联络组，由联络组负责开展财产保全的宣传和指导工作。审判法官在做出保全裁定书后，将保全工作转交给保全实施团队具体操作。这既减轻了审判法官的工作负担，又提高了财产保全工作的效率，形成了分工明确、流程清晰的操作模式。

4.目标明确性：法院全体干警将自己定位为“矛盾的化解者”，目的是追求实质性依法化解矛盾。对外，依法保护当事人合法诉求；对内，节约司法资源，不论案件处在立案、审判、执行的哪一阶段，前一阶段能依法实质性解决的，绝不推到下一阶段，增强人民群众的司法获得感。

开封城乡一体示范区人民法院
"系统思考、边界明确、全员参与、集体智慧、
纵横联动、依法处理、良性循环"
涉诉涉执来访工作办理机制（见书末折叠页）

后记

本书的主要内容尤其是对策建议部分,大多源于对兰考法院、开封示范区法院工作实践探索的经验总结;在一定程度上,也可以说是对我个人工作和人生经历的总结。我于1990年大学毕业,后参加工作,先后在通许法院、兰考法院和开封示范区法院工作;从书记员干起,历任助理审判员、审判员、副庭长、庭长、副院长(任职13年)、院长(任职已8年),回顾我的工作经历,"法院"作为一个抽象的单位概念,已经在我心里具象化,并深深地嵌入我的生命之中。

对我而言,从事法院工作已经不只是为了谋生,它更是我一生孜孜不倦所追求的事业。正是怀着对审判事业的诚挚热爱,我在三十多年的法院工作中,从事(有交叉)过6年行政审判、8年刑事审判、15年民事审判和执行工作。担任院长之后,在繁忙的管理事务之余,我仍然投入较多的时间来研究思考民事审判和执行工作,没有感到苦和累,总能乐在其中。坦白地讲,我这个人,疲于应酬,欢于学习,乐于事业。在假期,只要没有其他重要的事务安排,我就会非常自然地选择到单位加班。这期间,因不再被频频打扰,反而更容易静下心来思考工作中面临的各种问题。就在这种轻松愉悦情绪的支配下,我通过修正实践和强化认识沉淀出一些自己认为正确的东西,并尝试着将其融入法院各项工作;同时,也时刻通过学习交流的方式保持实践与理论的良性互动。

在基层法院担任重要领导职务期间,我经常思考的主题是:法院作为矛盾的化解者,要以实质性化解合法诉求为核心目标。这具体可概括为对内和对外两个维度:对内优化司法资源配置,让干警各尽所能;对外实质性化解矛盾纠纷,让老百姓满意放心。基于这种认识和追求,我结合法律规定和司法政策推动了一系列司法改革的基层实践探索,并试图找出审判执行中的司法规律。一段时间后,这些实践探索取得了显著成效。如我在兰考法院任职期间,在全体干警的共同努力下,兰考法院先后荣获全国文明单位、全国法院文化建设示范单位、全国优秀法院、全国法院司法警察先进集体、全国模范法院等荣誉称号,涌现出全国模范法官闫胜义,全国法院党建工作先进者、全国三八红旗手陈映映,全国办案标兵马俊超等一批先进典型。

坦诚地说,我们所进行的实践探索尚未成为一套系统完备和可复制的成熟的新型工作机制。虽然早在2021年初,我与陈辉博士及兰考法院的部分同志已经编写了一本名为"兰考法院司法改革的实践与探索"的小册子,但随着我从县法院调入市区法院工作,之前推行的创新工作举措也因面临新的问题而需要加以调整。因为与兰考这一曾长期处于传统农业格局向现代工业化转型的农业大县相比,开封示范区作为开封新城区建设的前沿阵地,面临的经济结构更复杂,因社会转型而产生的矛盾纠纷无论在数量还是在解决难度方面,都更上了一个台阶。在此情况下,我们决定暂缓推进本书的出版,在校正实践和认识的基础上,继续积累、提炼和巩固工作经验。在"正确的实践产生正确的理论,用正确的理论指导正确的实践"这一朴素的方法论引导下,我们以习近平总书记提出的"努力让人民群众在每一个司法案件中感受到公平正义"为目标,开拓创新,积极探索,最终将"实质性化解合法诉求"作为衡量各项工作是否"达标"的具体标准,并在此基础上修正形成了本书基本内容。

本书在写作时,我多次组织相关部门负责人进行研讨。兰考法院副院长陈映映、政治部主任孙岩魁、审判委员会委员张茜、审管办主任童秋霞、立案庭庭长张永红、速裁一庭负责人管楠,开封示范区法院副院长曲肇林、四级高级法官孙丽平、四级高级法官陈伟、审委会委员及民庭庭长屠嘉玲、执行局副局长李晓娜、审管办主任蔡依静等均参与过有关章节内容的讨论。但由于学识所限,加上经验研究方法的局限性,本书可能还是难免出现错误,深望读者诸君批评指正。

值本书出版之际,借此机会,谨向我曾经工作过的通许县人民法院、兰考县人民法院、开封城乡一体化示范区人民法院及曾经悉心栽培、关照支持我的各位尊敬的领导同事们,表示诚挚的感谢!你们的帮助与提携之恩,我将永远铭记!开封市中级人民法院党组书记、院长吴志军同志,东南大学法学院汪进元教授等为本书的写作提供了宝贵意见;开封城乡一体化示范区人民法院的辛沛玲、刘依萱同志及河南工业大学法学院的研究生宋亚炯、原迎杰同学参与了书稿的校对工作;北京大学出版社的编辑徐音和姚沁钰老师为本书的编辑及出版提供了大量的帮助。是他们的努力让本书的质量更上一层楼,在此一并表示衷心的感谢!

张 童

2024 年 10 月